文化与城市研究译丛

李建盛　主编

城市、公民与技术

都市生活与后现代性

[美] 保罗·吉伊（Paula Geyh）　著

许苗苗　李建盛　译

Cities, Citizens, and Technologies
Urban Life and Postmodernity

北京师范大学出版集团
BEIJING NORMAL UNIVERSITY PUBLISHING GROUP
北京师范大学出版社

此书献给阿卡迪

目　录

图表目录

致　谢

　　我深深地感谢我的同事、学生、朋友和家人，感谢他们多年来在本书写作过程中给予的支持。我要特别感谢：

　　我在耶希瓦大学的同事，尤其是乔安妮·雅各布森、理查德·诺奇姆森、琼·哈赫、亚当·扎卡里·牛顿、劳伦·菲茨杰拉德、芭芭拉·布拉特纳和艾伦·施雷克。

　　弗雷德·苏格曼院长、戴维·什罗洛维茨院长、莫特·洛文格鲁教务长，以及耶希瓦大学对该项目的慷慨支持，包括暑期研究补助金、年假和差旅费。

　　我的大都会班的学生们，我从他们那里学到了很多东西。

　　还有尼尔·戈德曼，我的特别有才干和足智多谋的研究助理。

　　我很幸运在 2005 年获得了国家人文基金会暑期津贴，这对我写本书的工作很有帮助。我还要感谢 1999 年在芝加哥伊利诺伊大学举办的"美国大都市的建成环境"NEH（全国人文学科捐赠基金会）暑期课程的支持，我也是该课程的参与者。我感谢罗伯特·布鲁格曼以及我的研究所同事们进行的生动和富有成效的讨论。

我感谢劳特利奇出版社，感谢我的编辑埃里卡·韦特尔和瑞恩·肯尼，以及出版社的编辑助理丽兹·莱文，感谢他们的工作，使这个项目得以出版。

我要感谢斯蒂芬·克恩、布莱恩·麦克海尔、萨利·R. 蒙特、让-米歇尔·拉巴特、托马斯·肖布、卡尔·史密斯和约翰·恩斯沃思在项目的不同阶段所提供的帮助和重要交流。我特别感谢玛莎·普洛尼茨基、英格-维拉·利普修斯、伦斯·利普修斯、克里斯托·巴托洛维奇、阿斯特里德·冯·白露、希琳·弗兰兹鲍姆和杰夫·夏普利斯、珍妮·埃沃特和特里·哈波德、克里斯蒂娜·德·兰奇、劳拉·德·托莱多、马塞洛·托莱多、詹姆斯·F. 英格利什、维姬·马哈菲、简·科吉和埃德·布伦纳、保拉·贝内特、莱斯利·布朗和托尼·斯坦博克，感谢他们的友谊和无价的智力友情。感谢我的家人，艾莉森和爱德华·吉伊、德鲁·吉布森、莎拉·霍恩和迈克尔·塞尔蒙、乔伊斯和亚瑟·吉伊、艾美和鲍勃·金、莱奥拉和格雷厄姆·金多年来对我的鼓励和支持。

最后，我要感谢阿卡迪·普洛尼茨基为我所做的一切。

图片提供

1.1. Museum of the City of New York. The Byron Collection；93.1.1.18137.

1.2. Museum of the City of New York. The Byron Collection；93.1.1.18404.

1.3. Courtesy of George Eastman House.

1.4. © Culver Pictures.

1.5. © Andy Warhol Foundation for the Visual Arts/ARS，New York. Photo by Billy Name/OvoWorks，Inc.

1.6. We Don't Need Another Hero，Barbara Kruger，1987. Commissioned and produced by Artangel.

1.7. © 2008 Jenny Holzer，member Artists Rights Society (ARS)，New York. Photo Lisa Kahane，NYC.

2.1. Courtesy of Bob Thorne.

2.3. © *Atlas of Cyberspace*. Martin Dodge and Rob Kitchin. Harlow，UK：Pearson Education Limited，2001.

2.4. City of News，1997. A dynamically growing 3D Web browser created by Flavia Sparacino at MIT.

3.1. *Creating Defensible Space* was originally published by the U. S. Department of Housing and Urban Development，Office of Policy Development and Research. Reproduced here with the Department's permission.

4.1. Harry Ransom Humanities Research Center，The University of Texas at Austin. Courtesy the Estate of Edith Lutyens Bel Geddes. Photo courtesy of the Estate of Margaret Bourke-White.

4.2. Le Corbusier. Paris：Plan Voisin 1925. © FLC/ARS，2008.

4.3. © 2008 Alex S. MacLean/Landslides.

4.4. Photo by Irfan Khan. © 2002，*Los Angeles Times*. Reprinted with Permission；4. 5 RKD，The Hague.

5.1. Image by Corbis.

5.2. © Steve Raymer/Corbis.

以上图片已尽一切合理努力与版权所有人联系。

《曼哈顿中转站》引用已经得到版权所有人和受让人露西·多斯·帕索斯·科金许可。

第一章前两部分的早期版本，如《从物之城到符号之城：德莱塞〈嘉莉妹妹〉和多斯·帕索斯〈曼哈顿中转站〉中城市空间和城市主体》发表于《20 世纪文学》52：4(2006 年冬季卷)中。第三章的一部分早期版本中以题为《堡垒和城邦：从后现代城市到网络空间和返回》发表于萨莉·R. 蒙特(Sally R. M)编辑的《技术空间：新媒体内幕》(London：Continuum，2001)。第四章第三节以题为《都市自由流动：公园诗学》发表于 M/C Journal 9.3(2006)。

导论　从后现代文化到后现代城市

　　本书研究当代城市以及生活在城市里的人。因此，本书也研 究(20世纪60年代延续至今)这个时代的都市世界，我们把这个时代称之为后现代。尤为重要的是，本书探讨了后现代性的都市空间和都市主体(以及共同体)是如何相互回应和相互创造的。这里设想的"都市空间"十分宽泛，以至于包括建筑物、广场、公园、街道和人行道。进一步说，人们认为，这些建筑物创造空间并且使空间变得富有变化和多样性，而并非仅仅是被放在空间里的东西。这样来理解，都市空间体现在其具体的和物质的形式中，这些空间容纳和体现社会形态的观念和意识形态。这些空间被设计出来是为了对居住和在其中活动的人产生影响，或者获取人们在其中居住和活动的容量，从而诱发或反过来抑制存在、思想和行动的特定形态。在这个过程中，城市空间成为了策略性的、规训机制或"机器"，尽管它们也可能具备其他功能。这些影响，无论是有意还是无意的(事情并非总是按照计划进行)，对于个人、群体和作为一个整体的社会来说，都可能是正面的或负面的，但它们很少是中立的。城市居民可以按照预期的方式对这些空间做出反应，或者他们可以通过运用一种策略或手段或其他措施（包括有意为之的"滥用"）来抵制对这些空间的规训要求，或者他们可以为自己的目的重新想象和重新塑造他们居住的城市空间。事实上，尽管本书有很多关于是什么使城市成为"后现代"（文化、技术、政治和经济）的讨论，但是，我的主要关注点在于后现代城市是如何被其居民所经验和理解的。因此，本书不仅处理实体经济和城市空间如何发生转变的经验描述，而且也探讨后现代城市如何改变我们认识和感知世界以及作为后现代都市主体的我们的认识论描述。

1. 后现代性与后现代主义

　　本研究不可避免地出现在后现代性本身更大的语境之中，它作为一个历史时代和后现代主义的时代，这一时代的时代精神（Zeitgeist），是由界定了后现代文化（科学、哲学、美学、政治及其他领域内）的观念和实践构成的。"后现代"这一术语一直并且仍然具有争议。这种争议有如下几个原因，首先是大多数主流文化、公众和学术界对任何被称为"后现代主义"的东西所产生的消极反应，尽管当代学术界经常被公共文化视为由威胁性的后现代主义观念和教学实践所支配。而且，到目前为止，经过近半个世纪的后现代性和后现代主义之后，对这两个术语的理解有很多种方式，并且被许多人以许多不同的方式使用，以至于它们几乎意味着或描述一切事物，也正因如此，一些批评者认为它们什么也不是。诚然，由于这些术语的激增，它们获得了新的含义（这绝不罕见），说它们描述一切并不切实，但说它们什么都不是却更为偏颇。因为，到目前为止，后现代主义影响着世界的方方面面，影响着我们（我们中的一些人）看待世界的方式，它指明并制定一套特定因而也是具体的，有关感知、理解并生存于世界的方式。因此，尽管这套规范既不直接也不浅显，而且永远也不会穷尽，尽管这一术语确实意味着很多东西，但它并不代表一切。事实上，这样的"批评"常常掩盖着这种企图，即避免遭遇后现代主义观念和文化实践的真正意义和影响——哲学的、美学的、伦理的和政治的。无可否认，对这一术语的某些使用流于表面化且夸大其词，有些甚至是滥用。但另一些用法则成效显著，至今难以忽略。因为，无论人们多么消极地感觉和思考后现代现象和"后现代"语言，它们都早已成为了我们生活和文化的一部分，到目前为止，避免它们可能为时已晚。但是，我们可以很好地说明一个人如何使用这种语言以及如何理解后现代性和后现代主义，我在导言这一节中要做的就是这件事情。下一节我将讨论后现代空间、主体和城市本身。

我首先从对现代性和现代主义的评论开始，这些术语就像后现代性和后现代主义一样变动频仍、纷争不断。然而，这些争论很少伴随着同样程度的讥讽，部分原因是现代和现代主义现象已经存在了很长时间，其中一些现象已经是我们的过去了，因此对主流思想来说并不那么麻烦和不安。本研究将把现代性作为一个广义的文化范畴，泛指西方文化史上超过几个世纪的漫长时间段。现代主义则用来指更小的、主要是审美的和智识范畴，它指19世纪后期和20世纪艺术的某些关键性发展，以及一些哲学和科学思想。这样来理解，现代性与后现代性类似，但它包含更长的时间跨度；作为其历史阶段特定时代精神的现代主义则与后现代主义类似，但又略为狭窄一些。现代性实际的时间跨度是一个　*3*

复杂且颇值得探讨的问题。我们可以大致地(但就本书目的来说已经足够)把现代性与四个相互关联的发展联系起来，这些发展往往被称作"革命"，尽管它们每一次都很漫长，有时甚至超过一个世纪：(a)工业资本主义的兴起；(b)在哥白尼(Nicolaus Copernicus)、开普勒(Johannes Kepler)和伽利略(Galilei Galileo)之后，我们的宇宙学和数学科学对世界观的转型；(c)从笛卡尔(Descartes)开始，出现了一种新的主体性哲学观和我们作为主体与世界之关系的哲学观；(d)新的政治意识形态和实践(尤其是西方民主)的逐渐出现，这体现在启蒙运动与美国和法国大革命的理想中。

另一方面，尽管在许多方面相关联，但是，无论是在总体上还是对于本项研究来说，现代性作为一个文化范畴的各个方面也同样重要，例如，尤其是布鲁诺·拉图尔(Bruuo Latour)在《我们从来都不是现代人》中对于现代性做出的理解。根据拉图尔的说法：

> 现代性通常根据人文主义来定义，要么是作为一种向"人"的诞生致敬的方式，要么是一种宣告"人"的死亡的方式。但是，这种习惯本身就是现代的，因为它仍然是不对称的。它忽视了"非人类"的同时诞生——事物、物体或野兽——以及同样令人费解的、排除掉上帝或将其放在一边的开端。现代性首先来自于这三个实体的联合创造，然后来自于对联合诞生的掩盖和对这三个群体的单独处理，而在其下面，作为这种单独处理的效果，杂交继续繁殖。因此，双重分离是我们必须重建的：一方面是人类和非人类之间的分离，另一方面是发生在"上面"的东西和"下面"的东西之间的

分离。(13 页)

这种理解导致拉图尔提出了"杂交体"的概念，例如臭氧空洞或艾滋病毒，这是不可否认的科学（自然）和文化杂交体，并在后现代性中发挥了核心作用。后现代性及其众多的杂交体使我们更加敏锐地意识到"人类"和"非人类"分离的不可能性，这是现代性的定义性分离，或者拉图尔所说的"现代性的构成"，尽管这种不可能性一直都存在：因此，拉图尔的标题命题是"我们从来都不是现代人"，也许，另一方面，我们在整个现代性中都是后现代性的。但是，拉图尔本人却并不这么认为，因为他认为后现代主义即使面对杂交的客体，也会继续认同现代性的构成。相比之下，正如下面会看到，让-弗朗索瓦·利奥塔(Jean-Francois Lyotard)认为后现代主义（在逻辑上而不是本体论或历史意义上）先于现代主义，如果不是先于现代性的话，这两者他的理解都更接近之前所描述的更一般的轮廓。

4

在对现代性和现代主义的讨论中，我着手考虑后现代性和后现代主义，集中考虑作为具有活力的时代精神、灵魂的后现代性的后现代主义。由于已经解释过的原因，我对这些术语的含义并不完全清楚，但是我相信，它是相当全面的。定义后现代性和后现代主义的一组关键特征可以被称为"技术认识论"，这是由于新技术，特别是信息和通信技术与认识论之间的（后现代）关系——在定义后现代世界的新技术状况下思维和知识特征的发生转变。以上就是本书标题中所谓的后现代技术。由此定义的后现代技术认识论情境是由在后现代条件下建立的：知识报告(1979)及其相关著作。由此定义的后现代技术认识论情境，是由利奥塔的《后现代状况：关于知识的报告》(1979)以及相关著作确立的。

　　利奥塔把现代性理解为启蒙运动或启蒙思想的顶峰。虽然这在某种程度上缩小了前面定义的现代性的历史范围，但是，从概念上说，这一区别并不十分关键，因为启蒙思想和文化从现代思想和文化历史中吸取了大量资源。"后现代"对利奥塔来说是"指19 世纪末以来改变了科学、文学和艺术的游戏规则之后的我们的文化状态"（《后现代状况》，xxiii）。利奥塔所理解的"游戏规则"（经由路德维希·维特根斯坦［Ludvvig Wittgenstein］的语言游戏概念）指这样一个事实："每种不同范畴的表达方式都可以根据其性质和用途的规则来界定。"（10 页）从语言游戏的角度来看，这种知识观本身就是一种后现代主义的做法，其问题在于，首先，所谓的自然或思想独立于语言，其次，即使在原则上，知识和隐含的文化的统一也具有可能性。利奥塔认为，他的研究"会将这些转变置于叙述危机的语境中"（xxiii）。利奥塔在他最著名的描述中，定义"后现代主义是对元叙事的怀疑"，尤其是现代性的宏大叙事，这些宏大叙事力图通过特定的合法化历史或政治目的论来解释世界，例如那些从启蒙运动以来，基于科学进步的占主导地位的历史或政治目的论（xxiv）。

　　利奥塔在《后现代状况》中，通过将其"领域"划定为"电脑化社会中的知识"来展开主体文本。这种界定不仅拓宽了后现代的认识论范畴，也扩展了它的经济、文化、政治基础（尽管他的"导言"中明显有了一些扩展）。然后，他提出了"有效假设"，类似地扩展了他前面引用的有关后现代的构想公式（我认为，这个假设本身从那时起就得到了充分的证实）："我们的可行假设是，随着社会进入后工业时代和文化进入后现代时代，知识的地位发生了变化。"（《后现代状况》，3 页）某些西方社会的电脑化（要记住利奥塔 1979 年正在撰写）以及更广泛意义上的信息传播技术革命确立了利奥塔书中的"[后工业化]后现代状况"。这场革命类似于构建现代性状况或至少是主要状况之一的工业革命(同样适用于利奥塔的后现代状况)。在后工业时代,第一世界国家的经济已经从制造业转移到了信息和服务业基础,与之同时发生的是跨国公司的崛起以及错综复杂、相互联系的全球经济。后现代性的技术—工业革命从根本上改变了知识的实践和本质,这种改变几乎立即体现在新的(后现代)数学、科学和技术上,并且延伸到了当代文化的所有方面,包括经济的、政治的、伦理的和美学的各个方面(《后现代状况》,3—6页)。在某种程度上追随利奥塔然而又有明显不同的弗雷德里克·詹姆逊(Fredric Jameson),在他的《后现代主义,或晚期资本主义的文化逻辑》中,其目的是为后现代主义提供一个(马克思主义的)经济基础。这一经济基础被他视为"晚期资本主义的文化逻辑",他否定性地把这看作一种资本主义全球性文化统治的延伸。在他对后现代性的理论化中,后现代性文化是作为某种技术和全球经济物质结构的转型结果而出现,这种转型随之驱动并管控其他变革,以及文学、电影、艺术、电视、音乐、舞蹈和建筑等文化产品的新特点。其他关于现代性和后现代性及它们之间转变的有影响力的分析(同样基于马克思有关资本和经济关系的理解),是由大卫·哈维(David Harvey)的《后现代的状况》和爱德华·索亚(Edward Soja)的《后现代地理学》提出的。相比之下,正如前面所解释的那样,尽管利奥塔确实主张,在新式信息和传播技术的出现以及知识和文化的性质与实践的转变中存在着关联性,甚至可能是某种因果关系,但是,他的论点与从经济基础到文化上层建筑的因果关系进行分析的马克思主义却没有亲缘关系。事实上,因果关系的逻辑和语言往往被利奥塔回避了。这并不令人惊讶,因为对因果关系的激进质疑就是新科学知识的主要特征，尤其是在量子理论或后现代主义哲学领域，利奥塔的分析正是基于这两个领域。从这种认识论角度来看，利奥塔的伦理和政治观点不同于那些马克思主义者。然而，伦理和政治却始终是利奥塔著述的终极目标，尽管再加上了后现代认识论（《后现代状况》，65—67 页）。

6　　利奥塔将后现代主义的时代精神扩展到了作为一个整体的 20 世纪。的确，根据他的说法，这种时代精神（Geist）在某种程度上来自于现代主义科学、哲学，尤其是像詹姆斯·乔伊斯（James Joyce）、立体派或马塞尔·杜尚（Marcel Duchamp）的文学和艺术作品中体现的那种现代主义时代精神。按照这些线索来思考，在利奥塔更具有美学倾向的文章《回答这个问题：什么是后现代主义?》中，利奥塔最著名的话是这样说的：“一件作品［艺术作品或哲学、科学成果］，只有在它是后现代［用现在的术语说即后现代主义］的前提下，才能变得现代［用现在的术语是现代主义］。”这样理解的后现代主义并非现代主义的终结，而是处于恒定不变的新生状态（《回答》，79 页）。利奥塔的这种观点不仅仅用于现代主义，他把这扩展到了弗雷德里希·尼采（Friedrich Nietzsche）和路德维希·维特根斯坦等人的哲学思想中，扩展到了（大约）20 世纪的数学和科学中，甚至扩展到了更早的有关现代性的艺术、哲学和科学思考中。尤其是伊曼纽尔·康德（Immanuel Kant），被利奥塔看作是“后现代”，或至少是后现代思维的灵感来源之一，特别是在与更“现代”的格奥尔格·威尔海姆·弗雷德里希·黑格尔（Georg Wilhelm Friedrich Hegel）并列时（《回答》，72—73 页）。利奥塔关于后现代主义的逻辑优先于现代主义和可能的现代性的论证，贯穿于他对后现代主义的研究，这种论证是复杂的，在这里不可能详细解释他的推理。可以说，他最关键的观点是，某些

现代主义作品(如乔伊斯的《尤利西斯》)所产生的有关思想和知识转变的后现代主义特征,这种转变也带来了一套新的态度。如他所言:"后现代就是在现代自身的[再]表现中提出不可[再]表现的东西;它拒绝美好形式的慰藉,拒绝一种趣味的共识,它会使集体共享那种无法获得之物的怀旧病成为可能;它寻求新的[再]表现,不是为了享受它们,而是为了给人一种更强烈的不可表现的感觉。"(《回答》,81 页)可以注意到,这种认识论与后现代主义对元叙事或宏大叙事的怀疑是自动相关的,因为这种叙事至少在原则上保证最终消除不可(表现)之物。这样有关(再)表现中的不可(再)表现性的认识论(以及叙事之类)的纷乱术语,可以很好地被(某些)现代主义和后现代主义共享。另一方面,这里所表达的后现代主义有关不可(再)表现的态度更加复杂和微妙,而且它们取决于给定人物以及对这个人物的思想和作品的给定解释。这种给定行为将分别构造现代主义或后现代主义人物。因此,利奥塔本人颇为自信地将马塞尔·普鲁斯特(Marcel Proust)看作是现代(主义)的,将乔伊斯作为后现代(主义)的来解读(《回答》,80—81 页)。但是,按照更后现代主义的思路来解读普鲁斯特并非不可能,而且已经有人这样做过,当然普鲁斯特和乔伊斯也都可以在不同程度上被当作现代主义来阅读。然而,某些人或作品原则上可以被解读为要么是现代主义的,要么是后现代主义的;同时,正如本研究稍后所论述的,现代主义和后现代主义之间的关系普遍是复杂且多面性的,利奥塔把后现代主义认识论看作至少是现代主义的一个显著部分的观点得到了广泛采纳。这对本书第二章的讨论尤其重要。然而,至关重要的是,后现代知识方式和新文化态度的发展,无论以何种方式,都与由新信息和传播技术兴起界定的当代后工业社会的技术变革携手并进。事实上,大多数现代主义文学和艺术作品，以及被利奥塔视为后现代认识论的数学和科学理论，从本质上看都与与后工业社会的技术转型相联系，并且在数学和科学方面促进了这种转型。这些关系也进一步反映出在现代性和后现代性转变的历史中，存在复杂的因果关系以及某种因果关系，而不是马克思主义"支配性基础—上层建筑"之间单一或唯一的因果关系。然而，马克思主义因果关系也在这段历史中发挥着尽管有限但仍然重要的作用。

在这里要考虑知识的后现代转型的所有特征是不可能的；利奥塔的65页关于后现代知识的报告有231条注释，涉及几乎所有可以想象到的领域。在本研究中，我将讨论其中的一些特征以及它们在后现代都市生活中的作用。可以说，后现代知识的最大的定义特征仍然是知识的不可通约的不完全性，或者正如刚才讨论的那样，不可通约的（再）表现中的不可（再）表现，如果这些特征是交互性的，多样性的——逻辑、概念、叙述、学科等等手段——我们必须通过它来追求这一知识，那么，这也会导致不可通约的异质性。正如第2章更为详细的论述所表明的那样，这种异质性与后现代空间相关，并且产生于这种后现代空间，并因此来自于一种新的、更加物质的空间性形态。

利奥塔有关后现代性和后现代主义技术—认识论—政治分析的力量和预见性在于，把刚刚描绘的多重线索结合在一起，同时把与其相关或不相关的因果关系的复杂性结合成为一个网络或一套网络的一部分。这个由观念，即后现代主义的时代精神所塑造的网络，就是后现代性；尤其是在其都市形态中，后现代性就是本研究的主题。我把"政治的分析"添加到我对利奥塔的后现代性本身的分析中，他认为，后现代本身是技术—认识论—政治的，因为他也正确地将现代性的技术—认识论问题与其伦理—政治问题，特别是与正义问题联系在一起。这种联系对本研究以及我们理解都市后现代性至关重要。在某种程度上针对尤尔根·哈贝马斯(Jurgen Habermas)本质上的现代论点，即"尊重对正义以及对未知欲望的政治纲要"(67 页)，利奥塔以"概述方式"结束《后现代状况》。"对未知的欲望"，即一种典型的后现代欲望，同样，即使是典型的现代知识欲望，也可能比启蒙运动的认识论更有利于正义。后现代性的城市和公民必须同时尊重欲望，并将其作为都市生活的一部分联系起来。

2. 后现代空间、主体和城市

从现代性到后现代性的技术—认识论转型或技术—认识论—政治转型，不可避免地伴随空间性和主体性的转型——前者主要由于信息和传播技术等技术方面的原因，后者主要由于认识论原因，即对知识特征的认识和对知识态度的剧烈变革。然而，正如在第 1 节讨论过的，这些原因以及它们对空间性和主体性(及两者关系)产生的效果是相互作用的。就像利奥塔所说的，新技术带来新的传播交流方式，这些传播方式在塑造知识的后现代转型以及使之具备合法性或丧失合法性方面起到的作用与技术本身同样多。与之相反，或与之互补，知识的后现代形式和对知识的后现代态度，在某种程度上都通过远程电信传播，从而导致了空间性新形态的兴起。然而，本书的观点是，虽然后现代性的技术和认识论层面可能在后现代世界中得到更一致的把握，但是，空间性和主体性的后现代转型以及它们之间的交互建构，却在都市后现代性——都市空间和都市主体中看得更加清楚。本书同样提出，考虑到后现代城市的全球影响，都市后现代性是导致后现代

Cities, Citizens,
and Technologies

性变得全球化、地缘政治化的主要原因。在我解释为什么是这样的情况之前，我想简单地讨论一下后现代主体性和空间性的问题，以及它们之间相互的、共同的构成性关系。

后现代主体性从根本上背离了"牢固"的现代性建构，尤其是启蒙运动的主体性，这种主体性在哲学上是从笛卡尔到黑格尔发展而来的，并且是由其所谓的统一性以及意识和自我意识在其构成中的主导作用来界定的，它甚至超越了现象学的主体性，如胡塞尔（Edmund Husserl）（早期）或海德格尔（Martin Heidegger）（早期）的哲学进步，虽然这是哲学上的一个重大进步，但是，它倾向于加强而不是扰乱启蒙运动主体的统一性，或者在任何情况下都不足以扰乱这种统一性。应当注意到，埃德蒙德·胡塞尔、马丁·海德格尔，或在此至关重要的更早的笛卡尔、康德、黑格尔等人物的思想是复杂的。特别是，这一思想，被原解构主义地以及正如在海德格尔那里一样解构主义地悬置在主体性的统一、意识或自我意识的首要性和严格维持它们的不可能之间。正由于主要掌握在这些思想家的"追随者"手中，现代概念趋向于获得一种无瑕疵、无批判的形式，并以这种形式在文化上得到传播。然而，现代自我概念从最简单、最不具有批判性到最复杂、最微妙的形式，都受到了后现代主义的激进批判。这些批判首先是在弗雷德里希·尼采、西格蒙德·弗洛伊德（Sigmund Freud）（通过无意识的观念）和马丁·海德格尔等早期思想家的著作中得到了分析，然后在伊曼努尔·列维纳斯（Emmanuel Levinas）、雅克·拉康（Jacques Lacan）、米歇尔·福柯（Michel Foucault）、吉尔斯·德勒兹（Gilles Deleuze）、雅克·德里达（Jacques Derrida）和让-弗朗索瓦·利奥塔的著作中得到了分析。其次，它们通过思维和知识的后现代实践得到了体现。

因此，在后现代主义者看来，就像利奥塔所表达的那样，"一个自我并不等于多数，但没有自我就是一座孤岛；每一个人都存在于一个比以往任何时候都更加复杂和流动的关系结构之中。年轻人或老年人、男人或女人、富人或穷人，一个人总是处于特殊传播回路的'节点'上，无论这些节点多么微小。或者更准确地说，一个人总是处在某个站点上，通过这个站点可以传递各种各样的信息"（《后现代状况》，15 页）。主体性或至少是主体性们并没有消失，但却作为这种"节点"在去中心—异质又相互作用的网络和与网络共同延伸的后现代空间中得到彻底且严酷的再思考、再定义、再就位。因此，如前所述，后现代空间性，作为后工业资本主义及其技术（尤其是信息和通信技术）的空间性，与后现代主体性相互关联。这种关联在后现代主体性的诞生以及特点中赋予空间性一个特别重要的作用。从康德以及尤其是黑格尔到海德格尔等，现代主体性和随之而来的现代性自身以及大部分现代主义，都主要是根据时间性和历史来界定的。相比之下，后现代主体性的理论主要通过空间术语将后现代主体概念化。按照前面的思路来解释，这些术语有助于阐明后现代主体的去中心化、碎片化以及在不同的"立场"之间的游移，与后现代主体生存于其中的去中心化的物质空间和文化相平行和相互作用。由于后现代远程通信即时性所造成的时间的瞬间收缩和"消失"，也许是在塑造后现代生活及其相应主体性中，空间的决定性优势是最经常被提及的方面。用福柯早期的话语来回应这种状况就是："我们自己的时代……似乎是空间的时代。我们处于一个同时性的时代、一个并置的时代，亲近又遥远，和睦相处又四处分散。"（《另类空间》，22 页）后现代性的这种同时性仍然很重要，并且极大地有助于我们栖居的文化（甚至是现象）空间的去中心化和后现代主体性

Cities, Citizens,
and Technologies

10 的去中心化。然而，还有许多其他的后现代力量是造成这种去中心化的异质性的原因，例如，规模更大、呈指数级扩展的知识和通信网络，而不仅仅是它们的速度。因此，在后现代主体性的构成中，正是这种去中心化本身最关键地定义了空间性、物质性和现象性的意义。

　　不言而喻（几乎是因为我们喜欢极端的声明，比如后现代时代消失的声明），它不是一个在理解后现代主体性时放弃时间性的问题，或者，就此而言，是后现代空间性的问题。我们仍然生活在时间中，尽管时间看起来是浓缩的，我们是历史的主体，尽管历史不再被构想为人类进步和发展的向前进行曲。在这个意义上，我们仍然是现代人。但我们也是后现代主义者，首先是因为空间性在后现代主体性构成中的作用更大，同时也因为我们的时间性，或者说历史性，已经发生了变化。有人可能会说，我们生活在一种新型的"时空"中，它使我们居住的实际时空倍增，用亨利·列斐伏尔（Henri Lefebvre）的话说，这是他从阿尔伯特·爱因斯坦（Albert Einstein）的相对论中借来的。爱因斯坦的相对论在某种程度上也是由广义几何化并且也是由物理空间化来定义的。

　　相对论不仅介绍作为空间和时间结合体的时空概念，与之相关还介绍一种实际物理时空的彻底去中心化。用吉尔·德勒兹和菲利克斯·瓜塔利（Felix Guattari）的话来说，这样的时空是"纯粹的拼凑物［们］……异质性的，处于连续变异中"（《千高原》，485 页）。从技术上讲，德勒兹和瓜塔利指的是数学中所谓的黎曼空间（19 世纪由黎曼［Riemann］提出）；然而，这些空间也被爱因斯坦使用，尤其是在广义相对论里，它把作为时空的空间和时间的相对论观点与重力结合起来。爱因斯坦的物理时空在数学上就是黎曼空间。同时，爱因斯坦的空间与牛顿的空间相反。艾萨克·牛顿(Isaac Newton)把空间视为外部背景空间，还把它视为事物所占据的绝对空间，而爱因斯坦的空间是由物质实体的物质性来界定的，这一概念在一定程度上遵循了戈特弗里德·威廉·莱布尼茨(Gottfried Wilhelm Leibuiz)的看法，他以批判牛顿的虚空空间概念而闻名。简言之，这些物理空间或时空的架构，如同过去一样，在形式上是后现代的。后现代性的实际物质空间显然涉及一种更为复杂的物质性，这种物质性界定了它们的结构（在任何意义上），并且在塑造这种结构时，非中心主体性的作用越来越大，也越来越相互作用。

　　然而，我认为，大多数明确表示关注后现代空间性和主体性之间关系的那些最新后现代理论，到目前为止也没有哪一个能够充分解释空间性和主体性之间的相互关系。因为，即使已经转向更偏于空间且更去中心的主体性概念，大多数后现代主体性理论家也常常认为它独立于其存在的物质空间。相反，即便是大卫·哈维、爱德华·索亚、曼纽尔·卡斯特尔(Manuel Castells)和萨斯基娅·萨森(Saskia Sassen)等顶尖后现代空间性理论家，一般（尽管并非总是）认为后现代时代的空间是独立的实体，除了创造和居住于其中的主体之外。当这些理论家确实开始关注空间对于主体性的效用时，他们或者像詹姆逊那样认为这些空间超出了主体的适应能力；或者部分地但也仅仅是部分地追随福柯的观点，认为空间是一种通过权力作用于顺从或未反抗的主体的单向规训机制。我之所以把这些联系归因于福柯，是因为福柯本人有关"权力"及其影响的思想在概念上与我的看法更为接近，尽管他并未在空间性和主体性的相互动态方面，在都市或后现代，尤其是后现代都市语境这一对本研究最为关键的方面，进行更深入的讨论。

　　相比之下，从前面的讨论中可以明显看出，本研究的目的之一就是探索空间和主体性，它们从根本上说是相互关联和相互构建的，并首先正确地将它们定义为空间和主体性。为实现这一目标，尤其是检验这些相互关系在后现代性中如何"当场"发挥作用，我将聚焦都市空间和主体。城市空间和主体为何有助于人们探索这些任务的原因有很多。20世纪是人类历史上都市化进程最快的时代：1900年世界上只有14％的人口居住在城市里；到2000年，这一数字是47％，并在2007年超过了50％——这是人类历史上第一次，世界上大多数居民都是城市居民。联合国预计，"在未来30年内，世界几乎所有的人口增长都将集中在都市区域"；到2030年，预计世界人口中的都市人口比例将超过60％（"世界都市化"，11页）。后现代世界越来越是一个都市的世界。正是在我们的全球城市中，后现代空间性和主体性的特色体现得最为明显，地方与全球结合得最紧密，信息的空间转换和传播技术最集中，跨国资本主义和消费社会的力量最强大。

　　我将大致勾勒那些将后现代城市与早期城市形态区分开来的特征。必须注意的是，这里的描述主要适用于第一世界的全球城市——纽约、伦敦、东京，它们是本研究的重点。读者也会注意到本书特别强调纽约，在某种程度上因为它在许多方面都是一个全球性后现代城市的典范，但不可否认，也因为它是我最了解的城市——我个人"都市知识库"的来源。正如之前考虑的，给定的后现代状况会像预期的那样在我们的世界中盛行，后现代全球城市很大程度上由基于信息和服务经济的后工业时代所定义。这种经济吸引来自世界各地的劳动力和资本，使这些城市成为人员、资源、技术和文化跨国流动的大型网络中的节点。在这些城市

12

里，物质空间和赛博空间的边界正在经历大规模的重新调整，而传播和信息技术在其中起到极其重要的作用。因此，这些城市构成全球和地方、连续和断裂、现实和虚拟的特定组合。这些以赤贫巨富两极之间日益增大的鸿沟为特点的城市，也是一些令人烦恼的社会趋势的主要发生地。其中包括很多过去是公共领域的空间变为私有；许多上中层阶层在政治、经济和社会方面明显游离，例如在支持公共服务方面不断的下降以及向安全均质的飞地中撤退；还有监控和其他控制机制的增殖和扩散。这些状况带给我们的挑战相当大。第一个挑战，借用詹姆逊的术语来说，这是关于我们都市空间的基本"认知地图"，即如何辨识我们究竟身处何处。这种辨识既要考虑到我们在自己日常网络设定或回路中的位置，也要考虑到更广泛的层面，即在一个对我们来说任何时刻都无法完全把握的全球网络回路中的位置。第二个但同样相关的挑战是，我们如何以一种更加全球化、城市化的方式重新认知主体性。最后，作为后现代居民，我们如何在全球化城市和全球化世界的空间里重新定义并重建有关共同体和公民社会的想法和现实。

正如人们可能会根据前面对后现代性和后现代主义的讨论所想的那样，都市现代性和都市后现代性之间关系很复杂。在这种都市语境中，使用"现代"和"后现代"需要有一定的限定，以便于与导言前面对它们的使用相照应。"现代城市""都市现代化"之类术语，通常指大约20世纪上半叶的都市现象，在这里也一样。这些现象与"现代主义"（或"现代主义者"）的历史广延度相同，并在概念上相互联系，而不是与前面讨论的"现代性"（或"现代"）相联系。我将在必要时对术语的使用给出限定，以避免混淆，虽然我的上下文通常会明确表示出这些区别。然而，我还会在某些时刻用"都市现代主义",如(我第二章的一个论题)谈及 20 世纪早期的勒·柯布西耶(Le Corbusier)和其他建筑师以及城市规划者时,将都市现代主义与建筑师、都市设计师、作家、艺术家、赛博空间设计师以及(那些经常以都市方式思考赛博城市的)空想家们的都市后现代主义放在一起。

13　　就目前而言,后现代城市和其他有年头的城市一样,是自己时代的实体,它们既保留了早期城市形态的遗迹,也带有尽管公认却更难感知的对未来形态的预期。特别是,当后现代建筑、城市、空间完全背离现代的建筑形式时,它们也包含着对这些形式的延续或者从中发展出的成果。后现代城市的肌理是现代和后现代元素复杂的交织,就像大多数后现代现象与之前的现代性或现代主义(始终应考虑到前面所说的都市语境中对于现代的不同用法)相联系那样。然而,在既定现代城市中引入后现代都市形式并不会使之前就存在的现代都市形式保持原样,因为现代都市形式已经由于其中呈现的后现代而重新关联并改变了形态。本研究的目标之一就是探索现代和后现代在当代城市中的交叉、碰撞和联结,以及它们在我们后现代城市和世界经验中的蔓延。如果不这样探索,即使(也许尤其是)当我们的首要关注点是城市和世界的现在与未来时,那么,我们也会无法理解。

　　我的分析是在以上都市理论家著作的基础上进行的,必要时还会对他们有关后现代都市主体性和空间性,尤其是二者关系的想法进行扩展和修订。本书的主体性的概念化过程基于弗洛伊德和拉康的精神分析观点(包括露西·伊里加蕾[Luce Irigaray]和其他女性主义理论家的批评和理论模型),突出主体在家庭和社会中的"定位"。这一概念化过程还包括对路易·阿尔都塞(Louis Althusser)的"询唤"——社会机构及其代理对主体的"召唤"或"称赞"——概念的扩展，以便包含那些体制的物质性组织结构对建构某些主体性形态的影响。我也对福柯著作中有关诊所、监狱和学校等机构如何通过空间的组织（即"圆形监狱"）和功能来创造特定类型主体性的想法有所借鉴。然而，我的目标更加强调以下两点：对福柯所谓的权力策略和技术的抵抗如何在空间上表现；新的、更开放的组织结构如何在特定都市场所出现。尤其是在抵抗性主体在日常生活中的战略和战术方面（以及许多其他方面），我的分析得益于亨利·列斐伏尔、居伊·德波（Guy Debord）和其他情境主义者，以及米歇尔·德·塞尔托（Michel de Certeau）、吉尔·德勒兹和菲利克斯·瓜塔里等人的开创性工作。如今，这些战略和战术可能在后现代城市的物质空间中增殖并变异，这一空间既是日常生活的物质框架，也是生产各式各样社会差异的场所。

因此，本书研究的是，从建筑内外部结构到城市艺术，再到赛博空间和虚拟现实等诸多作为现实世界复杂组成部分的（广义）都市空间。作为当代都市生活后现代特征中最鲜明的两部分，赛博空间和虚拟现实得到了本书的特别关注。本书也是对当代文学、电影、电视、艺术和广告作品中空间表征的研究。我对这些表征的使用，并非基于它们对城市及其居民的真实描绘，而是认为它们以复杂且有时是间接的形式传达出都市及其主体的基本特征，以及二者在特定历史时刻的相互作用。统计和其他量化数据（以及本研究包含的一些类似的样本数据）可以告诉我们很多城市的东西，而文学、电影和艺术则可以用生活、行动、思考和梦想主体的方式告诉我们生活在城市中的体验。它们总是能够比表格、图表和图形更加清晰地捕捉到城市的过去、现在，尤其是未来的实际。

14

这些表征自身同时拥有强大的、对现实世界的影响：它们无疑将影响我们的城市经验以及城市是什么、应该或可能是什么的看法。对那些有能力做出决定、改变都市空间具体现实的人，包括政治家、城市规划师、开发商、银行家、投资者、企业主、活动家、商业和社区组织来说，这些表征也并非无足轻重。如果以为类似的决定仅仅出于狭隘的个人兴趣（尽管这经常是最突出的考虑），或学术研究和城市理论的需求，那将过于天真。例如，当流行表征把城市表现为邪恶的腐败沦落之地时，类似的态度将会不可避免地影响到作用于这些态度的政治和经济决策，涉及从对公共交通和市区学校的支持到资本投入和房地产开发的各个方面。

文学和其他艺术还具备预言功能，能够预测并想象新的形式。就像 1933 年威尔斯（H. G. Wells）的小说《未来的样子》（以及 1936 年威廉·孟席斯［William Menzies］/威尔斯的电影《将来之事》）里的建筑，就预言了典型后现代建筑波特曼酒店。同样，威廉·吉布森（William Gibson）1984 年的小说《神经漫游者》预测到了从后现代都市到赛博空间转移的空间逻辑，并明显地影响了后来实际的赛博空间环境设计。的确，在对后现代性的描述和理论化方面，文学和艺术远比理论做得更好，我们的理论往往不是被后现代性快速变化的现实所反驳就是被过快所取代。文学和艺术的成功不仅在于对后现代性的反映，而且在于对它的积极参与，15 通过不断塑造和重塑我们的后现代经验及理解来创造后现代性。例如，艺术可以作为一种介入城市空间的形式，就像第一章中将讨论的后现代艺术家珍妮·霍尔泽（Jenny Holzer）和芭芭拉·克鲁格（Barbara Kruger）的作品那样。因此，本书聚焦现实世界空间及其文学艺术表征。这些表征并不是仅仅提供插图，而且会对本书的理论看法有所帮助。在论述观点的过程中，本书还将对当前盛行的后现代城市、市民以及后现代都市生活的理论进行拓展和修订。

总而言之，本书论点论述当下经验中的后现代性、后现代主义文学、电影、艺术和后现代理论的多方面关系。唯其如此，本书目标才有可能实现。因为人们必须也只有通过这些关系以及它们的多个层面，才能理解后现代性的都市生活——或者过这种生活。

第一章　可读的城市：都市符号与主体

　　　　你凝神扫视着街道，仿佛它们是书写的篇章：这个城市
诉说着你必须思考的一切，让你重复她的话语。

　　　　然而，在这层厚厚的符号包裹之下，无论城市可能包含
或隐藏着什么，当你离开时……都不会发现她的真相。

　　　　　　　　　　　　——伊塔洛·卡尔维诺，《看不见的城市》

　　在某种程度上，虽然建筑始终是一种符号的艺术，但是，20
世纪却见证了符号和建筑前所未有的融合。从 20 世纪 20 年代初
开始，美国和欧洲城市的建筑空间就充斥着各种文本和图像——
广告、街道标志、报纸头条、政治性海报和涂鸦等。可以说，这
些符号已经成为了城市空间的主要组成部分，填充了我们的感知
能力，模糊了曾经定义城市的街道和建筑。这种文本化符号之城
的出现，标志着从以往被称为物之城的城市形态的历史性转变。
虽然这种对立在一定程度上是有限制的，但是这种转变本身对后

现代城市、后现代主体性以及二者之间的相互关系来说是至关重要的。因此，本研究的第一章致力于通过三部小说追踪这段历史：从西奥多·德莱塞（Theodore Dreiser）《嘉莉妹妹》（1901）中的物之城开始，经由约翰·多斯·帕索斯（John Dos Passos）《曼哈顿中转站》（1925）里初现端倪的符号之城，到威廉·吉布森《模式识别》（2003）的 21 世纪早期符号之城的顶峰。[1] 在对这些作品的分析中，我还简要涉及 F. 斯科特·菲茨杰拉德（F. Scott Fitzgerald）的《夜色温柔》和弗吉尼亚·伍尔芙（Virginia Woolf）的《海浪》等几部现代主义小说，这使我能够支持并丰富我的论点，尤其是当它涉及欲望的性别化时，这是我整个章节论点的一个重要方面。第 4 节通过对各种后现代建筑、艺术、电影和电视作品的思考，转向对前面几节阐述的主题进行更广泛的文化探索，这些作品反映，并且在某些情况下确实在作为符号之城的后现代城市构成中发挥了一定的作用。

我认为，从物之城及其主体性向现代和后现代符号之城及其主体性的这种转变，也涉及相应的意义经济和欲望经济的相伴变化（在直接意义上和更广泛意义上使用"经济"一词，即形成给定现象或过程的力量的相互作用和管理）。由于对这些经济结构的适当分析（现在，尤其是直接意义上的经济结构）不可避免地涉及物和符号的消费问题，本章还探讨消费如何影响都市环境，如何界定都市与其居民的关系以及如何塑造都市主体和主体之间相互关系的结构。

在某种程度上，我的分析基于这样一种看法，即城市及其相应的主体性的形态与美国资本主义的不同阶段相关联：大规模生产的消费品的工业资本主义，即一种物的资本主义，这种资本主义在 19 世纪晚期和 20 世纪早期占据主导地位；以及 20 世纪 20

年代初出现并在 20 世纪末和 21 世纪初占主导地位的后工业资本主义，即一种符号的资本主义。很大程度上，符号资本主义的发展是由于工业资本主义的大规模生产取得了无与伦比的成功，这刺激了市场营销手段日益复杂的发展，因为生产商寻求创造对空前数量的消费品需求。广告（包括店铺标识符号）和广义上的市场营销毋庸置疑与市场自身的历史一样悠久。然而，在 20 世纪，广告和营销成为了主要的都市产业。随着这些产业和依赖它们获得经济支持的新媒体（收音机、电影、电视、互联网）在 20 世纪一个接一个地发展起来，城市的性质也产生了变化。物之城让位给了符号之城，主要城市的实际经济重心在很大程度上从商品生产转向包括广告在内的符号生产。因此，商品消费也转向了符号消费。正如让·鲍德里亚（Jean Baudrillard）所言，大多数商品现在都主要是作为符号，其次才作为物来消费。他进一步补充说，发达资本主义社会的消费，对其最好的理解是"一种积极操纵符号的行为，一种个体拼命地试图组织私人化生活并为之赋予意义的拼凑行为"（5 页）。到了 21 世纪初，可以看到这种转变几乎已经在吉布森的《模式识别》所表现的超文本后现代城市中得到了完成。很大程度上，这部小说所描述的后工业时代经济依赖于（印刷、广播媒体、金融、市场营销等）进行的符号生产、操纵和交换。[2]

18　　　　这些变化，如有助于实现这些变化的经济基础的变化一样，不可避免地是复杂和不平衡的。几十年来，现代城市才逐渐成为了后现代城市。物之城和符号之城之间的关系，某种程度上也同样是复杂的，需要一些限制性条件。人们很少遇到任何没有条件限制的实体或隔离区——一会儿是物之城，过一会儿是符号之城——而是一种既有物又有符号，却又与现代和后现代城市都不相同的复杂平衡。作为任何资本主义的固有部分，物以及物的消费对于现代和后现代资本主义仍然是必不可少的，包括都市资本主义，尽管今天的物通常不是在美国城市制造的，而是在结构上类似于 19 世纪末和 20 世纪初美国工业城市的外国城市制造的。然而，对于符号和物来说，美国城市本身仍然是一个巨大的市场和交易场所。这些复杂之处也反映在本章讨论的文学和艺术中。就像每一部小说所描绘的城市中的现实世界一样，在德莱塞所描写的芝加哥和纽约（尤其是嘉莉妹妹里具有特色的百老汇和广告牌上的灯光）中也有各种符号，在多斯·帕索斯的曼哈顿（这本小说以对渡口船头周围漂浮的碎屑不厌其烦的详细描写开篇）以及吉布森的全球城市（尽管那里的东西几乎总与消费品牌相关）里，同样有大量的物。尽管可能有人会反对，我自己仍然认为，这三部小说反映出了物与符号平衡关系的变化——从主导现代城市的物到主导后现代城市的符号，再一次，伴随着消费品牌意义形态的进一步转变——这标志着都市后现代性的历史。

在索尔斯坦·凡勃仑（Thorstein Veblen）的《有闲阶级论》提出"炫耀性消费"和"金钱的竞赛"等概念一年后，《嘉莉妹妹》出版了，它将衣服、饰品作为欲望的基本对象和诱惑手段。这些商品（非常直白地说）为资本主义代言，它们的话语就是欲望的叙事——通过获得表明人们在社会等级中地位的事物来生产理想化的主体性欲望。德莱塞笔下的世纪之交的芝加哥和纽约，精心图绘了百货商店（小说中提到了五个名字）和各种展示场所（街道、剧院、餐馆、酒店）的组合图，通过在这些场所购买和公开展示消费品来确立主人公的主体性。[3] 小说中所有的都市场所——从制造商品的工厂楼层到购买商品的百货公司，再到陈列展示它们的街道——到处都是各种各样的物。

相比之下，约翰·多斯·帕索斯的《曼哈顿中转站》里呼啸的20年代纽约则是一个符号之城，它的居民是资本机构生发出的无情的符号表达的主体。这些话语还提供了某种潜在的主体性叙事，这些叙述有时被小说中的人物所采用，有时被他们所抵制。虽然这两个角色都是通过资本主义向他们提供消费主义叙事，但是，多斯·帕索斯的埃伦·撒切尔转变了她自己的观念，这些观念是通过她消费资本的符号和广告话语而改变和产生的，而不是消费那些界定嘉莉妹妹主体性的实际事物。相比之下，失败的报人吉米·赫尔夫则努力创造一种自我意识，与环绕在"镀金字母之城"中的商业叙事形成鲜明对比（多斯·帕索斯，351页）。但是，埃伦和吉米都代表了消费主义的主体性——这些主体性与其说是由对物的欲望塑造的，不如说是对符号的渴望和消费塑造的——这是"文本化"的主体性。

威廉·吉布森《模式识别》中的第一世界全球城市的居民也是通过对符号的渴望和消费来塑造的。然而，吉布森小说里的后现代世界比多斯·帕索斯的《曼哈顿中转站》晚了将近一个世纪。因此，符号的性质也已获得了新的维度：广告符号已经成为品牌，它们生产一种可以用"品牌"来进行最恰当概括的主体性模式。营销已经渗透到了几乎所有的公共和私人空间，大公司不得不把自己看作品牌供应者而不是产品供应者，扩张的企业形象试图包含存在和思维在内的各种方式——整个"生活方式"和成套的经验与价值体系。随着品牌遍布全球，我们的城市景观变得越来越彼此相似：无穷无尽不断重复的可口可乐、麦当劳、星巴克、诺基亚、索尼、三星和耐克照亮了都市的夜晚。吉布森的主角凯西·波拉德，一个对品牌极度恐惧并反感的"酷猎族"，寻求构建自己独立的主体性，以对抗周围那些被纳入"品牌"中的主体性。

在这个过程中，21 世纪初后现代城市中的这类企业的困境和潜力都得到揭示。[4]

这种新的（甚至是后现代性的）都市空间和主体模式的出现以及它们之间的关系，就是我在第 4 节中的主题。这一节将更倾向于用这种模式自身的方式来思考，如通过视觉艺术和媒体等，尽管它们本身也是这种模式的一部分。我特别要讨论 HBO 的电视连续剧《欲望城市》，苏菲娅·柯波拉（Sofia Coppola）的《迷失东京》与芭芭拉·克鲁格和珍妮·霍尔泽的概念艺术。

1. "市场上的女人"：
资本主义与《嘉莉妹妹》中的欲望

在现代社会中，这样的趋势越来越明显，即众多日常生活中不为人知的普通人，会在诸如教堂、剧院、舞厅、酒店、公园、商店之类的地方聚集起来。为了给短暂聚会中的观察者留下深刻印象，并从中赢得个人满足，一个人的金钱实力应该通过他身上的信号流露出来，并使别人能够识别……

服装上的支出比大多数其他方式更具备这种优势，因为我们的外表总是能够成为一种明显的证据，并且第一眼就能向所有观察者表明我们的经济地位。

——凡勃仑，《有闲阶级论》

来到纽约两年之后，西奥多·德莱塞在他的专栏《反思》中描写了 1896 年纽约城里血汗工厂的罢工。他把这座城市比作"罪恶的从良妓女"，"装扮得如此华美，穿着猩红的丝绸长袍，珠宝和香水，使她浑身散发迷人魅力。而实际上，在这种外表之下，却是撕裂、悲惨的心灵，和扭曲、不幸的良知"(411 页)。德莱塞警告城市的崇拜者"让你欢乐的只是外在"(410 页)，他提醒读者"一切都建筑在悲痛和对艰辛劳作永无止境的索取之上"，"这些高耸的墙壁遮蔽了无尽的悲苦"(411 页)。三年后，在《嘉莉妹妹》这部关于美国城市的伟大小说中，德莱塞开始考虑这些主题——城市表面的魅力，它在经济和社会地位跌宕中的精打细算，以及服装和其他物品在炫耀性消费中所扮演的想当然的角色。

户外电子标志 1891 年在纽约首次应用，它在《嘉莉妹妹》描写的年代里已经十分普通。但这个时期的芝加哥和纽约仍主要是物之城。以当代眼光看这期间的照片，纽约街头的标志牌少得不可思议（仅有寥寥几个夸张的例外，特别是百老汇大街，晚上被电子广告变成了"白老汇大街"）。[5] 但是，物与人却无所不在。在1898 年赫斯特街市场的标志性照片（图 1.1）里，你可以看到市场被无数推车里大减价的物品和下东城的居民们挤得水泄不通。一张摄于 1897 年西格尔库珀百货公司内部的照片（图 1.2）则可看作1896 年"女士一英里"（以百老汇、第五大道为边界的第 14 街到第23 街之间的区域）的豪华版注解。这家公司在广告中自称是"世界上最大的商店"。但从照片中也看出，即便是在新百货商店更精致的空间里，商品的陈列也不会有太大的不同：审美是一种丰富甚至过剩，而不是稀有或排他性。[6] 百货公司在这个时代（或许任何时代）都充当着大宗生产奇迹的供应者和事实上的庆祝者。[7]

德莱塞的主人公们在满是细节的都市环境中行进（小说的叙述经常提供具体地址甚至方向和路线），在这些环境中，重点始终是对商品的消费和展示，尤其以服装和配饰为甚。

图 1.1 "赫斯特街"，1898。

（Museum of the City of New York. The Byron Collection；
93.1.1.18137.）

凡勃仑本人指出："炫耀性消费占城市收入的比例比农村人口 *21* 的比例要大，而且这种要求也更为必要"，因为"对［财富和地位］这一系列证据的刺激，及其短暂的有效性，在城市中更为明显"（54 页）。因此，毫不意外，斯图亚特（Stuart）和伊丽莎白·伊文（Elizabeth Ewen）认为"城市提供了大众时尚扎根的肥沃土壤。作为一种流动的、个性化的展示形式，时尚尤其适合这个日益以流动的个人为特色的社会"（142 页）。正如嘉莉到纽约不久之后所发现的那样，百老汇大街上的步行"就是一个由漂亮的脸和精致的衣服构成的非常壮观的队列。女人们穿戴着她们最好的帽子、鞋子和手套，手挽手地走在去商店或剧院的路上，从十四街一路簇拥到三十四街。同样，男人们也炫耀着他们能负担起的最新款式……如果一个爱穿漂亮衣服的人买了一套新衣服，他毫无疑问会在百老汇大街上进行处女秀"（226 页）。这里的流动既是字面意义上的（在百老汇大街行走），也是隐喻性的（向更高社会阶层攀缘）。

图 1.2　"西格尔库珀百货公司特价柜台",1897。

(Museum of the City of New York. The Byron Collection;

93.1.1.18404.)

　　嘉莉与大众时尚的第一次亲密接触是她最初参观"费尔公司",即一家芝加哥百货公司的时候。在这个场景中,她只是在橱窗外看看,因为她没有钱,但却"被橱窗里陈列的饰品、服饰、文具和珠宝等深深打动。每一个独立的柜台都是一个令人眼花缭乱、引人入胜的展示场所。她情不自禁地感觉到每件小饰品和贵重物品都对她本人发出召唤……没有什么是她不能用的,也没有什么是她不想拥有的"(17 页)。她自己的"着装缺陷",她痛苦地意识到,"向所有人表明她是谁和她是什么"(17 页)。正如她在直觉上理解的,在这个(资本主义)欲望经济中,缺少所需要的东西就是缺少所需要的自我。

　　嘉莉在百货公司、餐馆、旅馆和街道上看到的衣服都是为了满足她有意识和无意识的欲望客体,但这种欲望与任何生物需求无关。这些衣服主要是用来作为嘉莉可能拥有和成为什么的指示物(或用凡勃仑的话说,作为金钱效仿的对象),但在那一刻,它们也是嘉莉不属于什么的指示物,是她作为工人阶级父母的一个女儿的阶级地位的指示物，因此也是她所无法掌握的一切的指示物。[8] 这样，嘉莉所渴望的服饰既发挥一种物（或用索绪尔的语言学术语来说的所指）的作用，又不可避免地起着一种符号的功能，她对这种符号的消费总是涉及所指物，即物质性的物。相比之下，就像我们即将看到的，《曼哈顿中转站》里的符号除了它们的物质所指（物）之外，本身就是作为符号来消费的。因此，这两部小说中发挥作用的是两种不同的经济，一种是消费经济，一种是消费与意义之间关系的经济。

从费迪南德·德·索绪尔（Ferdinand de Saussure）的符号理论可以很清楚地理解这一区别。他将符号的概念表述为由能指（词语或声音图像）和所指（概念或意义）组成，并与指称对象（符号所指的事物）联系在一起。虽然索绪尔承认这种能指和所指之间的联系从本质上说是任意的，但它启发其后的理论家（特别是雅克·德里达以及讨论意义在欲望功能中的作用时的雅克·拉康）对能指和所指二者关系的更多复杂性的探索。[9] 这些复杂性涉及能指和所指之间的等级关系可能发生的变化（例如，在索绪尔和其他地方，不允许后者对前者具有优先性），能指与所指分离的方式和"浮动"，能指如何从其所指分离并成为"漂浮"的能指；以及符号最终如何从它的所指物上分离，并开始自身的生涯。在这些方面，德里达和拉康背离了索绪尔，或至少是（解构性地）把索绪尔的理论变得更激进。

我认为，在德莱塞那里，就能指、所指和物（作为指称对象）更紧密地联系在一起而言，就能指和物支配着这种经济而言（在任何意义上），这种符号的功能更接近于索绪尔的意义观。[10] 另一方面，就像拉康和德里达分析的那样，多斯·帕索斯和吉布森的符号功能可以被视为表现或艺术地显示出与索绪尔的背离，这是

Cities, Citizens,
and Technologies

拉康和德里达分析性地表达出来的。在多斯·帕索斯和吉布森那
里，符号离开物、能指离开所指浮动，因此能随时重新拼接自身
或继续保持背离和独立。即便是在德莱塞的《嘉莉妹妹》中，对物
的消费也包含着对符号的消费（例如，作为财富和地位符号的衣
服），尽管如此，这种所指支配着这种消费的经济；正如前面提
到的，在这本小说中，符号的消费几乎总是涉及物的消费。[11]相比
之下，多斯·帕索斯的《曼哈顿中转站》，不仅物的消费（或通过
商品的符号消费）经由商品的话语在本质上成为了符号消费的次
要因素，而且最重要的是，符号（词语）现在成为以一种原后现代
时尚主导的符号经济。简言之，在某种程度上，德莱塞的物之城
也是一座符号之城，它主要是一座所指之城；而多斯·帕索斯的
符号之城也是一座物之城，它主要是一座能指之城。

在物之城里，嘉莉欲望的走向被资本的、政治的、社会的和
家庭的各种经济因素所决定。这些欲望引导她进入特定所指的意
义体系和结构，决定她想要什么、什么时候要。这样看来，与弗
洛伊德学说和拉康学说相应的物之城和符号之城的两种欲望经
济，就可以看作分别产生于工业资本主义和后工业资本主义。在
这两种模式中，由于欲望是由无法获取的欲望客体界定并驱动
的，因此欲望也是由匮乏构建而成的，并且是一种"市场经济的
功能"，就像德勒兹和瓜塔里在《反俄狄浦斯：资本主义与精神分
裂》（28页）中所描述的那样。这种功能"涉及在丰盛的产品中刻意
营造欲望和需求；使所有欲望在需求无法满足的巨大恐惧中战栗
不安"（28页）。在弗洛伊德模式中，德勒兹和瓜塔里的主张与资
本主义社会的结构及其中构建的核心家庭紧密联系在一起。前俄
狄浦斯的、多形态性变态儿童的欲望多样性，被俄狄浦斯情结引
导到以匮乏为特征的俄狄浦斯欲望经济中。这种匮乏由（男孩方

面)所预期的和(女孩方面)所感知的阴茎(一种实在物)的丧失所突然引起的。我认为，在德莱塞的城市的市场经济中，欲望仍然保持着这种特征，专注于由它们连接和界定的物和符号(它们的所指和它们的能指)。

"迅速理解生活中更强烈的乐趣，并且雄心勃勃地想从物质上获得利益"(2 页)，嘉莉被那些能同时给她两样东西的人所吸引。最关键的是，这种吸引力总是由——他和她的衣服来调节的。当嘉莉第一次在从哥伦比亚城到芝加哥的火车上邂逅德鲁埃(Drouet)时，他的服装(小说对它们的细节进行精心描绘)以及举止"为她建立起一个隐隐约约的财富世界，而这个世界以他为中心"(6 页)。德鲁埃是个"串街的"，一个不断旅行的推销员，他的华而不实的衣服比德鲁埃本人更能说服嘉莉。[12]这穿着实际是他实施推销的一部分：它宣扬他的成功，也更进一步地宣扬他所代表的公司和产品的成功。[13]但是，潜在客户并不是他唯一的目标客户。他的穿戴同样刻意地"处心积虑地吸引着那些敏感年轻女子的倾慕"(3 页)。

因此，德鲁埃对嘉莉的诱惑，就像小说中所有其他的诱惑一样，转向了服饰的问题——一开始是他的，接下来是她的服饰问题。他催促她拿走他给的钱，并保证说："我会帮你渡过难关的。给自己弄点衣服。"(47 页)反过来，嘉莉感觉到这些钱似乎与德鲁埃本人混合在一起了："她接过来的钱是两张柔软、绿色、漂亮的十元美钞。"(47 页；本书着重号)接受了这些钱之后，金钱、欲望和诱惑就融合在了一起，嘉莉"现在感到被一种奇怪的感情纽带与他捆绑在一起"(47 页)。

第二天，"被这些钱财所迷惑，被欲望所引诱"(51 页；本书着重号)，嘉莉拿着 20 美元回到了费尔百货商店(德莱塞的"迷惑"在这里是精心挑选的,意味深长)。作为一个身无分文的求职者,之前她曾梦想流连在店里那些"饰物、服饰、文具和珠宝的诱人展示中……她不能停止对每件小饰品的渴望,它们对她来说那么有价值,而且她也并没有停止"(17页)。在这里,我们可以看到一种从有吸引力和充实感开始的欲望转向由缺乏强调的欲望:她看到的一切"都碰触到她的个人欲望,她深切感受到所有这些东西都超出她的购买能力之外的事实。她是个……局外人"(17页)。正如德勒兹和瓜塔里所说:"从我们将欲望放在获得那一边的那个时刻起,我们就把欲望变成了理想主义的(辩证的,虚无主义的)概念,这使我们认为它主要是一种匮乏:缺乏某个客体,缺乏某个真实的客体。"(《反俄狄浦斯》,25页)——而且,人们可能还会加上,缺乏一个真正的主体,对物的拥有能够生产主体,然而这种生产也十分短暂。

这种转变在后来的场景中也很明显,嘉莉带着钱包里的钱回到商店。然而,有意思的是,她再一次被动地关注起获取——或者是匮乏。她处于"一种中间状态,就是那种我们有时会在精神上摇摆不定的状态,被钱财迷惑,被欲望引诱,但又被良心或犹豫所阻碍……现在,她在每一件单独的装饰品前都停下来,在那里她匆匆忙忙地往前走。她的女人心因渴望而感到温暖。她穿上这件衣服怎么看?这件衣服会让她多么迷人!"(51页)。她的欲望始于丰盛,后来却变成匮乏:"如果没人给她钱,这些东西她就一样都不可能拥有!只要她有几件这样的东西,她看起来也会很漂亮。"(51页)

人们可以把这两个主要购物场景中的每一个变化解读为两个不同的欲望模型之间的运动。每一个场景都以一种欲望的形式开始,这种欲望由连接性或者德勒兹和瓜塔里所说的"连接性综合"

（《反俄狄浦斯》，5—6页）来界定的，然后被随后的俄狄浦斯化的分离或缺失所取代。这种最初的欲望是基于他们所描述的"精神分裂症"的扩散和欲望的多重性，而这些欲望处于弗洛伊德的俄狄浦斯和拉康的欲望经济之外，因此并不局限于界定这些经济的缺乏。当赫斯特伍德（Hurstwood）想象嘉莉"因为过于好奇和渴望而不可能贪婪。她依然迷惑不解地将城市看作炫目迷宫"（91—92页）的时候，可以说，他想到的就是这种欲望。在他看来，她的欲望是天真的、没有重点或者不知所措的——与她对"城市这庞大迷宫"的感知相应，而这座城市迷宫的欲望经济在很大程度上仍然是她所未知的。然而，她的欲望被德鲁埃、赫斯特伍德以及金钱——俄狄浦斯式的资本主义所取代，带回到了一个俄狄浦斯情结塑造的领域。[14]人们也可以将这一购物的"原始场景"与菲茨杰拉德《夜色温柔》中妮可·迪瓦（Nicole Diver）与罗斯玛丽·霍特（Rosemary Hoyt）一起购物的场景相比较。

　　在妮可的帮助下，罗斯玛丽用她的钱买了两件衣服、两顶帽子和四双鞋。妮可按照足有两张纸的购物单购买，还额外买了橱窗里的东西。每一件她喜欢但又自己不能用的东西，她都会买来送给朋友。她买了彩色珠子、折叠沙滩靠垫、假花、蜂蜜、一张客用床、包包、围巾、爱情鸟游戏、迷你玩偶屋，还有像对虾颜色一样的三码的布。她买了一打浴衣，一个橡皮鳄鱼，一副黄金和象牙做的旅行象棋，为艾比（Abe）买了大大的亚麻手绢，从爱马仕买了两件麂皮外套，一件翡翠蓝一件燃烧灌木色——她买这所有的东西和高级妓女买内衣和珠宝完全不同，因为妓女买的内衣珠宝毕竟都是专业的装备和保障——她却带着完全不同的想法。（54—55页）

26

　　妮可的购物可以被看作是由她的巨大财富所支撑的炫耀性消费的终极展示。然而，妮可那财富支撑的欲望结构或本质，就像财富自身一样逐渐微妙地、哪怕仅仅是部分地脱离了俄狄浦斯情结。[15]用这种模式来解读德莱塞、菲茨杰拉德或多斯·帕索斯的小说，可能会与作者自身的想法有些矛盾，但却可能不会违反这些小说以及它们详尽的描写所要告诉我们的东西。所有这三个人物（德莱塞的嘉莉、菲茨杰拉德的妮可和多斯·帕索斯的埃伦［Ellen］）至少都在某种程度上展示这种欲望模式的某些元素，预示着一种从未实施也不会持久的潜力，以反抗男性世界强加给她们的弗洛伊德和拉康主义的经济模式。这是这些小说家刻画资本主义和欲望关系的强项之一，人们可以从中发现不同类型欲望机器之间的相互作用和对抗作用，尤其是俄狄浦斯的（弗洛伊德式或拉康式）和精神分裂症的（德勒兹式）。

　　从德勒兹式的欲望经济中，尤其当与弗洛伊德和拉康式的基于匮乏的欲望经济放在一起时，我们可看出德勒兹与一些性别理论家的研究具备相似性，特别是露西·伊里加蕾和她基于（拉康式）匮乏的女性想象的概念。[16]伊里加蕾和现代女性主义者以及性别研究提出的一个关键问题，就是从俄狄浦斯形象诞生的古希腊到现代（以及后现代）的俄狄浦斯化资本主义时代这一历史过程中，欲望经济如何变得性别化了，以及它将如何被重新思考和重新性别化。[17]当然，我们可以沿着这个思路回溯从玛丽·沃斯通克拉夫特（Mary Wollstonecraft）有关政治正义的思考开始的女性主义早期历史。弗吉尼亚·伍尔芙作品中对理论的深刻反思以及对"除了商店橱窗什么也看不见"（《海浪》，217 页）的伦敦的描写，也与此紧密相关。就像德莱塞的芝加哥和纽约一样，伍尔芙的伦敦，尤其是《海浪》里描写的伦敦，仍然是一个物之城（几乎没有明确的符号），尽管它（在文字上和想象中）更为神秘、更令人不知所云；它仍是一个物的图像之城，并最终是难以捉摸的。

在某种程度上，这部小说本身可以看作一种关于伦敦的叙述，它讨论这样的问题：伦敦是什么？同时，在伍尔芙对伦敦和伦敦经验以及欲望经济在这种经验中作用方式的描写中，她运用的提问方式，可以按照德勒兹和瓜塔里理解欲望的思路来进行，同时参考他们在《千高原》中批评弗洛伊德欲望经济时所提到的达洛维夫人（Mrs. Dallowny）的说法："一个很好的精神分裂之梦。既成为人群的一部分，又完全置身其外、从中脱离：像弗吉尼亚·伍尔芙那样处在边缘，慢慢地行走（我绝不会再说'我就是这个，我就是那个'）。"（29 页；《达洛维夫人》，11 页）[18]在《千高原》中，伍尔芙多次作为重要的连接人物出现。德勒兹和瓜塔里通过《海浪》的语境，将她描述为"使自己的生命和工作成为一段经历、一种生成的过程，在年龄、性别、元素和国度之间进行各式各样的生成转化"。他们确信，这种不断生成欲望的经济，在小说的七个角色中都得到了寓言式的表现（《千高原》，252 页）。伦敦也变成了一个有各种变化和生成的城市。本章稍后，我会进一步在更恰当的现代主义语境中讨论伍尔芙的小说。但现在我将转向伊里加蕾，尤其是她对俄狄浦斯欲望以及其中女性作为商品的功能所进行的政治经济学分析，这一点在德莱塞的小说中尤其突出。

对伊里加蕾来说，"无论在广义还是狭义方面，我们的社会经济都要求女性［作为商品］在消费以及她们并不参与的交换中发挥异化作用，而男性则免于像商品那样被使用和流通……因此，马克思有关商品作为资本主义财富基本元素的分析可以被理解为对女性在所谓父权社会中地位的解释"（《这种性》，172 页）。因此，这个问题就变成"如果女性抛开她们作为商品，作为被生产、被消费、被定价、被流通的主体的情况，并参与到以往由男人独自运作的市场策划和流通交换中，它［社会秩序］会不会改变？这种参与是通过与自然、物质、身体、语言和欲望之间不同的社会关系来进行的，而不是通过复制、拷贝俄狄浦斯'阴茎统治'［俄狄浦斯］模式的强制力量"（《这种性》，191 页）。换句话说，这里的利害关系可能更接近于德勒兹和瓜塔里的思路，即从根本上重构男性和女性的欲望经济（两者及其相互作用如今被描述为生成的多样性），这种思路在实践中也相当于对资本主义的一种同样强烈的批判。

在《嘉莉妹妹》中，消费资本主义是通过一种具备特权地位的机制来调动产生主体性的俄狄浦斯欲望。从字面上讲，服装是一种欲望话语，它唤起主体相应的欲望和认同感，从而创造一种能够介入并以高度商品化的方式定义主体的关系。[19] 叙述者观察到，"精美的衣服对她来说具有强大的说服力；它们自顾自地诉说着，温柔却又用心险恶。当她听到它们轻声细语时，内心的欲望就令她屏息倾听"（75 页）。[20]《嘉莉妹妹》里"那些所谓无生命的商品发出的［众多］声音"从本质上说就是情人的谎言："'我亲爱的，'她从帕特里奇那儿买来的蕾丝领子说，'我把你打扮得多么漂亮啊，别放下我。''啊，瞧这双小脚，'崭新的软皮鞋说，'穿着我是多么合适。没有我对它们来说将多么让人遗憾啊！'"（75 页）更具体地说，新鞋和蕾丝领子的话语让人想起德鲁埃在他和嘉莉的风流韵事开头和结尾时某些重要场合的想法和语言。德鲁埃相信，在他们第一次吃饭时他给嘉莉的钱能够帮嘉莉解决金钱的窘境，而且如果她拒绝他的帮助，将确实像那双鞋子所说的那样是一种"遗憾"。几个月后，当他得知她和赫斯特伍德的秘密关系时，他责备地提醒她，这种帮助是多么重要。"我觉得我已经做了很多，"

他说，"我给了你所有你想要的衣服，不是吗？我带你去了所有你想去的地方。"(165页)他的说法和蕾丝领子一样直截了当："我把你打扮得[看起来]多么漂亮；别放弃我。"

鞋子话语的拜物教诱惑力——"啊，瞧这双小脚……穿着我是多么合适"——也不同凡响，因为它表明城市给嘉莉带来的变化。她对鞋子的渴望没有显示出她自己与这类事物或其生产条件的严峻现实之间的早期联系。这双"柔软而崭新的皮革"鞋子并没有引发她对在鞋厂里的那些日子的回忆，在那里她有了第一份工作，她肌肉酸痛，越来越讨厌那让她在生产线上重复到"恶心"的行为(29页)。在对商品拜物教令人震惊的阐述中，百货商店里的鞋子对于嘉莉来说仅仅是引诱和魅惑的客体，而对它们的生产环境和人际关系之类的记忆则完全不复存在。

最让嘉莉着迷的是衣服的转变力量，它有能力使她"看起来像另一位姑娘"(58页)。镜子——既真实又代表其他人对她的反映——在这种身份建构中起到了关键的作用。正如嘉莉所看到的那样，镜子反映出她内心深处一直想象的理想的我。[21]"镜子，"叙述者评论说，"使她相信了一些她长期以来相信的事情。她很漂亮，是的，确实如此！"(58页)然而，嘉莉创造自我身份的镜像过程并不仅仅关乎衣服，也与她天性中具有的表演能力紧密相关。它能够"感受到那些时髦小物件在女性想成为某种东西时的作用和价值"。嘉莉在镜子里模仿着那些她羡慕的姿势："她看着镜子，噘起嘴巴，并且微微扬一下头，就像她看见铁路财务长女儿做的那样……她成了一个相当有品味的女孩儿。"(78—79页)

都市环境本身就提供许多这样的可以用来识别身份的镜像或询唤场所：从百货商店半明半暗的橱窗里，人们可以看到自己幽灵般的倒影叠加在人体模特儿上；在像雪莉酒店这样的豪华餐厅

29

里，"四面八方都有镜子——高大、明亮、棱角分明的镜子——无数次地映照着形体、面孔和烛台，又无数次地反射它们的影子"（235页）。最早的有关百货公司和小商店橱窗里精美陈设的奇观及其所创造的主体性效果的文献，可以从尤金·阿特杰（Eugène Atget）在 1912 年至 1927 年间拍摄的那些唤起人们的巴黎想象的系列照片"橱窗"中找到，他是早期最伟大的都市摄影师之一。在"乐蓬马歇商场"里（图 1.3），你可以看到城市和路人是如何被橱窗玻璃反射的，同时将人体模特和路人放在同一个视觉空间中，与被反射的城市背景相互映衬。

站在恰当的位置上，"橱窗购买者"可以把自己的脸叠加到理想化的人体模型上，同时假设拥有自己的衣服，并在城市街道的环绕全景中占据其提供的幻想主体的位置。

30　　当然，玻璃也是一种屏障。正如嘉莉清楚意识到的那样，一个屏障实际上是消费者手段的一个功能。这种情况有效地再现了拉康的镜像阶段，在这个阶段里，孩子欣喜地从镜中那个位于世

图 1.3　"乐蓬马歇商场"，1926—1927。

(Photo by Eugène Atget. Courtesy of George Eastman House.)

界中心的"理想化"形象里"认识"自我的情景。同时，橱窗里陈列的其他商品似乎也飘浮在周围城市的反射之中，创造了一个梦幻般的城市意象，仿佛是一个魔法物的王国。

德鲁埃为嘉莉买衣服（即嘉莉在镜前顿悟的时候）也触发了镜像之间的后续冲突："她看着镜子，看到了一个前所未有的更漂亮的嘉莉；她审视她自己的内心，一面为她本人和世界的看法准备的镜子，却看到一个更糟糕的嘉莉。在这两幅图像之间，她犹豫不决，不确定应该相信哪一个。"（70 页）嘉莉被围困的良心最终得到了一个简单而令人信服的回答："她孤身一人；她充满欲望；她害怕呼啸的风。渴望的声音替她做出了回答。"（70 页；本书重点）那就是匮乏，"渴望"最终令嘉莉的良知和社会本身归于沉默。

在《嘉莉妹妹》结尾，有一个场景暗示出一种与身份认知或识别相关的错误形式，预示了即将到来的混乱的符号之城。寒冷、饥饿、无家可归的赫斯特伍德决定到时代广场的灯光中寻找一些安慰。在那里，他遇到了"闪闪发光的，在炽烈焰火中的嘉莉的名字"，在头顶"一个巨大的、镶银边的海报板上，是一幅精心印制的真人那么大的嘉莉肖像"（362 页）。在这一刻，他似乎混淆了这个嘉莉的符号和嘉莉本人："'这就是你，'最后他冲着她说，'我配不上你，对吗？'"（362 页；着重号为本文作者添加）通过一种三角化的欲望，这种错误的认知加剧了他自己的缺乏感，在他身上唤起了对她所"得到"的渴望——财富、名望、社会认可——所有一切都由那个理想的"符号"所象征。"'她得到了'……'让她给我一些'"（362 页）。当推开舞台的门时，"一种对嘉莉的强烈感觉涌了上来"，但是，在这一刻，这种感觉变成了一种简单的需求："她欠我一些吃的，"他说，"她欠我的。"（363 页）失去"真实

Cities, Citizens, and Technologies

的"嘉莉之后，赫斯特伍德不得不和她的符号协商。虽然他的困惑表明了他迷失方向和绝望的深度，但它也表明，在许多方面，嘉莉自己的身份现在也只不过是这样一个符号，剧院已经成为了她建构自己身份的首要场所和恰当象征。

剧院在本质上也是都市的场所和身份建构的象征。事实上，小说里的城市和剧院被证明在许多方面都可以进行互换。正如黛博拉·加菲尔德（Deborah Garfield）所说的："德莱塞努力将这座城市描绘成一个巨型舞台，一个剧院的延伸……逐渐将二者定义成［着］双生的两面，一个反映出另一个。"（224 页）丹·坦特（Den Tandt），鲍尔比（Bowlby）和费舍尔（Fisher）都将剧院与都市的经济联系起来，认为剧院镜子般忠实且自然地反映出资本主义中人与物的商品化。在《什么是城市？》中，刘易斯·芒福德（Lewis Mumford）对这些关联词一种更善意的看法："城市创造剧院，并且就是剧院。正是在城市中，在作为剧院的城市里，人们更具目的性地活动，通过性格、事件和群体之间的相互冲突和合作，达到更高的高度。"（185 页）芒福德的理想主义（无论在哪种意义上）都不是完全错误或不合时宜。然而，德莱塞对城市表演性现实的写照最终却更具说服力。就像本章其余部分以及将在整个研究中所看到的那样，这种现实性中的大部分状况一直延续到后现代城市和它的符号剧场中。

31

2. 询唤：《曼哈顿中转站》中的意义与欲望

这就是商品拜物教的原则，社会被"无形和有形的物"所支配，它在景观中达到了绝对的实现，有形的世界被一系列存在于其上的图像所取代，而这些图像同时把自身强化为卓越的有形之物。

　　景观不是一个图像的集合，而是以图像为中介的一种人与人之间的社会关系。

　　　　　　　　　　　　　　　　　——居伊·德波《景观社会》

　　《曼哈顿中转站》是最早捕捉到美国现代和现代主义城市精神的美国小说之一。在这些城市中，源源不断地循环着资本、货物、符号和都市主体。在多斯·帕索斯笔下，构成曼哈顿街道的不是沥青和碎石，而是广告标语、报纸标题、流行歌曲和对话的片段。我们正在看到的是"文本化"的城市——符号之城的出现。[22]这种新的都市空间也反映在乔治·索尔特(George Salter)为《曼哈顿中转站》1943年版以及如今的霍顿·米福林版所设计的插图和封面上。书的标题看起来像一个坐落在房顶上的巨大符号，背景是若隐若现的摩天大厦。需要提到的是，多斯·帕索斯的书名是从宾夕法尼亚铁路换乘站得来的。在这一站，乘客可以在通向泽西市和通向纽约宾夕法尼亚车站的哈得孙河地道里换乘。曼哈顿中转站位于新泽西麦德兰，由于没有外部出口，这里只能经由火车到达。1937年，这座中转站被关闭。这座情况特殊的车站被多斯·帕索斯用作一种现代主义寓言，小说中的"曼哈顿"只不过是一个中转站，而不是像现实主义小说比如德莱塞《嘉莉妹妹》中的大城市那样，是"真正的目的地"。多斯·帕索斯的曼哈顿是一个中间站，一个你从别处或较小处到达的地方；你可以从这里出发去往期望中的或据称"真实"的曼哈顿。就仿佛从一个能指出发，试图到达一个事物或至少是一个所指(真实的想法)那样。然而，你却不可能到达这个目的地。这样的一个转移地可能成为一个最终命运的地方，一个在这个中转站完成的更好或更糟的地方，但从来不是一个可到达的目的地。

小说通过描绘 1920 年代广告的大规模蔓延及其诉求策略的转变，有力刻画出广告如何改变美国的都市景观以及美国人的自我意识。罗兰·马尚德（Roland Marchand）认为，在 20 世纪 20 和 30 年代，"不仅仅是广告的数量……广告媒体也急剧扩张；广告越来越多地把注意力放在消费者身上而不是产品上。广告商提供充满细节的社会生活短片，引导消费者体验拥有商品或缺乏商品的生活方式。这一强调消费者焦虑和满足的变革在 20 世纪 30 年代达到高潮，正是它使美国广告业变得'现代'"（xxi-xxii；本书重点）。这些新的广告短片提供一种更先进的调动消费者的技术，通过提供明确的主体位置让消费者进行自我身份识别和认同。从 1929 年时代广场的照片中（图 1.4），人们在充斥着各种符号的广场中心的广告牌上可以看到这种想象的一个例子。一个都市"潮人"亲切地望着路上的行人，他手中的骆驼牌香烟表明这些行人也会"升级到骆驼牌一族"，也就是像曾经的他那样不断向上攀升。

《曼哈顿中转站》第一章结尾的一个片段也包含着类似的询唤，一个不知名的男子停下来研究药店橱窗里吉列剃须刀的广告："那是一张刮得干干净净、引人注目的脸，有着高挑的眉毛和修剪整齐的浓密胡须；那是一张在银行户头里有钱的脸，神气活现地出现在挺括的领圈和宽大的黑领结上方。脸部下面是印刷体金吉列标志，上方是'不用磨，没有伤'的标语。留胡子的小个子男人把他的礼帽从汗湿的额头上向后推了推，对着金吉列先生那富足而得意的眼睛望了半天。然后他握紧拳头，甩开肩膀，走进了药店。"（11 页）买完剃须刀片后，他回家剃掉了胡子。这时，

图 1.4　"时代广场"，1929。

（ⓒ Culver Pictures.）

身份认知和转换终于完成，他将自己呈现在妻子和孩子面前："他把一张像金吉列先生那样光滑的脸转向他们，脸上带着有钱人的笑容。"（11 页）

　　在多斯·帕索斯文本化的曼哈顿中，居民认为它是"混乱的字母之城……镀金字母符号之城"（351 页），这样的想法夹杂着混乱的话语和符号，在类似的小插曲中贯穿整部小说。我认为，尽管这个过程往往比吉列广告表现得更为复杂，但他们的身份的确很大程度上与这些话语和符号相关。我的讨论将集中在这种文本化现代主义主体性的三个最佳范例中：向社会上层攀爬的埃伦·撒切尔（Ellen Thatcher）和她的情人斯坦·埃莫里（Stan Emery），以及地位不断下滑的吉米·赫夫（Jimmy Herf）。

33

埃伦·撒切尔可以看作一般意义上的城市符号和符号系统的完美操纵者。在整部小说中，埃伦的身份不断变动，从她频繁变化的名字就能看出来。一开始她是艾莉，然后是埃伦，接下来是阿斯特罗的莉莉女仆伊莲，然后又是拉默莫尔的伊莲，再后来是海伦娜——每一个新名字都预示她的私人生活或公众身份，以及她所进入并予以回应的意义体系的转变。尽管埃伦在某些方面体现出小说人物性格最强的意志力，并且最能控制她自己变化的身份，但是，她对自己的观念仍在城市符号消费的过程中被不断渗透和生产。当她无意中听到一句话，"但她创造了百老汇史上最大的成功"，她便把它连接到另一个符号——无数剧院招牌上闪烁的熟悉的广告标语"功成名就百老汇"上（154 页）。这种联系触发了一种有关自我的非凡幻想："功成名就百老汇。这句话就像一部电梯那样带着她眩晕地上升，直到高处有噼啪作响的电灯招牌那里，猩红、金色和绿色的灯光照亮带着兰花香气的屋顶花园，在探戈的乐曲中，她穿着金绿色的裙子和斯坦一起舞蹈，热烈的掌声宛如冰雹般响起。功成名就百老汇。"（154 页）埃伦，这位冉冉上升的女演员，通过这个符号识别并确认自己。这个过程是由欲望所推进的——为了优越感，为了成功，为了感官享受，为了爱，为了别人的崇拜和认可。这个过程既涉及一个幻想的身份，即"功成名就百老汇"的女演员自身，也涉及她内心深处欲望的投影。

埃伦的欲望就像德莱塞的嘉莉的欲望那样，是在由匮乏造成的俄狄浦斯（以及资本主义）经济中形成的，但是，它的功能更接近拉康的俄狄浦斯欲望模式，而不是弗洛伊德的。对拉康来说，欲望虽然仍旧是俄狄浦斯式的欲望，却在象征秩序中被组织成为了语言或意义（特别是能指）的秩序，以及包含着社会和经济关系的秩序。因此，它并不像弗洛伊德的符号或恋物癖那样依赖于身体器官之类的物质原型。在拉康的俄狄浦斯情结所担心或感受到的阉割中，缺失的不是物质（阴茎）而是象征物（作为性别差异以及男性权力优势符号的阳具）。[23] 我认为，符号之城市场经济中的欲望相应地保留了这种关注符号的特性。它这种后现代主义层面在某种程度上得益于 20 世纪 20 年代纽约的现实（但也仅仅是在某种程度上，因为多斯·帕索斯对城市的构想以及其他符号之城中都有一种无可置疑的美学维度）。可以说，多斯·帕索斯的小说比起同时期其他现代主义者来说，更具有相当的革命性。伍尔芙《浪花》中多样变动的伦敦，则是一个欲望和（通过联想）调动欲望的城市。就像多斯·帕索斯的城市那样，它抵抗欲望的俄狄浦斯经济，但却更加激烈，更偏向德勒兹。然而，它依然主要是一座物之城，相应更偏向弗洛伊德而不是拉康，是欲望经济的城市和抵制俄狄浦斯化的城市。考虑到弗洛伊德思想在英国布鲁姆斯伯里知识界的统治性地位，这种倾向并不令人意外。尽管伍尔芙有效地抵制了弗洛伊德式的俄狄浦斯化，但是，她依然在哲学性思考方面持有这样的观点，即形而上学的物对于符号来说尤其是一种能指的优先性。

定义埃伦主体性及其欲望经济的主要标志是丹德琳女士 35 （Darderine Lady），她是时髦的丹德琳去屑洗发水流动广告中的人物。埃伦一开始是在林肯广场碰见她的："一个女孩骑着白马缓缓走过街道；栗色卷发波浪般地垂到马背镀金的马鞍上，上面用勾了红边的绿色字母写着'**丹德琳**'。"（136 页）不一会儿，当埃伦被水手盯上时，她口中默念丹德琳女士的形象来进行心理防范："全身绿色骑白马，失落战场①的女兵过来了……绿色、绿色、丹德琳……长发高迪瓦（Godiva）耀荣光②"（137 页；原文省略）。对于埃伦来说，丹德琳女士有着漂浮的能指功能，它沿着关联的意义链移动，完全脱离它的所指物（去屑洗发水）并获得一系列新的含义（所指）。埃伦的身份以及她与人和周围城市的关系，在很大程度上都处于这个意义链的内部并按照它建立起来。

因此，不仅是不同的欲望经济在这里发挥作用，与德莱塞的物之城不同的符号经济也在发挥作用。在《曼哈顿中转站》里符号极大程度地脱离了事物，而且在符号自身内部，能指也很大程度上脱离了它们的所指。与消费和欲望有关的社会和心理过程主要是由能指支配的，在这个过程中无论所指还是牵涉到的物都是从属性的。

在前一部分，丹德琳女士最初在埃伦的想象里变为"失落战场的女兵"，埃伦将她与自我身份结合起来，使自己超越水手们的淫荡目光，成为武侠传奇中浪漫的女英雄。当短暂地回到"丹德琳"之后，埃伦沿着马背上高贵女士的符号链进一步滑动，默

①　1918 年第一次世界大战末期，德军一些残余部队隐藏在法国阿尔贡森林中。一群来自爱尔兰、意大利及波兰等地的年轻勇士在没有支援、敌众我寡并被德军包围的情况下，肩负起攻打德国的艰辛任务。——译注

②　据说大约在 1040 年，统治考文垂（Coventry）城市的 Leofric the Dane 伯爵决定向人民征收重税，支持军队出战，令人民的生活苦不堪言。伯爵善良美丽的妻子 Godiva 夫人眼见民生疾苦，决定恳求伯爵减少征税，减轻人民的负担。Leofric 伯爵勃然大怒，认为 Godiva 夫人为了这班哭哭啼啼的贱民苦苦哀求，实在丢脸。Godiva 夫人却回答说伯爵定会发现这些人民是多么可敬。他们决定打赌——Godiva 夫人要赤裸身躯骑马走过城中大街，仅以长发遮掩身体，假如人民全部留在屋内，不偷望 Godiva 夫人的话，伯爵便会宣布减税。翌日早上，Godiva 夫人骑上马走向城中，Coventry 市所有百姓都诚实地躲避在屋内，令大恩人不至蒙羞。事后，伯爵信守诺言，宣布全城减税。这就是著名的 Godiva 夫人传说。——译注

念出另一个高贵、遥不可及，当然也是不切实际的形象："长发高迪瓦耀荣光"。

埃伦有关这些马背上遥不可及（却并非不带象征的性暗示）的女人的想象很可能与她无力回应任何爱她的男子有关，也与她对自己性别的矛盾态度有关，这种矛盾以她童年时坚持以"艾莉要做男孩子，艾莉要做男孩子"为标志（23 页）。然而，她依然对爱抱有罗曼蒂克幻想。在她看到丹德琳女士之后几分钟里，埃伦缓缓地与幻想中的人物展开了一场诗意的对话："当你，我，我的爱将要离去，我是否应把无言的最后一吻印在你的唇上，然后走进……心里，开始，谁在乎……极乐，这个，小姐……当你……当你，我，我的爱。"（138 页；多斯·帕索斯省略）拙劣的韵脚和破碎的句法既反映出对虚假梦境的讽刺，又反映出她对爱情充满矛盾的渴望。失去和分离的场景也可能预示着她和她的爱人斯坦·埃莫里关系的终结。

在她第一次和斯坦的对话中，埃伦强调："今天下午我看见 ³⁶ 丹德琳女士……她深深打动了我。那正是我想象中的'白马上的女士'。"（140 页）斯坦很快领会到她对这种身份的向往。他篡改了《丹德琳小曲》里的句子，接道："手上戴戒指，脚上挂铃铛，无论走到哪儿，她都恶作剧。"（140 页）用恶作剧（mischief）替代音乐（music）十分重要。因为尽管她有魅力，埃伦却并不显得优雅，而这确实给那些倾慕并爱恋她的人生活造成很大麻烦。对她的第一任丈夫约翰·奥格尔索普（John Oglethorpe），以及戏剧制作人哈里·戈德维泽（Harry Goldweise）、律师乔治·鲍德温（George Baldwin）和第二任丈夫吉米·赫夫来说，她仍然是一个撩人的、难以捉摸的人物。

丹德琳女士不仅调解埃伦与自身以及生命中男人的关系，还像埃伦和斯坦的对话所暗示的那样调解斯坦与埃伦的关系。而斯坦是唯一一个埃伦曾爱过却不爱她的男人。他自身陷入了绝望，却比其他男人更清楚地了解埃伦，他嘲笑埃伦想要帮他的企图："'手上戴戒指，'斯坦提高声音，按下蜂鸣器，'脚上挂铃铛，她将驱逐头皮屑，无论它在哪儿。'"（143 页）后来，斯坦坐在炮台的长凳上，越过水面眺望。那座城市如此遥远，但它的符号却历历在目："小调像机械钢琴曲一样在他脑海中叮叮当当地萦绕。'手上挂铃铛，脚上戴戒指/洁白的女士骑大马/到哪儿都要恶作剧……'"（252 页；多斯·帕索斯省略）

正如埃伦对丹德琳女士的借用，斯坦也部分采用了伊瑟玛斯的长腿杰克——一首流行歌主人公的形象来构想自身的主体性。在他考虑自杀时，这首歌在他脑海中回荡："雨下了四十个白天/雨下了四十个晚上/雨下到圣诞节也一直没有停/大洪水中唯一幸存的人，就是伊瑟玛斯的长腿杰克……"（252 页；多斯·帕索斯省略）在这节的最后一行，他说"主啊我希望我是摩天大厦"（252页）——这个愿望中的摩天大厦既不是吉米心中的欲望堡垒，也不是埃伦心中的胜利之巅，而是一座能够承受城市大洪水般无情索求的沉静力量之塔。"摩天大厦在火焰中拔地而起[不断向上]，在火焰中，火焰中"，这一幻象比他的自焚更早，标志着他对阳具般摩天大厦身份认同的失败（253 页）。他最后的念头是，"大洪水唯一的幸存者骑着那骑白马的棒女人"。他把自己不能"骑"的丹德琳女士——埃伦，与自己最终无法成为的角色——幸存者伊瑟玛斯的长腿杰克混为一谈（253 页）。最终正如我们所看到的，无论斯坦还是吉米，都无法从周围符号和图像洪流的物质中塑造出一种可行的自我意识。

虽然埃伦乐于采用消费主义的能指，但这既不能制造令人满

意的自我感觉，也不能使她爱上那些爱她的男人。当她与吉米的 *37*
婚姻开始动摇时，吉米有一刻幻想他正在和"艾莉洋娃娃"（301
页）对话，这个场景在小说结尾部分当埃伦和乔治·鲍德温一起
吃饭并拒绝他求婚的时候再一次出现。经过筋疲力尽的一天，她
躲进女卫生间避难。在那里，她"花了很长时间看着镜子，从脸
上擦掉一点浅浅的浮粉，试图集中精力。她一直与一个假想洋娃
娃纠缠不清，把它摆在各种位置上……突然，她耸了耸雪白的肩
膀，转身离开镜子"（374页）。埃伦在镜子前的小插曲暗示她的身
份在何种程度上都是一个"假想洋娃娃的自我"，一个有关"在不
同类型场合摆姿势"的问题（374页）。她突然在镜前转身似乎表明
她对这些镜像的任何一个都不满意，而耸肩则可以被看作投降。
"洋娃娃自我"是不吉利、不人道、无生命且死气沉沉的。

　　新闻记者吉米·赫夫最反对资本力量的询唤以及由此生产的
"文本化"主体性。对他来说，主体性的创造者"闪亮橱窗之城"反
映出理想自我的商业版本。"镀金字符之城"看起来承诺了很多，
但同时也是"拼凑字母之城"（351页）。就像埃伦和其他许多人一
样，在吉米漫步城市时，他的脑海里充斥着种种符号。似乎一切
都处于消费资本主义铺天盖地的话语中：当吉米在城外绝望地走
了很久，试图逃离这个城市时，他发现甚至谷仓上都覆盖着"剥
落的字母，拼出**丽迪娅·平克汉姆复合蔬菜、百威、红母鸡和狂
吠狗**"（113页）——这些商品名称本身以及它们所代表的蔬菜、母
鸡、狗——都是对变化中的乡村的讽刺，也是对资本主义及其欲
望机器将符号置于真实世界之上的讽刺。

　　在这无处不在的商业话语领域内，都市主体对包括形象和服
装的符号编码操作，可能就像乔纳森·拉班（Jonathan Raban）在
《柔软的城市》中所说的，"标出城市庞大而随意的选择范围。它

们仅仅声明你已经做出的选择，为幻想标上个人的价码"(49 页)。
这一点吉米似乎能够理解。但拉班的这种"选择范围"尽管"巨
大"，却不那么"随意"：它在很大程度上由消费资本的迫切性所
决定，而且经常被过度地决定。因此，城市的可能性必然并且局
限于这些选择，只能通过一些符号手段提供并表现为符号。只有
这些符号对公司来说才是有利可图的，公司才愿意提供这些
选择。

  吉米用反驳来回应这一系列消费者话语："每一次呼吸［他］
都嗫嚅着、咬牙切齿地咀嚼词句，直到他开始膨胀，感到自己就
像四月大街上方的烟柱一样，碍手碍脚、摇摇晃晃、模糊不清。"
(352—353 页)他抵抗这个城市对他的称赞，把他称作又一位崭露
头角的年轻职业人士。也许对他以及大多数处于资本主义内部的
主体来说，德勒兹和瓜塔里所说的十分正确，即俄狄浦斯经济中
的"缺失，并不是主体内心深处感觉缺少什么东西，而是人的客
观性，人作为客观存在的缺失。对人来说，欲望就是生产，真实
范围内的生产"。这一点对于谁都是正确的(《反俄狄浦斯》，27
页)。然而，在资本主义的流程和结构中，未被俄狄浦斯化的欲
望受到了压抑并转移到别处，被资本主义的俄狄浦斯化导向了消
费主义满足感的乏味幻想。这种导向至少在某种程度上是预防性
的——对欲望革命性潜力的检测。"如果欲望被压抑，"他们观察
到，"那是因为每一种欲望的位置都能够引发对社会既定秩序的
质疑。"(《反俄狄浦斯》，116 页)

  作为一名新闻记者，吉米本人也毫无疑问是资本主义腐蚀公
共领域的帮凶，就像奥格尔索普对他的指责，因为"公共新闻中
的每句话、每个词、每个标点符号都被按照广告商和股东的利益
滥用、修改和删除。国民生活从源头起就遭到了毒害"(195 页)。

38

辞职前不久，吉米梦见自己"用整行排字机写下一个字母"："整行排字机的排字臂是一个戴着长长白手套的女人手。艾莉的声音从排字机琥珀足后的叮叮声中传来，不不不，你在伤害我……赫夫先生，一个穿着工装裤的男人说，你在伤害机器，我们没法弄好布尔高德版本。"(329 页；多斯·帕索斯省略)梦想既预示着他和与机器混为一谈的埃伦关系的崩溃，也预示着他破坏生产过程欲望的萌芽。这些有关埃伦和机器之间冲突的不祥预期，可以用弗洛伊德式的术语来描述："一张狼吞虎咽的嘴，一排镍一样闪闪发光的牙齿，嘎嘎作响地吞咽着。"(329 页)

吉米辞去工作后游历了整个城市，他想象自己破坏无休无止的消费主义话语，他写道"打字机上肮脏的词语在速记员的手指间，夹杂着百货店里的价格标签"(353 页)。然而，他没有其他的创造自我的办法。他的自我意识似乎在周遭过度甜蜜的语言中解体："他像苏打水在四月甜蜜的糖浆中嘶嘶作响，草莓、莎莎酱、巧克力、樱桃、香草泡沫穿过温和的蓝色空气"，直到最后"他从44 层楼坠落，摔到地面上"(353 页)。

这里提到的 44 层摩天大厦是小说中曼哈顿摩天大厦所体现的复杂意义的一部分。吉米恰如其分地将普利策大厦、沃尔沃兹塔、熨斗大厦解读为商业权力的具象广告。正如建筑史学家皮埃尔·斯库里(Piera Scuri)所说："如果我们设想教堂是宗教权力的表达，城堡是贵族权力的表达，以此为开端，那么，建筑就是创造它的社会的表达，而摩天大楼一定会被看作跨国公司权力的表达。"(IX)它们还带有这些公司(象征意义和字面意义上的)符号权力；它们是不亚于物的符号，虽然它们毫无疑问也是物，也由物代表，而且通过物质性来显现。斯库里引用摩天大楼"作为广告图像的巨大潜力"(IX)，他相信"[摩天大楼]强有力形象的转变与

39

公众舆论的追捧相对应。这种转变通过形象本身的诱人力量，首先是人类眼前最强大的形象——建筑形象来体现"(2 页)。[24]（同样不可避免的是，这个形象也不可避免地是阳具，是一种力量远远超出经济范围的能指。）《曼哈顿中转站》的好几处都显示出这种建筑与资本主义的相互结合，伴随着由新材料和技术带来的建筑发展，特别是在建筑师费尔·萨德伯恩（Phil Sandbourne）的言谈中，他想象"未来的摩天大厦由玻璃和钢铁建成……他有很多关于罗马皇帝发现了一座砖石的罗马，却留下了一座大理石的罗马的说法。他说他发现了砖石的纽约，而他将留下钢铁……钢铁和玻璃的城市"(75 页)。

　　围绕吉米没完没了的广告话语中有一系列构造摩天大楼的物质材料："锻造钢、蒙乃尔合金、铜、镍、铸铁"。然而，具有讽刺意味的是"全世界都爱自然美。镇上爱的生意数甘佩尔家最合算。使你保持女学生般的肤色！"(351 页)。这种在摩天大厦和埃伦形象间的滑动将摩天大厦与阳具欲望以略有不同的形式相联系。在漫步于城市的漫长日日夜夜里，吉米着迷于一座特殊的摩天大厦，"那是一座凹凸有致的大楼，从翻滚的天空中将无数明亮的窗户砸向他"，那里"打字机雨点般细碎地嘈杂不停地钻进他的耳朵"(365 页)。这座大厦既体现城市诱人的消费者话语，又体现（商品化）性欲的能指："被齐格菲歌舞团美化的没心没肺的姑娘们的脸儿，微笑着从窗户里向他招手。"(365 页)然而，这种欲望不是只牵涉到齐格菲女孩的魅力，曾跟他结婚又离开的埃伦也在上面，也包含在吉米欲望的阳具式摩天大厦中，"穿着一条金色裙子，埃伦仿佛由薄薄的金箔做成，栩栩如生地从每一扇窗户里向他招手"，但现在又永远无法触及(365 页)。如今，摩天大厦呈现为一个图像，一个能指，它的所指存在于噩梦里那扇无法找到的门之中，或者存在于对文字失去信任的穷途末路之上，而且，这种失去信任的感受可能并不仅限于文字。在想象中，吉米"围着一个又一个街区寻找那嗡嗡响的、装着金属玻璃窗的摩天大厦的门，走了一圈又一圈，却始终没有门。每次闭上眼睛，梦就抓住他，每次他停止用冠冕堂皇、合情合理的辞藻自言自语时，梦就抓住他……'只要'他想'我依然相信文字'"（365—366 页）。　*40* 最终无法接触到埃伦，也不愿或不能在城市赋予的过多符号化选项中形成一种自我意识，他把城市抛在脑后，去往一个虽然没什么特别却"非常远"的地方——这就是小说的最后一句话（404 页）。

　　与吉米形成鲜明对比的是，埃伦完全是环绕她周围的城市符号的产物，尽管她发现这些符号仅仅提供对身份的模仿。把这些拟象与某些真实人类身份相提并论诱人且容易，也许过于容易。比如说吉米或者斯坦的追寻，尽管出于不同原因却同样地徒劳。在城市以及超越城市的地方，如果有这样一种超越的话（吉米能走多远？），身份不可避免地是物和符号、人与包括文本的物质混合体，并最终是身份和差异，简言之，是我们每个人和群体以及我们城市的混合体。吉米，而且在更小程度上即便是斯坦，也可以代表德勒兹和瓜塔里所称的"反俄狄浦斯欲望机器"的早期形式，向我们呈现一种尽管不成功，却依然对政权和资本主义那专制的俄狄浦斯欲望机器进行的反抗。这种专制的欲望机器彻底奴役埃伦、德莱塞的嘉莉、德鲁埃和赫斯特伍德。他们需要设计成功之外的另一种欲望经济，因为他们的欲望依然与资本主义及其俄狄浦斯化有着非常复杂的牵连。

　　正如德勒兹和瓜塔里指出的，欲望机器的本质就是崩溃，哪怕它们正在运行（《反俄狄浦斯》，31—32 页）。现代主义文学就这种现象提供了大量例子，从乔伊斯《尤利西斯》激进的失调与中断，到多斯·帕索斯的《曼哈顿中转站》和"美国三部曲"。探索多斯·帕索斯主角的生命遗迹而不是德莱塞的那几个人，我们发现："艺术家是物体的主人，他把破碎、烧焦、打破的物质摆在我们的面前，将它们转换到欲望机器的疆域……更重要的是，艺术本身就是一种欲望机器。"（德勒兹和瓜塔里《反俄狄浦斯》，32页）《嘉莉妹妹》和《曼哈顿中转站》不仅对美国城市从物之城走向符号之城的道路以及二者之间的复杂状态进行了出色描绘，它们也是一种强有力的干预手段，使我们重新思考并对资本主义的询唤和对我们主体的塑造过程进行抵制。

3. 商标与碎片：市场营销和《模式识别》中的欲望

> 在一切前景都令人满意的地方，当人们竖起一块广告牌时，他都是最邪恶的。
>
> ——奥美广告创始人大卫·奥美（David Ogilvy）和
> 马瑟（Mather）《广告人的自白》

> 空间中的图形符号已经成为这一景观的建筑。
>
> ——罗伯特·文丘里（Robert Venturi）、
> 丹尼斯·斯科特·布朗（Denise Scott Brown）及
> 史蒂文·依泽诺尔（Steven Izenour）《向拉斯维加斯学习》

41   威廉·吉布森的后现代小说《模式识别》探索了 21 世纪早期对符号之城以及从 20 世纪初开始出现的对符号构建的都市主体性的崇拜。与德莱塞《嘉莉妹妹》或多斯·帕索斯《曼哈顿中转站》引领我们在物和符号的城市中，在百货商店和完全文本化的街道中巡游不同，《模式识别》视我们沉浸于符号之城为理所当然。在这里，百货商店本身就是一个"符号迷宫"，外面超文本化的后现代城市"有过之而无不及"（18页）。

我们的全球城市可以看作是 1972 年罗伯特·文丘里、丹尼斯·斯科特·布朗和史蒂文·依泽诺尔在他们影响深远的《向拉斯维加斯学习》中描绘的"跨空间传播建筑"的今日化身。"这种风格的建筑和符号是反空间的"，他们观察到基于符号的建筑在拉斯维加斯具有主导地位，因为"在建筑和景观中传播成为了一种主导空间的元素"（8页）。他们认为这种新的城市环境所包含的"不是一团浑沌，而是一个将汽车、高速路传播与摒弃纯粹形式、采用混合媒体的建筑相联系的新空间秩序"（75页）。这种建筑是汽车和消费文化双重加速的结果，它首先符合新符号建筑的商业信息，这种"新象征秩序……是由流动、隔离和消费主义决定的"（施瓦泽，91页）。在当代全球城市中，这种符号对空间的主导作用在各个层次上显现出来，包括对轿车、公交车、火车和地铁，还有人行道的主导。

在后现代刚刚出现的 20 世纪 60 年代初，安迪·沃霍尔（Andy Warhol）和埃德·拉斯查（Ed Ruscha）等流行艺术家的作品暗示了城市景观在何种程度上已经被转换成虚拟的符号景观。安迪·沃霍尔 1964 年的装置艺术作品"金宝汤罐头、德尔蒙和亨氏57 个盒子"在纽约的斯特博尔画廊展出，这让人联想起印有品牌名的箱子和罐头堆成塔形的都市图景（图 1.5）。

埃德·拉斯查 1968 年的一幅隐现在广阔的太平洋天空下的好莱坞标志性画作，以及他拍摄的一系列"待售"的系列作品捕捉到了作为一种符号景观的洛杉矶城市景观的精髓，在那里，建筑物不再界定都市空间。马克·史蒂文斯（Mark Stevens）在 2004 年

图 1.5　安迪·沃霍尔，"金宝汤罐头、德尔蒙和亨氏 57 个盒子"，

纽约斯特博尔画廊装置，1964。

（© 2008 Andy Warhol Foundation for the Visual Arts/ARS，New York.
Photo by Billy Name/Ovo Works，Inc.）

一次拉斯查的展览中写道："每次看到拉斯查的作品，我就突然出现在那里，明显地出现在那里，好像我正要打开收音机，在圣莫尼卡的车流中放松下来，让世界从我的大脑中飘过"，甚至是"他更抽象的图像或词语和短语"，也会"创造出同样的、神秘的城市感受"（58 页）。

这种城市景观的"品牌化"通过广告符号和标识的扩散蔓延，对其居民产生了深远的影响。正如建筑评论家赫伯特·莫斯坎普（Herbert Muschamp）所说的那样，"建筑就像某种艺术形式或社会实践一样，也是一种精神调节媒介"（"服务"36 页）。

42　　　　这种对外部世界进行内化的精神调节有助于日益依赖符号消费特别是"品牌"消费的主体性生产。当代、后现代城市及其居民被"品牌"的主体性，在许多方面都是基于符号的、后工业化的资本主义及其所塑造的全球经济最新阶段的产物。

在这种经济学里，金融、营销、媒体以及涵盖对各种符号生产、操纵和交换的所有行业的文化产业都以几个第一世界的后工业城市为中心，而实际的物质生产则发生在其他那些原材料和劳动力容易获得且较便宜的地方，一般来说是第三世界。纽约、伦敦、东京和巴黎构成了领先的"全球城市"和全球经济网络的主要节点。吉布森《模式识别》的情节就发生在这四个城市以及处于过渡阶段的莫斯科。[25]（第三世界的生产地，即工业和消费品的生产地，在小说中几乎看不见，因为它们实际上是第一世界全球城市的大多数居民。）

随着跨国资本主义的出现，音乐、电影、时尚、名人、广告和品牌的全球（尽管并非普遍）消费文化应运而生——一种不断演变的西化文化，在全球城市中产生，这些城市的景观越来越相似。吉布森的故事以来自纽约的凯西·波拉德（Cayce Pollavd）为主角，跟随她在纽约、伦敦、东京、莫斯科和巴黎之间游走，很明显，尽管这些城市里的牛奶、咖啡、汽车、家电之类的东西小有不同，但是都充斥着相同的消费符号和品牌。资本，正如马克思（Marx）所说，"按照自己（单调的）形象创造一个世界"（213页）。在伦敦，凯西从地铁里出来，看见了一家星巴克；在东京，她通过视野里的 Gap 广告牌找到方向；在莫斯科，她见到一个巨大的 PRADA 标志；在巴黎，Tommy Hilfiger 引人注目地陈列在老佛爷百货里。铭刻在世界各地城市景观中的品牌就是后现代的通用语言，并使它的标语更具有标志性。[26]

在《拒绝名牌》一书中，纳奥米·克莱恩（Naomi Klein）致力于把市场营销的资源的惊人增长，特别是品牌营销（而不是个别产品）与近几十年来第一世界经济体的扩张和随之而来的去工业化联系起来。她断言"在过去 15 年里，跨国公司的财富和文化影响

43

力天文数字般的增长，这基本上可以追溯到管理学理论家在 1980
年代中期提出的一个看似无害的观点：成功企业生产的首先是品
牌，而非产品"（3 页）。在这个马克思观察到的"一切坚固的东西
都烟消云散了"的后现代领悟中，营销取代了（通常转移到第三世
界实体经济中的）制造业，公司现在"在一场失重的竞赛中竞争：
谁拥有最少的员工，谁拥有最少的工资，谁创造出最强大的形
象，而不是产品，谁就赢得了这场竞争"（克莱恩，4 页）。

　　这种从生产向营销的重心转移，似乎是消费品大规模生产的
必然结果，正是这种大规模生产在早期推动了现代营销的发展。
随着生产线上源源不断地流出大批相同的产品，说服消费者购买
某一特定产品要求营销人员将其与竞争品区分开来，即便这些产
品的差异性就像不同的肥皂一样可以忽略不计。营销人员使用几
种（有时并行或重叠的）推销策略来实现区分。一种是强调产品的
物质属性，并试图在此基础上加以区分——"多芬里有四分之一
的保湿霜"或"象牙牌沐浴露纯度达到 99％"——无论这些属性多
么似是而非。例如"它在漂浮！"（它几乎像一个能指一样漂浮，随
时准备进入消费的欲望经济领域，为消费者提供满意的承诺。）这
种营销方式一般强调使用价值而非交换价值。第二种策略就像第
2 节中解释的，更侧重于消费者的需求或"匮乏"，并提供与产品
相关的幻想插曲。在这里，符号和虚构的交换值优先于产品对消
费者可能具有的任何实际的使用价值。第三种策略被称为"品
牌"，它有两个主要目标：首先，"推广品牌"，"创造一个引人注
目的企业（而非产品）形象，吸引消费者的想象和欲望；第二，鼓
励"品牌忠诚度"，不仅是针对个别产品，也针对与该品牌相关的
产品系列（例如，星巴克的产品系列通常非常广泛且多样化，现
在不仅销售咖啡，还销售音乐和电影）。尽管品牌也与实用性营

销相关，并且有时也涉及实用性，但是，"品牌"对消费者想象和欲望的吸引程度极高，远远超出了那些以模糊的浪漫方式或幻想式小插曲表现的产品的实用效果（例如说地板"闪闪发光"）。正如克莱恩指出的那样，现在的企业认为他们的品牌"不是［作为］一种产品，而是一种生活方式、一种态度、一套价值观、一种形象和一种理念"（23 页）。实际上，他们致力于创造的是被"品牌"的主体性和被"品牌"的生活。

由于第一世界城市经济已经从以工业为基础过渡到了以后工业为基础，随之而来的是经济增长动力从生产转向消费，身份或主体性概念也产生变化。不久以后，人们很可能主要不再通过工作来界定自我并产生满足感。在市场营销的推动下，许多人（也许是大多数人）慢慢地不再通过生产什么而是通过消费什么来定义自己。正是消费定义他们的"生活方式"（一个很大程度上得益于营销的术语）：他们在什么地方吃什么食物，住什么房子，怎样装修，在哪里度假，穿哪种风格的衣服，看什么电影，听哪类音乐等。这些东西被定义、被理解、被想象的方式几乎完全是由广告和其他营销方式创造出来的，它们已经开始将这些生活方式及其包含的所有事物、想法和体验品牌化了。品牌概念的这种扩张与它前所未有的推广和传播度相匹配。随着全球广告支出从 1970 年的约 270 亿美元飙升至 2006 年保守估计的约 6040 亿美元（其中美国贡献了 2920 亿美元），各种形式的营销似乎已经渗透到了几乎每一个空间——当代生活的物质、文化和精神空间。[27] 在吉布森的《模式识别》以及当前许多电影和艺术作品中，我们都可以看到这些力量如何塑造后现代世界的城市和主体性。

凯西·波拉德以"酷猎人"身份谋生。作为一个对市场及其操纵机制（尤其是广告和品牌）异常敏锐的解读者，她向制造商和营销人员提供有关新趋势以及企业和产品标识设计方面的建议。然而，那种使她能预测当前消费者欲望和潮流的灵敏感受力，实际上"更接近过敏，是一种对市场符号学的病态甚至暴力的反应"（2页）。产品标签、商标、标语和广告——营销的"符号"——都会引起她深深的、打心底里的恶心。这种感觉的副作用是可以使她成为"一个非常特殊的人形试纸"（13页）。正是这种抗拒（本质上是恐惧）的副作用，让她有价值被全球资本力量所利用。恰恰是她的局外人身份反过来让她成为了最终的里手。凯西的厌恶是其他人的消费主义欲望的黑镜；她试图创造自己与后现代品牌身份相反的"拒绝品牌"主体性。

　　作为一个有局限性的人，凯西在全球资本的都市中心和仅剩的几个尚未品牌化的对立空隙之间来回摇摆，其中一些空隙是在她本人的努力下创造的。《模式识别》前面有这样一个场景：凯西穿着自己绝对不时髦的、没有品牌（或更准确地说，去品牌化的）的衣服，看到 Soho 一家精品店橱窗里反射出来的自己的影子，被周围一排古着服饰所围绕，她那老练的眼睛一眼就能认出这些服饰。这种对比是惊人的，它标志着一个幻想故事的主体拒绝橱窗里那些服装和配饰所暗示的身份，拒绝它们潜在的询唤——但是，它也不可避免地强调了她同时沉浸在这种品牌消费场景中的程度。凯西已经开发出自己的衣橱——"CPUs"（凯西·波拉德格子），以防御或抵制她不断接触的"时尚核反应堆"（8页）。她塑造出一种极简主义的、单色的、绝对单调的形象，通过从白 T 恤、灰套头衫和黑色李维斯上面去掉"甚至包括扣子在内的"每一个品牌标志，来强化这种"扁平、无特色的"形象（2页）。她通过剪刀、拆线刀和其他工具把服装转化为 CPUs 的过程，就好像试图把这些东西与它们的符号分开，从而重建一个具体领域，可能某种程度上会在消费时尚领域之外产生真的东西。

在这里，对比暗示出来的时尚的不真实无可避免地会引起凯西的过敏反应，就像汤米·希尔菲格(Tommy Hilfiger)，一种时尚的戏中戏，一种"拟象的拟象的拟象。一种对拉夫·劳伦(Ralph Lauren)风格的稀释，后者本身也是对布鲁克斯兄弟(Brooks Brothers)鼎盛时期的稀释，而布鲁克斯兄弟自身也曾经对杰米恩街(Jermyn Street)和萨维尔大道(Savile Row)的产品亦步亦趋"(17页)。然而，凯西本人的极简主义品味也并非没有矛盾。她执着于巴斯·雷克森(Buzz Rickson)的黑夹克，而它本身就是"美国 MA-1 飞行夹克博物馆级的狂热高仿"。这表明，即便是她也容易受得体衣着形象的影响，尽管她的评价是"纯粹功能性"和"与时尚之类不着边际的东西无关"(11—12页)。而她自己作为"无设计区"的地位本身就令人担忧，因为她是"一所一个人的反对派学校，其过分的朴素时常构成了催生自己邪教的威胁"(8页)。

身为"酷猎人"，凯西参与并涉及对风格、事物乃至人的"产品化"。她认识到一种新兴"群体行为模式，围绕某一特定范畴的物而展开"，这种物构成了"酷"的概念，她从中"挑出一个更适合商品化[或生产制造的]对象……于是它变成了产品。批量生产，上市营销"(86页)。通常这样一个炫酷的东西涉及"消费者再生产"或绕过某些被像凯西之类的人识别出来的商品，然后，这些商品又被资本回收并被再次商品化，通过广告和其他形式的营销手段在全球传播。[28]这一进程是全球城市的街道日益变得彼此相似的主要原因之一，它创造出一种类型化的单一城市。凯西不安地意识到，她的职业使她参与到了抹杀每个城市的独特性或就此而言所有事物包括她自己身份的独特性之中，而她对自己衣着品牌的处理和抵制只不过是权宜之计。

与此相关却更经常出现的情况是，凯西每次看到镜子时几乎都不舒服，它让人想起不真实的自己。盯着浴室的镜子，"她看到一个长着黑色腿的断线木偶"，这个魔幻形象唤起她被前男友与"赫尔穆特·牛顿的简·伯金（Jane Birkin）裸体肖像"比较的记忆（3页）。不像德莱塞的嘉莉，镜子里的形象"使她更确信那些自己一直相信的事情"，凯西在镜子里看到的不过是一个很容易识别的怪人形象（58页）。就像《曼哈顿中转站》结尾埃伦面对镜子时看到的"假想的洋娃娃"，凯西的形象——木偶和赫尔穆特·牛顿的简·伯金（一个英国20世纪60年代的女演员，第一个角色是在米开朗基罗·安东尼奥尼（Michelangelo Antonioni）的《放大》中扮演模特）——都是容易操纵又呆板的理想物化（商品化）对象。后来，当凯西再次面对镜中形象时，她注意到在白瓷砖背景下"她看起来像是从杂志上剪下来的什么东西，摆在图画纸上。还没有被修剪得很好"（77页）。换句话说，如果她的身份还不是产品的话，也至少部分地融入了品牌形象。与德莱塞笔下嘉莉在镜子中看到的理想自我不同，凯西面对镜中的形象（或类似东西），表现出她对商业理想以及毫无疑问的品牌存在一种有瑕疵的或失败的识别。事实上，这种不和谐的冲突已经成为当代文学、电影和电视的共同特征，它们持续表现着欲望经济，将之作为主体性和都市空间的政治经济的一部分。正如我们在本章前面看到的，它们也不可避免地提出了这种经济中的性别问题，有趣的是，类似问题甚至直到后现代性中也依然存在，尽管有时正是因为性别问题而导致了更加多样且变形的欲望景观。

然而，广告并不仅仅着力于建构个人的主体性，它还关注对理想化自我或理想化生活方式的制造。很多情况下，它还试图引导一种在城市居民中随意传播的散漫的典型都市欲望，一种对他者或者他人的渴望或欲念（并非总是与性相关）。这种欲望及其可能涉及的任何性意味都能被市场营销人员通过多种方式调动和引导。在伦敦的百货公司里，"设计师幽灵"无形的声音萦绕在被凯西意味深长地称为"棺材"的电梯里："尽管凯西不过是独自待在这个镜子和不锈钢构成的直立棺材里，她依然能够听到，'我觉得好兴奋，'一个女人在电梯门关闭的一刻气喘吁吁地说……'嗯……'雄性人类嘟哝着。"（18 页）这里的效果既是窥视性（或更准确地说是偷听性质的），因为"设计师幽灵"的话语将无意的偷听者置于一个特殊位置；又是询唤性的，因为人们会有意以兴奋回应兴奋，去参与对性或消费主义完美的热切期待。就像在《嘉莉妹妹》或者《曼哈顿中转站》里那样，性和消费主义欲望的话语几乎总是相互夹缠，尽管它们在这里呈现为一种极其后现代的、间接又诡异的、有时甚至是离奇的特质。

这种特质区分了蓝蚁的广告"商品"，这是一家"全球分布、比跨国公司更加后地理的"机构，凯西是该机构的顾问（6 页）。他们的营销策略涉及进行谋划，并诱使性和消费者欲望的纠缠：用于产生消费者欲望的性欲望，以及与之相伴的消费者欲望本身的性化。这一特质在名为"转换"的蓝蚁的子公司所制造，并在夜总会和酒吧充满性冲动的环境中推行的"病毒式营销"机制中表现得最为明显。

从本质上说，病毒营销是一种有组织的"口口相传"，它让吸引人的年轻男女在精心挑选的时尚俱乐部和酒吧里与人搭讪，在交谈中不经意地提起某种产品。这时的目的并不是向某个特定听众销售产品，而是要把他们本身也变成传播者："他们使信息往复流转。他们试图用它来给下一个人留下深刻印象。"（85 页）因

Cities, Citizens,
and Technologies

此，在适当的媒介或环境中，"信息"（比如销售说辞）就像病毒一样，通过性吸引链从一个人传到另一个人，从而可能在将来某个时候引发产品消费的高潮。像这样，市场营销就在暗中转变为一种浪漫关系的调剂。其结果，除了不言而喻的产品销售之外，就是自我和他者之间的关系和互动被简化为"产品"的另一种形式。

然而商品化和消费过程不仅影响我们与自身和与身边其他人的"本地"关系。在《都市问题》一书中，曼纽尔·卡斯特（Manuel Castells）指出，消费"在分配关系层面上使由生产关系决定的对立和斗争变得具体化"，这种生产关系越来越成为全球性的（455页）。因此，消费也塑造我们可能被视为全球化的自我形态——即我们在全球资本主义体系中的位置和关系，以及位置和关系如何反过来与那些詹姆逊等人通常认为很难定位和认知的人产生关联。虽然这种困难某种程度上是由于其复杂性所造成的，但只要可能，这些关联常常就会被有意地掩盖起来。就像近年来耐克深陷的那些麻烦一样，第三世界国家城市血汗工厂的曝光通常首先遭到否认，然后是不情愿的整改承诺。《模式识别》更关注生产的最后阶段，即营销以及消费阶段，而不是商品生产本身。但是，生产阶段也确实出现在凯西有关要求她评估的"跳跃的精子"般的符号（可能是耐克"斯沃什"符号）的幻想中。这些符号"［进入］无数亚洲工人的梦中，工人花费数年的生命，把这个符号的不同版本用在无休无止的鞋履洪流上"，而工人的孩子们则"早在知道它的商标含义之前就已经用粉笔把它画在了门口"（12 页）。第三世界同样可能被品牌诱惑，尽管真正的（或正版）产品可能遥不可及。这种情况下也有替代品，就像记者罗里·斯图尔特（Rory Stewart）2002 年在阿富汗徒步旅行时所发现的那样：在赫拉特市，他在"街角看到有人卸下来自中国和伊朗的货物，那是一批标有'拉夫·劳伦出品的耐克'字样的人字拖"(18 页)。

抵制后现代城市无处不在的消费主义的策略主要涉及各种"对消费者的重新定位"，即对已经存在的消费者产品(包括电影和音乐等媒体产品)的挪用和曲解。游击式的再编辑，也就是对电影、广告和歌曲进行重新剪辑，并组合成新作品的创造性"循环利用"，由于介入生产、营销和消费的过程而尤其意义重大。凯西的老板柏占德(Bigend)鼓动艺术家们驾驭潮流，而不要试图挽回潮流。他觉得聪明的音乐家"把新作放到网上……然后等着别人匿名修改它们……就好像创作过程不再是在一个人的脑瓜里——如果曾经是的话。今天的一切某种程度上都是对其他事物的反映"(68 页)。[29]然而，这些"反映"可能对其来源构成令人不安的挑战。例如，来自国际"反耐克"运动的标语(经常潦草地写在耐克自己的广告牌上)就包括"就是不做""耐克，就做这么点儿""制裁。做吧，耐克"以及"就是抵制它"(克莱恩，366—367 页)。[30]

然而，这项研究中多次显现出一种特殊的互惠关系，互联网也可以成为与"网络"和"社区"形式大不相同的站点。考虑到吉布森早期的赛博朋克小说，这种对互联网的看法毫不令人意外地在《模式识别》中起到了中心作用，并最终控制小说情节，界定了凯西的角色和她的故事。然而，凯西对社区的主要感受来自她对一部看似正在拍摄中的电影的 134 个"连续镜头"片段的依恋，以及围绕这些片段逐步形成的"镜头高手"忠实粉丝社区的依恋。这些连续镜头由某个不知名"制造者"创作并隐藏在网络的隐秘角落里，它们被"镜头高手"发现，并在凯西经常参与的网上论坛中无休止地议论。

这些镜头构成了小说中抵制消费文化的主要场所。这种匿名、免费、未被商品化的连续镜头存在于资本流通之外；它们的

49

循环发生在一个不同的欲望经济领域中（而且正如我们将看到的，它展现出非常不同的都市空间景观）。这些镜头实际上发挥着新型欲望机器的作用。以凯西为交汇点（或冲突点），这些形式与欲望机器之间的冲突最终成为小说情节的主要推进力量。

柏占德对这段视频的现象很着迷，他决定追踪到它的来源，这样他就可以"生产"，然后把它"货币化"。当柏占德动员他强大的全球资源网络（其中之一是凯西本人）来定位镜头来源时，凯西试图把他挤出赛道，在他之前赢得了寻找神秘制造者的竞赛。她希望向制作者警告柏占德的威胁，从而防止他利用这些镜头，并破坏她所在的虚拟社区（她唯一真正所属的社区）。

凯西对这些连续镜头的依恋在一定程度上源于它那未被商品化的特质：它是一个"梦想"，但与广告和品牌所提供的梦想不同，这个镜头的梦想某种程度上避免了与商品世界任何可能的联系。例如，由于缺乏任何可辨识的可能而被归为某个特定时期流行时尚的风格，主人公的服装和发型是恒定的："他可能是一名1914年登上潜水艇的水手，也可能是一名1957年进入俱乐部的爵士乐手。没有证据，缺乏风格线索，凯西认为这能掌控一切。"（23页）正如凯西的一个朋友对这段镜头所评论的，"它是无名的……这就是你为它标注的商标……"（94—95页）。

这些镜头不仅未被商品化，而且可能无法被商品化。凯西指出，"每当媒体试图辨识出符号时，它们就会像一根长面条一样从筷子上滑下来。它们像飞蛾一样到来……一种鬼魂"（52页）。然而，柏占德也发现这组镜头非常有趣，尽管他的出发点完全不同。连续镜头那不知名的制造者和传播者也没有尝试进行任何宣传，它却吸引了全球数百万人的注意力，这在柏占德看来是"有史以来游击式营销最有效的案例……是这个到来不久的世纪里最棒的营销策略"(64—65页)。

一旦人们知道自己在看什么，镜头就会以惊人的频率闪现。
凯西从纽约随处可见的灯柱和墙壁上发现了镜头里的一些图像。[31]
这些片段不仅是这组镜头本身存在的标志，也是镜头所创造的社
区标志。她还在地铁里发现一个女人的制服上别着镜头中的图
片，于是她们把彼此认作"追随的伙伴儿"。"这意味着有不少人
追随这组镜头"的想法使凯西感到安慰(52页)。连续镜头论坛是
凯西的"第二个家"(65页)，"就像一个熟悉的咖啡馆，超然地存
在于地理和时区之外"(4页)。

　　然而，由于凯西试图找到这组镜头的来源，导致镜头论坛的
世界"外翻"，把凯西的虚拟关系以及与之有关的人带入了现实世
界。在这努力(并最终解脱)的过程中，一个名叫"帕卡男孩"的男
人，她的镜头高手好友以及虚拟的灵魂伙伴帮助了她。在帕卡男
孩帮助下，凯西循着线索找到这组镜头的传播者，并最终通过她
找到了制作者。

　　传播者是一名年轻的俄罗斯女子斯特拉·沃尔科娃(Stella
Volkova)，她的姐姐诺拉(Nora)通过对(至少部分来自监控摄像
头的)视频片段进行挪用和数字编辑，制作出这组镜头，并删除
所有身份、时间和地点的标记。诺拉在一次导致她父母死亡的炸
弹袭击中受了伤，她的大脑中嵌着一块 T 形弹片，而创作这组久
久萦绕的美丽镜头是她仅有的活动，也是她与世界唯一的接触。
诺拉不说话。她的妹妹斯特拉渴望把诺拉的作品分享出去，但也
想保护她的安全，所以她试图在保护姐姐身份的同时传播这组镜
头。然而斯特拉无法解开这组镜头的谜团：她不知道姐姐的想法
或意图。

　　尽管这些镜头片段"被最狂热的调查者团队无休止地归类、

50

分解、重组，但它们没有显露出任何时期或任何特定的叙事方向"，尽管如此，它们却是一种可以辨别出的（诺拉的）美感产物，因此至少是某种东西的一部分（24 页）。或者，一旦被发送到互联网（并被发现它们的人所利用）上，它们就是某些东西："被打造成纯推测的超现实维度的幽灵叙事话语已经出现，并暗暗地却坚定不移地接手了他们自己的生活"（24 页）。观众可以随心所欲地利用它们——这些片段似乎可以被无穷尽地组合。从这方面看，这些镜头既像胡里奥·科塔萨尔（Julio Cortazar）《跳房子》之类的后现代叙事，也可能更像一种激进的超文本叙事形式。在这种超文本叙事中，读者创建超文本"页面"之间的链接，而不是仅仅跟随（按任何顺序）叙事的指引。

通过一种反俄狄浦斯式的过度的决心，德勒兹和瓜塔里借助莫里斯·布朗肖（Maurice Blanchot）的碎片化叙事，将反俄狄浦斯的欲望图景与碎片化问题以及"整体与部分"（《反俄狄浦斯》，*51* 42—50 页）之间新的关系联系起来。他们的论证使我们有可能把欲望经济、都市空间经济和主体性这些本章在从德莱塞到多斯·帕索斯再到吉布森的讨论中所遵循的主题结合在一起（即使不是把它们完全统一起来，也不可能完全统一，试图统一甚至会适得其反）。例如，就像德勒兹和瓜塔里说的"只有多样性范畴被用作一种实体，并超越特定的一与多，超越对特定一与多之间关系的预期，才能构成欲望生产：欲望生产就是纯粹的多样性，也就是一个不能简化为任何［单独］统一体的认识"（《反俄狄浦斯》，42页）。当然，这并不意味所有连贯性和整体性、叙事或其他全都消失，只是它们反过来是多样的，可能不会显现或至少不会立即显现出来。

诺拉脑海里是否存在这样一种刻意的叙述仍然未知，甚至可能无法得知。然而凯西发现，至少有一种可识别的结构形式潜藏在诺拉的作品中。每一段镜头中都有一个数字编码，映射出它在一个 T 形城市中的位置，同时也是嵌在诺拉大脑中的弹片，以及对一些只有她自己才知道的新国际大都市地理位置的回应，或者像亚历克斯·维特莫尔（Alex Wetmore）所说那样，是一种再利用。这些数字似乎还可以用来跟踪镜头片段的传播，从而产生一张不同寻常的虚拟社区地图。凯西在写给匿名制作者的第一封电子邮件中告诉她："我们不知道你在做什么，也不知道为什么。帕卡男孩认为你在做梦。为我们做梦。有时他好像是说他觉得你在梦想我们。"（255 页）或者像我们所必须做梦那样。有可能他是对的。因为在这个后现代时刻，我们必须寻求自己的方法，把碎片化的城市整合成为多样而又连贯的整体，在全球多元的都市景观中铭刻新的欲望地理和意义地图。

4. 符号的诱惑和抵抗的符号：广告、建筑和艺术

吉布森的《模式识别》反映出后现代性几十年来有关都市与主体等城市景观的显著转变。即便是与后现代性自身早期相比，这种转变也十分显著。从广告符号到广告品牌的转变是这些转变中的一个，但只是其中的一个，我现在想进一步探讨这种转变和其他现象来界定后现代城市的现阶段，无论是直接的还是通过当代建筑、艺术、电影和电视的探讨。我主要关注的仍是"符号之城"，这些符号，尤其是它们在后现代方面如何改造城市，后现代城市又如何反过来改造符号以及符号意指的本质。在接下来的章节中，我将探讨这种自我改造的都市后现代性的其他方面。

的确，虽然以广告作为建筑形象的 20 世纪晚期范式如今在　*52*

大多数都市空间占优势，但是，那之前以摩天大楼这种令人瞩目的建筑形式作为企业力量的表达，即以建筑作为广告形象的范式也尚未完全消失。事实上，考虑到伦佐·皮亚诺（Renzo Piano）、圣地亚哥·卡拉特拉瓦（Santiago Calatrava）、雷姆·库哈斯（Rem Koolhaas）和弗兰克·盖里（Frank Gehry）等建筑师最近在伦敦、纽约、东京、马德里和巴塞罗那建造的那些备受瞩目又极端概念化的建筑，以建筑作为广告形象的做法似乎正在复苏。然而，20世纪80年代以后出现了一种转变：在以建筑为广告的新范式中，与其说企业（或其品牌）本身得到了建筑师的推广，不如说是企业以建筑师作为品牌。最近，纽约越来越多的品牌公寓项目由知名建筑师包括理查德·迈耶（Richard Meier）、菲利普·斯塔克（Philippe Starck）、查尔斯·格瓦茨梅伊（Charles Gwathmey）和罗伯特·西格尔（Robet Siegel）设计。这其实延续自20世纪80年代的一种趋势，就像建筑评论家保罗·戈德伯格（Paul Goldberger）所说的那样，"把国际知名建筑师［当作］爱马仕（Hermes）、古琦（Gucci）或宝马（BMW）设计师……委托迈克尔·格雷夫斯（Michael Graves）和委托其他名牌设计师没什么区别"（《建筑观点》）。伴随着建筑师向时尚的转型，一些时装设计师也转向室内设计。例如，乔治·阿玛尼（Giorgio Armani）通过阿玛尼-卡萨进军室内设计领域的计划，已发展成"潘恩街20号之选"品牌。它是一个纽约独立公寓项目，其公共空间和公寓均由阿玛尼-卡萨设计装饰。"对于买家来说，知道自己成为一个长远流传、经久不衰品牌的一部分，是非常令人欣慰的。"公寓推广经理迈克尔·施沃（Michael Schvo）向《纽约时报》记者拉·费拉（La Ferla）解释道。

　　然而，盖里等人的新的、引人注目的品牌建筑仍然必须与广告招牌的无情、无所不在的冲击和"非市场"或非品牌空间的不断缩小做斗争，因为企业试图将广告渗透到每一个可以想象到的公共和私人空间。[32] 例如，侵入式销售技术方面的最新创新包括：公共卫生间的小便池和烘手机上方的厕所标志和广告；校车和中小学教科书的防护包装上的广告；大学校园自行车架上的广告；机场和火车站以及飞机和火车上的高架显示器上的广告；晕机袋上的广告、机场行李安检和行李传送带以及飞机上使用的托盘上的广告；医院和医生办公室候诊室的广告，包括检查台纸套上的广告；公交候车亭和地铁转门上的广告；停车场之间的白色空间上印刷的广告；投射到人行道上、建筑物外部写字楼和商场内楼层和电梯门上的广告；电影院的"预告片"（当然也包括广告）中穿插的汽车、软饮和除臭剂广告；比萨盒上的征兵广告；为获得"免费"长途电话而不得不忍受的打断谈话的广告；印在鸡蛋壳上的广告以及超市结账柜台分开你和下一人要买的东西的塑料棒上的广告。显然，没有任何内部或外部空间可以免受广告商侵扰，而且，这种侵扰程度在城市这种人口密集的地区往往会加剧。"我们永远不知道消费者会在什么时候在哪里出现，所以，必须找到一种无处不在的方式，"纽约一家广告公司首席执行官琳达·卡普兰·塞勒（Linda Kaplan Thalev）解释说，"普遍性就是新的排他性。"（斯道雷）现代市场营销的独到之处不仅在于空间侵入性，还在于心理侵入性。

这种侵入性不仅在于营销人员使用的修辞策略（关注消费者及其需求或"缺乏"等等），而且更重要的可能是营销人员最初用以跟踪、构建并确定目标消费者的机制。其中最主要的是基于地理人口统计特征的市场营销学，它使用复杂的人口统计和模型，根据地理位置（通常是街区或邮政编码）和消费模式（生活方式）构

53

建消费者身份。[33]然而，由地理人口学上产生的"地理上典型的"消费者画像不仅是描述性的，而且不可避免是规定性的。在《我们知道你是谁，知道你住在哪里》这篇文章中，乔恩·戈斯（Jon Goss）认为："地理人口学的绝妙之处在于，它系统地生产既来自我们又服务于我们的生活方式：它显示出其实我们对于消费自我的描述是有模式的，或者所谓消费特点不过是我们努力想要符合的某种消费类型。地理人口学使营销人员以'像你这样的人……'来开头，能够在已知的统计误差范围内从心理上采取最有效的营销策略。"（214 页；本书重点）老大哥不仅想监视你，还想把东西卖给你。

当然，城市一直是消费的中心。然而，从历史上看，这种消费一直由生产来平衡，城市则在与二者的关系之中定义自身。虽然很明显后工业经济涉及某种生产，但城市越来越多地把自己作为主要的消费中心，事实上，它们经常以商品的形式出现。这种对消费的强调反过来强烈地改变了城市和城市人对自身作为城市居民的理解方式："人类不再是所居住的城市的居民"，史蒂文（Steven）和马尔科姆·迈尔斯（Malcolm Miles）在《消费城市》中认为，"他们将自己看作城市中的和城市本身的消费者"（11 页）。[34]这种资本主义和都市公民之间的复杂关系将在第五章论述，但此处仍要强调的是，消费已经深深地、不可避免地意识形态化了——它是资本主义对作为个体的我们进行塑造和询唤的主要手段之一，它也以复杂的方式构建我们彼此的关系。

54　　为理解这些互动如何在现实生活的物质城市空间里发挥作用，我们可以参考由如今两大服装品牌营销人员建造的空间，耐克镇（Niketown）和迪塞尔牛仔店（Diesel Jeans）里的购物体验。这类购物环境的特点在于，它们通过视觉符号和声音等感官刺激向顾客施加大量过载的信息，向我们呈现出一种有意为之的眼花缭乱又令人费解的环境。[35]"对外行来说，走进联合广场西侧的迪塞尔牛仔商店，感觉就像一下子跌进一场狂欢，"《纽约时报》记者沃伦·圣·约翰（Warren St. John）写道，"电子音乐冲击着人们的脑袋。电视里莫名其妙地播着一盘日本拳击赛的录像带。"（1 页）一旦顾客走回满是牛仔的"单宁吧"，扑面而来的就是无穷无尽的种类和款式。这儿的策略，他解释道："基于一个异乎寻常的前提，即最好的消费者是晕头转向的消费者……实际上，一旦潜在迪塞尔消费者感到购物眩晕时，公司里那些时髦又有威胁性的员工们就会迫使他们行动。扮演成身着闪亮盔甲的销售员，他们对任性的顾客是拯救还是捕获，取决于你的看法。"（1 页）这种环境引发的迷失感与耐克镇创造的迷失感非常相似（耐克镇这个名字表明它的野心不仅仅在于一家商店）。在这里，顾客的感官负荷被商店里那商场式的多层结构所加重，他们被故意弄"迷失"，而且不仅仅是空间上的。这两个空间都旨在使顾客失去自我感知。（因此，这些空间的运作方式与标准广告的说辞非常类似，就是约翰·伯格[John Berger]所说的"偷走她（消费者）对自己的爱，换成产品价格还回去"[135]。）

媒体评论家道格拉斯·拉斯科夫（Douglas Ruskoff）指出，这种商店设计"是对老把戏的新演绎。20 世纪 50 年代，购物中心设计师维克多·格伦（Victor Gruen）就意识到，当购物者因为混乱的商场布局和壮丽的视觉刺激而意乱神迷时，他们更容易冲动购物"（圣·约翰，6 页）。[36]我认为，这种冲动购物可以被看作一种重新定位自己的尝试；就像伯格所说，尝试通过对所买物的认同来确立稳固的主体地位；一种通过购物来重新确立失去的自主性和控制力的尝试。在耐克镇，巨大的体育英雄形象（20 世纪 90 年代早期，迈克尔·乔丹[Michael Jordan]的肖像悬挂在篮筐后足有真正篮球场一半大小的复制球场中)它，提供了"身份认同场所"的补偿。主体通过购买被重新塑造，达到完美。在迪塞尔牛仔，这个过程需要"时髦"的售货员介入，正如拉斯科夫所说，他们之所以时髦是因为"知道如何在空间中找到方向"(圣·约翰，6 页)。

55　　　　晕头转向的迪塞尔顾客被他的新"购物伙伴接纳"，售货员通过"服装、态度和伙伴"对他进行评估和心理分析，然后"推荐一系列他认为适合顾客的款式"(圣·约翰，6 页)。这实际上进入另一个版本的地理人口学"生产既来自我们又服务于我们的生活方式"的"怪圈"(格罗斯，214 页)。然而，这里所包含的要比售货员试图将一条牛仔裤与顾客自己的个人风格搭配起来的更多。当晕头转向的购物者认同时髦、有方向感的推销员时，就有一个重要的身份识别因素涉及其中，那就是圣·约翰所说的"零售业等同于斯德哥尔摩综合征，猎食者与俘虏相互绑定"(圣·约翰，6页)。他强调这种绑定中潜在的色情性质"并不总局限于销售层面"，每个人都应该记住，斯德哥尔摩综合征不仅涉及绑定和身份识别，还涉及俘虏和他们的捕猎者之间的联盟以及对捕猎者忠诚的建立(有趣的是这恰好转向了"品牌忠诚度"的概念)(圣·约翰，6 页)。在这一语境中，品牌的无限膨胀值得记忆："在迪塞尔牛仔，"品牌主席和创始人伦佐·罗索(Renzo Rosso)表示，"我们不出售产品，我们出售一种生活方式。我认为我们已经创造了一场运动……迪塞尔的概念就是一切。它就是生活方式，它就是穿着方式，它就是做事的方式。"(引自克莱恩，23—24 页)

　　如今，在后现代城市环境中建构起来的主体性显得非常公式化。在《曼哈顿中转站》里，城市的符号渗透于居民的思想，成为了他们思想意义链的一部分，被用来构造他们有关自我和生活的叙述话语。但是，在这些过程中，能指通常既脱离其原本的所指或含义，也脱离它们的指示物，即所指称的物品。相比之下，在我们品牌化的当代城市中，似乎越来越难以做到这种超然，所以品牌变得无所不包。确切地说，我们现在谋求消费的是品牌而不是产品，或者更确切地说，我们追求的是品牌所提供的那些东西。"消费者没有永不满足的消费欲望，"科林·坎贝尔（Colin Campbell）在《浪漫的伦理和现代消费主义精神》中说道，"他们寻求在现实中体验那些在想象中体验过的东西。从这个观点来看，消费者首先是富有想象力的生物，现代社会出售的文化产品实际上是被消费的，因为它们有助于构建白日梦。"（92 页）在唐·德里罗（Don DeLillo）的《白噪音》一书中，小说里一个孩子史蒂芬·格拉德尼（Steffie Gladney）在梦中像念咒语一样重复着"丰田花冠（Toyota Corolla）、丰田塞利卡（Toyota Celica）、丰田克雷西达（Toyota Cressida）"（155，167 页）。品牌和广告片段在叙述中随机漂浮，空洞的话语是品牌化后现代世界里无孔不入的白噪音："机场万豪酒店、市中心的旅客之间、喜来登酒店和会议中心"（15 页），"涤纶、腈纶、弹性莱卡"（52 页），"万事达、维萨、美国运通"（100 页），"Tegrin、Denorex Selsun Blue 洗发水"（289 页）。这些品牌殖民了我们的梦境，打算成为我们观察和体验生活的滤镜。

56

就像文学和艺术一样，广告为我们创造一种词汇，一整套意象（也许是当今最流行的意象系列，甚至超过了电影或电视），通过它我们可以了解世界。正如伯格所认为的，"广告构成了某种哲学体系。它用自己的术语解释一切。它解说世界"（149 页；本书重点）。然而正如我们所见，广告关系到广告与购买者在"魔镜"中共同制作的自我形象，这个魔镜是双方创造的开始。因此，广告也关系到与镜像的对抗，就像拉康所言，镜像将一个人的意识和潜意识以及随之而来的欲望空间置于成功的幻想与失败的现实之间。后现代主义的不同之处在于，幻想不仅仅是对更迷人的自我形象的身份认同（沃霍尔的《成名十五分钟》也是这种幻想的一部分），还是对这一自我形象进行尽可能传播的渴望和幻想。这种传播反过来又通过沃霍尔无限复制的名人肖像显现，或通过另一个极端如电椅等物品中噩梦般的名人形象来显现。然而，与镜像的对抗仍然是我们与广告关系中的一个恒久主题。

在最近流行文化中，这种对抗最令人印象深刻的例子，是HBO 系列情景喜剧《欲望都市》那虽然未被广告打断却显得冗长多余的片头（而在 TBS 频道的联合播映中，该系列剧被编辑，每集都被删减并插入广告）。这部电视剧经常被批评为缺乏现实主义色彩。它每一集的开头都引人注目地以一种讽刺、警示的方式，描述广告和品牌等商业话语中诱人的形象、梦幻般的生活方式与我们自身实际生活经历之间不可逾越的鸿沟。剧集片头以凯莉·布莱德肖（Carrie Bradshaw）①微笑的蒙太奇镜头开场，这难免令人联想到德莱塞小说里的嘉莉。这个凯莉由莎拉·杰西卡·帕克（Sarah Jessica Parker）扮演，她走在曼哈顿大街上，镜头穿插着来往车辆和城市建筑地标——帝国大厦、世贸中心、布鲁克林大桥、克莱斯勒大厦。当她抬头瞥向克莱斯勒大楼闪闪发光的尖顶时，镜头切换到一个汽车轮子的特写镜头，它飞驶过路边的水坑，溅出一股脏水。接着我们看到凯莉，看到她从头到脚淋得透湿的惊恐模样。当她转身看着汽车飞驰而过时，迎面而来

---

①　Carrie：中文电视剧中译作凯莉，也可译作嘉莉，与嘉莉妹妹在英文中是同一个名字。

的是一幅广告，广告中，她的形象在一辆公交车整个侧面的车身
现出那是她的专栏——同名的《欲望都市》——的广告。在广告
中，凯莉以一种迷人的、安格尔的大宫女般的姿态斜倚在可读的
城市里。标签上写着："凯莉·布莱德肖懂得美好的性爱。"当最
后一个镜头公交车和凯莉的广告在远处消失时，她依然浑身泥水
滴答。尽管类似经历并不稀奇（任何一个雨天的都市行人都能证
明这一点），但这一场景仍有一些特别引人注目的地方。它的吸
引力很大程度上在于凯莉在结尾时完全陷入一种狼狈不堪的境
地：她的脸溅满泥，长长的金色卷发滴着水，浅粉色的衣裙沾满
污渍（这条裙子酷似芭蕾演员的舞裙，本身就是理想化女性气质
的象征：在剧中，凯莉看起来就像一个打扮得漂漂亮亮的小女
孩）。这一幕令人惊叹地描绘出理想化形象的魅力以及试图保持
理想形象时的令人难堪之处，即身份认同过程中不可避免地暴露
出的缺陷，在这里表现为现实性原则的爆发。这不仅是凯莉迷人
性感的广告形象和她湿漉漉、脏兮兮外表之间的对比，也是她这
个品牌（对她来说，凯莉就是一个品牌）梦幻般的存在和实际生活
经历之间的对比。不但我们的外表无法达到广告中的理想形象
（考虑到社会对于女性外表的格外重视，这个困境对女性来说远
比男性更痛苦），我们如今还遭受到由品牌所呈现的梦幻人生或
生活方式所招致的更加全方位的失败。

　　索菲亚·科波拉 2003 年的电影《迷失东京》很多方面都可以
看作延伸着这两种失败。在这部电影中，比尔·默里（Bill Mur-
ry）饰演的鲍勃·哈里斯是一位有点儿过气的演员，他到东京拍
摄一个三得利威士忌广告。由于时差、失眠和文化差异，他时不
时苦笑着意识到，人们期待他塑造的文雅而自信的大都市人形象
（戴着黑领带，喝着加冰的三得利）与他目前身心状态之间的讽刺

性反差。他那关系不合的妻子不断怒气冲冲地向他宣布家里的种种混乱情况，以至于他无法成功扮演广告所要求的那种自我满足的角色。可笑的是，鲍勃还完全无法预测日本导演的想法，他只能绝望地从一种表演方式转换到另一种（似乎只有詹姆斯·邦德[James Bond]和迪恩·马丁[Dean Martin]这两种肌肉男模式取得了一点点成功）。与此同时，导演热情洋溢、滔滔不绝地说着什么，而翻译员却只是说出一两个词（显然，很多东西都"在转译中迷失了"）。

在这灾难性的广告拍摄间隙，鲍勃漫无目的地游走在霓虹密布、拥挤不堪的东京街头。一次，他遇到一个巨大的电子广告牌。在上面诸多不断变换、闪闪烁烁的图像中间，是他自己的头像——系着黑领带、坐在俱乐部的椅子上，放松地喝着一杯冰镇三得利——他们就是打算把这个相同的场景拍成电视广告，却无法成功做到。[37]在鲍勃看这幅图的时候，他的表情是困惑的，好像缺乏翻译、脱离上下文的时候他就不能完全"定位"广告中的人。在这一刻，他在时间和空间中都迷失了。就像观众一样，鲍勃一定是被这尽善尽美的图像所具备的不可思议的特质所震撼。这张图像似乎是从尚未拍摄的广告中直接截取的定格图片或静止的镜头：一个货真价实的拟象过程（尽管"真实"的广告拍摄也最终会产生出自己的拟象）。从空间角度看，鲍勃与头顶高耸的形象之间差距巨大，某种程度上他似乎就像自己那个高高在上的形象遗留在地表的"遗迹"。在符号和品牌的后现代城市里，现实从来都不合标准，体验总与梦想（尤其是商业梦想）相左。

都市符号景观一直以来都颇具争议，尤其是当它们被非商业利益占领的时候。地铁和墙壁涂鸦在费城、纽约和洛杉矶等城市蓬勃发展的历史被广泛记录和讨论，从20世纪60年代末到80年代早期进入画廊和博物馆展览一直都没有被遗漏，所以这里不打算详细探讨。然而，值得注意的是，这种涂鸦主要是基于姓名或"标签"，因此可被看作个体对市场逻辑的利用，一种自我广告，一种自动成名的产物。"你的名字就是你的品牌，而写下你的名字就像是印钞票。"涂鸦和嘻哈音乐历史学家杰夫·张（Jett Chang）这样说，"质量（美学风格）和数量（你所画过的火车和墙壁数）是品牌赢得市场份额的主要方式。如果你的名字在某一行或某一领域最为知名，那么你就是老大。"（引自埃利希与格雷戈，51页）这里我将重点关注芭芭拉·克鲁格和珍妮·霍尔泽等艺术家以及偶尔经过的路人的行动，他们对市场符号话语以及政府干涉下的都市符号景观进行对抗。[38]

克鲁格是一名概念图像艺术家，她挪用的图像大多来自广告、新闻和纪实摄影。她为这些图像加上带红框的标语，并打上斜杠（其视觉效果让人想起达达派的照相蒙太奇或更易辨认的20世纪20年代苏联前卫艺术）。借助意象与文字间符号的不协调性（往往是烂大街的流行语、广告或政治口号），她的作品解构图像，揭露其中暗藏的意识形态信息和权力关系。克鲁格的作品几乎总是涉及或暗示出特定的主体位置——"你""我"或"我们"——但主体本身从未被明确标识，观众必须自行决定他们将站在何处，如何定位与主体的关系。这个过程让我们意识到这些广告之类的话语如何调动我们，以及我们如何成为这些话语的"对抗性读者"。克鲁格说："我乐于做一个主动观察者。这个观察者可以拒绝广告所说的你，或接受它，或者说他不是我，但我知道他是谁。"（引自斯魁尔，80页）

克鲁格的作品存心挑衅，其中部分聚焦于国家权力。她的"国旗装置"把一些问题布置成美国国旗的形式，问道："谁逾越

59

了法律？谁被买卖？谁有选择的自由？谁制造时间？谁服从命令？谁的祈祷声最大？谁先死去？谁笑到最后？"克鲁格充分意识到，意识形态是多么分散以及它们如何通过一系列被阿尔都塞（Althusser）称为"意识形态国家机器"的机构和话语发挥作用，她的作品涉及政府本身以外的许多机构和话语。克鲁格认为"市场之外一无所有"，她用来"生活和言说的身体由权力和金钱塑造的瞬间构成"，这个身体频繁地被市场话语和广告当作目标（克鲁格，《采访》131页）。她的作品经常出现在广告牌、公交候车亭、T恤和帽子之类的广告位上，因此这种破坏是双重的。首先，作品本身就显得极不和谐：一张图里是一个特别难看的毛绒玩具，酷似变形的唐老鸭，身上覆盖着"买下我。我会改变你生活"的口号。一张图里的手举着一张写着"我买故我在"的卡片。还有一幅作品是一个口技演员模型的照片，上面印着"当我听到'文化'这个词的时候，我就会拿出支票簿"，然后在模型的嘴边用极小的字体写着"我的嘴说出你的话"。其次，这类信息在"商业"空间中呈现出一种越发不同寻常的不和谐感，这种布局不可避免地引发

图1.6　芭芭拉·克鲁格，"我们不需要另一个英雄"，1987。

(Commissioned and produced by Artangel.)

人们对私人、商业利益日益在公共空间中占据优势的质疑。[39]

珍妮·霍尔泽的概念性符号艺术也是对都市空间有趣的后现 *60*
代艺术性干预之一。霍尔泽的第一个公共项目《真理》问世于 1977
年初，是一系列小型胶印海报，上面按字母顺序排列匿名警句，
张贴在曼哈顿下城的墙壁、灯柱、停车计价表、公用电话亭、垃
圾桶和井盖上。这些格言与广告、政治口号、俏皮话和陈词滥调
在形式上有着怪异且明显的相似性，但是，它们背后的意图却十
分神秘。它们似乎来自相互矛盾的意识形态观点——霍尔泽称之
为"意见的宇宙"：

> 滥用权力不足为奇
>
> 精英总是无法回避
>
> 任何盈余都不道德
>
> 金钱创造品味
>
> 私有制招致灾难
>
> 自私是最基本的动机

就像克鲁格的口号一样，这些格言似乎要求观众在相关问题
上采取自己的立场。有些路人停下来修改它们，或者划掉几句，
或者把他们自己的格言加进那纷乱的句子里。1982 年，《真理》和
名为《生活》以及《生存》的两个后续系列里的格言在时代广场（图
1.7）巨大壮观的广告牌以及拉斯维加斯大道的电子广告牌上展
示，它们用"**拯救我，从那些我想要的东西里**"或者"**财产制造罪
恶**"之类句子扰乱那些由广告和宣传语构成的空间。随着里根时
代的新闻在时代广场的"拉链广告带"上一晃而过，旁边一个标牌
显示着不断上涨的国债额度，霍尔泽的标牌问道："**如果讨厌穷**

人，你应该选择哪个国家?"考虑到"在跨过内心的障碍去做你真正想做的事之前，确实要花一些时间"，它建议我们"每天把食物放在固定的地方，跟那些过来吃和过来整理的人说说话"。

　　与克鲁格和霍尔泽等艺术家项目的干预相比，城市中无名路人对事件或者图像自发反应的干预更为常见。其中一些是文化的变体——比如，在地铁墙上 Calvin Klein 广告模特的图像上潦草地写下"喂我吧"，或者制作并传播自己的反广告。[40] 还有一些人对改变了的都市环境所做的反应有时很古怪，比如曼哈顿一家倒闭的超市胶木窗板上的涂鸦记录了那里发生过的事情："我父母把我忘在这里了"和"伊恩，在橙子前面"。或有关超市倒闭的评论：

61

图 1.7　珍妮·霍尔泽，"真理"，时代广场标牌，1982。

（© Jenny Holzer，member Artists Rights Society［ARS］，New York. Photo：Lisa Kahane，NYC.）

"劣质服务就是你没生意的原因"和"大公司赢了"。或者简单地哀 *62*
叹它的不存在："我今晚来这儿是为了拿我那著名的六小时精制
番茄酱，而你却已经离开！"（克林斯）

在城市街道上举行的纪念活动也体现在街道纪念物的都市传
统中。在美国，人们在人行道上画出人体轮廓并加上日期和受害
者的名字，就像事故现场那样，用以纪念那些被汽车撞死的行人
和骑自行车的人。对在帮派暴力中丧生的年轻人发起的纪念通常
包括彩绘、花朵和蜡烛，周围摆满了纸条和物品（毛绒玩具、运
动装备和罐装啤酒）。在9·11事件发生后的那几天和几周内，
成千上万失踪人员的海报贴在了纽约的墙和灯柱上，公交候车亭
变成了临时搭建的圣坛，人们在下面摆放花朵、蜡烛、旗帜和
留言。

因此，也许的确应该回到《模式识别》上，因为正如我所说的
它抓住了当下后9·11时代与后现代性的共通之处。凯西创作的
海报《不可想象十字路口的车站》，是为寻找她那在9·11时从曼
哈顿下城失踪的父亲而张贴的众多海报之一（186页）。这些照片
以记忆和认知的方式刺破了这座城市的匿名性："当制作自己的
海报时"，她"看到了其他人死去的面孔，从Kinko's附近的复印
机中浮现出来，将会被收入一本记录这座城市的损失的年鉴"
（186页）。当她在曼哈顿下城四处走动张贴海报时，她发现"越来
越多失踪的陌生人逐渐变得熟悉起来"（186页）。然而，"当她张
贴自己的海报时，却从来没看到有哪一张海报上印着的失踪面孔
贴在另一张面孔上"——这就承认了损失本质上既是个人的又是
集体的（186页）。那天晚些时候，她加入了联合广场公园的集体
守夜活动，靠近华盛顿雕像下聚集着无边无际的"蜡烛、花朵、
照片和信息"（186页）。然而，正如我们所看到的，凯西和这部小

说最终从记忆走向梦想，从非常临近的过去走向未来，也许是相当遥远的未来，在那里，我们可以瞥见城市和市民的新形象。这座城市可能仍然是物和符号之城，是二者的关系之城，但希望它能服务于更好的都市社区。建造这座城市并不容易，甚至连梦想它都不容易，但却并非绝无可能。

第二章　都市网格与都市想象：
从城市到赛博空间，从赛博空间到城市

　　——从高处的这个角度看，旋涡状排列的房屋和街道向　　
她扑来，就像电路板一样，出乎意料地清晰并令人惊讶……
这两种东西的外在模式都具有象形文字般隐秘的沟通意图。
印刷电路板能告诉她什么似乎是没有限制的（如果她曾试图
去寻找的话）；因此，当她在圣那西索的第一分钟里，这个
启示就在她理解力的边缘忽隐忽现。

　　　　——托马斯·品钦（Thomas Pynchon），《拍卖第 49 批》

　　——愿天堂的每一个点都被映射或投射成为地狱的每一
个点，反之亦然。那么是什么在天堂和地狱中途（想必是对
数概念上的），拦截了这种投射呢？为什么恰恰是这个地球，
我们赖以生存的所在。我们仅仅认为我们拥有一座坚固的、
砖木结构的城市——事实上，我们生活在一张地图上。

　　　　　　　　　　——托马斯·品钦，《梅森与狄克逊》

Cities, Citizens,
and Technologies

　　本章讨论存在于我们的都市想象、存在于我们物质性的都市空间和城市实践中的网格。从建立真正意义上的第一座城市开始，网格就在以上领域中扮演至关重要的角色。我将介绍一些这方面的历史，特别是网格观念如何被现代性和现代都市文化塑造，以及它又如何反过来塑造现代性和现代都市文化。网格与都市文化之间的关系对我们的讨论十分关键，因为其中的一些关系延伸到了后现代性中。然而，本章首先关注的是网格观念在后现代都市想象中的意义；其次是在我们想象和建构都市空间过程中，由网格的持续作用（无论积极或消极）和对它的抵制所共同定义的实践。尤其是，我会考虑到网格在城市和赛博空间的交界面所扮演的角色。正如本章和下一章讨论的，它界定了后现代都市的想象和都市现实。

　　第 1 节通过对本章的一般介绍，把"城市/赛博空间的消融"作为一种后现代的图标以及城市与网络之间复杂关系的标志来进行讨论。第 2 节首先考虑网格观念以及更宽泛意义上的坐标观念的历史。网格与坐标相联系的历史源自笛卡尔①，并在其影响下成为启蒙运动和现代性想象自身的一部分。本节还将考察网格观念演化的一些分支，因为它在整个城市历史中获得了物质形态。第 3 节转向对现代想象的批评并讨论后现代想象对它的替代，尤其关注这种替代涉及都市空间性和赛博空间性。这部分也考查相关批评和替代是如何在现代性中，尤其是如何在 20 世纪文学和艺术的现代主义之中出现的。最后，第 4 节讨论赛博空间在后现

64

---

　　① 笛卡尔是法国哲学家、数学家，创立了"笛卡尔坐标系"，其中纵横垂直的即直角坐标系。本章中以笛卡尔及笛卡尔网格泛指城市和网络中频繁出现的垂直网格形象。——译注

代性，即当下和未来的都市想象和实践中的作用。

1. 置换网格：从史前到后历史

当代文化中最引人注目并且明显重复出现的图像之一，就是城市街道错综复杂的网格结构融入计算机生成的发光赛博空间网格中[1]。这幅图像已经在本章的第一段引言中预先描绘出来了，它来自托马斯·品钦的小说《拍卖第 49 批》。该小说写于 1966年——后现代的起始时期。当时，晶体管和电路板之类硬件定义了最前沿的技术以及前沿技术的文化形象。在小说主角奥狄芭·玛斯(Oedipa Maas)的脑海中，圣那西索的城市网格切换为印刷电路板(硬件)，而不是像现在它所化身的赛博空间里的虚拟网格。如今，近半个世纪之后，数字软件和虚拟现实主导我们的技术和世界，并定义它们的形象。这类图像往往会使我们忘记计算机、身体或城市的硬件，而正是硬件使我们所占据(并同样占据我们)的虚拟世界成为可能。真实空间和虚拟(赛博)空间的可变化性甚至可互换性给我们留下了深刻的印象，城市形象和赛博空间网格的相互融合，同样反映出都市空间作为赛博空间概念原型的威力。更笼统地说，虚拟计算机技术已对后现代都市空间产生了极大的影响。

这两个空间之间正在发展和已经发展的相互关系以及每一个空间本身的结构，或者更确切地说，建筑，是本章的主要议题。我认为，即便这两类空间尚未完全融为一体，甚至最终也未必会像有些人所认为的那样终将合并为新的实体，但也不应将这两类空间孤立地看待。

可以说，迪士尼 1982 年的《创：战记》(*Tron*)是第一部反映

65 虚拟世界的电影，它利用城市/赛博空间的解体和互融情景构想出一座城市。《创：战记》的开篇将明明灭灭的电脑电路变形为闪闪烁烁的城市夜景，之后的镜头从印刷电路板逐渐融入电脑生成的赛博空间网格（影片中的"游戏网格"），这些庞大的笛卡尔坐标式直角网格散布在高耸的巨石和若隐若现的墙壁上。由此，影片标志着从品钦的"从都市空间到集成电路"假想等式转换成了"都市空间和新虚拟空间——赛博空间"假想等式的过渡。而赛博空间是由数字处理器集成电路开发的计算机技术所造就的。自 20世纪 80 年代初以来，这一图像（无论是从城市到网络空间还是从网络空间到城市）已经出现在众多电影、电视连续剧、小说、报纸和杂志文章、广告和网站中，尤其是那些涉及计算机技术和网络空间的网站。其中最著名的例子是 1987 年的电视连续剧《超级麦克斯》（*Max Headroom*），该剧采用城市/赛博空间互融的多种版本；1995 年的电影《黑客》（*Hackers*）与《创：战记》一样在都市空间以及刻在大型机器阵列外部的发光电路和赛博空间之间转换；1995 年的《捍卫机密》（*Johnny Mnemonic*，1995）以及沃卓斯基兄弟完成于 1999 和 2003 年的《黑客帝国》（*Matrix*，1999，2003，2003）三部曲也属此列。[2] 这种图景在被称为"赛博朋克"的科幻文学中同样常见。本章和下一章将讨论其中最著名的例子，威廉·吉布森早期的小说《神经漫游者》（*Neuromance*，1984）和尼尔·斯蒂芬森的《雪崩》（*Snow Crash*，1992）中的类似图景。[3] 它们也规律性地出现在印刷广告和电视广告中，特别是那些为银行、电脑软件及计算机服务所作的广告。例如"mySAP. com"向您发出这样的邀请："欢迎来到 e 城市：一个无缝衔接的超级电子商业组织，已有来自全球各地的 10000 多家公司入驻。"所以，有人可能会说，城市/赛博空间互融的图像，或者通常更具体地表现为

"城市/网格或赛博城市/网格"互融，已经成为无所不在的肖像，就算还不是[唯一]的肖像，也关系到我们有关赛博空间和后现代城市及其相互融合的表现，甚至概念。

这种图形肖像含义复杂且意义重大。它不仅是一个引人注目的视觉隐喻，而且反映出这样一个事实：赛博空间在组织和功能方面都被构想为一座虚拟城市，而物质城市则获得了越来越多的虚拟现实元素。包含类似形象的作品以及当代城市的现实使我们能够更确切地解读这类图像。这些作品告诉我们，物理空间和虚拟空间之间的界限确确实实正在消失，或更准确地说，不再是一成不变的。这两个空间已经如此紧密地相互关联，以至于我们不能再简单地或毫不含糊地把它们在任一方面的功能上区分开来。因此，城市网格/赛博空间网格互融的图像具有启发性意义，它代表都市空间与信息之间关系的后现代模式，反映出后现代的时代特质和城市特征。

城市和赛博空间的相互交融，就像近来赛博空间的搭建一样，是都市建筑与信息之间的纽带。而且即便是信息的建筑架构（信息组织）也是古老的，也许与城市自身一样古老。城市和书写系统看起来似乎同时出现。但实际上已有学者辩论说，想要建立任何名副其实的城市（及其相关的政治官僚机构和大规模商业活动），都离不开书写的发明。正如刘易斯·芒福德（Lewis Mumford）在《城市发展史》一书中所写道的：

> 城市作为一个自给自足的独立单位，以及其中那些具有历史意义的相互独立且活跃的机构，它们的出现与永久性记录方式的进化历程一致。这些记录方式指象形、表意符号和手稿以及最初的数字、拼音符号之类的抽象记号等。因此，

66

Cities, Citizens,
and Technologies

城市与书写同时出现、同步发展并非偶然。到了这个时期，口头传播的文化量已经超出一小群人倾其一生所能达到的容量极限。最年长的成员脑海中的记忆都已经不足以容纳并保留社区所形成的经验……在日常交易中，对于永久符号和标记的需求更加明显：通过代理人和各种因素远距离行动、发出指令并订立合同，需要一些额外的个人设备［例如书写系统］。（97 页）

书写使信息编码成为可能，其传播可以跨越空间和时间。承载书写内容的媒介反过来又与它需要在空间或时间上传播的距离相关。陶板或（更好的）莎草纸和羊皮纸是便携的，因此很适合将信息从一处传递到另一处。然而，在古代文明（包括苏美尔人、亚述人、埃及人、波斯人、玛雅人、奥尔梅克人、托尔特克人和阿兹特克人）的墓室和庙宇墙壁上所雕刻的铭文和图像中，我们也许还能看出突破时间限制把知识传递给未来城市居民的愿望。

城市本身甚至也可以作为书写发挥功能：许多古老民族把城市的建筑和街道与天体联系，将宇宙知识和神圣的象征具象化。文艺复兴时期哲学家托马索·康帕内拉（Tommaso Campanella）把在城市上书写以及将城市本身当作写出来的作品相结合，构想出了他乌托邦式的《太阳之城》（1602），作为一部用石头建造并镌刻其上的百科全书。这座城市由七个以行星命名的巨大圆环组成，从位于罗盘四个点上的四座大门中延伸出四条街道将圆环相连。这座城市向全体居民开放，它的墙壁上装饰着绘画和诗句，承载着人文和自然科学积累下来的所有知识。

67　　城市可以通过许多不同方式成为记忆的模板。正如凯文·林奇（Kevin Lynch）所观察到的，"所有人都熟悉的都市景观为共同记忆和象征符号提供资料，这些记忆和符号将这个群体联系在一起，并允许他们相互沟通。[它]是保留群体历史和理想的大型助记系统"(126页)。古希腊和古罗马的修辞学家以城市形象为模板发明了最早的记忆术之一——创造记忆宫殿法(也称为"轨迹法")。西塞罗(Cicero)和昆提良(Quintilian)详细描述了这一技术，它涉及在个人的记忆中印上一个熟悉的地点，通常是一个大型建筑物或几座建筑。然后形成想要记住的事物的心理图像，并将这些图像如家具般一个接一个地放置到想象中的建筑里。第一个可能被留在门槛上，第二个固定在一个支柱上，第三个安放在角落里等。当人们需要回想时，便可以走进记忆的宫殿依次检索每一个图像。延伸记忆的技巧可能需要用到沿街排列的许多建筑物甚至整个城市。这种记忆的艺术在文艺复兴时期得到了重生，16世纪中期在由学者朱利奥·卡米洛(Giulio Camillo)所构想的建筑"大记忆剧院"中得到了神化，这个剧院包含"人类思想能够想象的所有东西"(耶兹，132页)。

在后现代时期，记忆常常出现在计算机术语中，而计算机实际上起着电子记忆替代品的作用。这并不奇怪，因为有关计算机记忆和"数据库"的概念产生于把人类记忆看作一个对印象、图像、想法和其他知识等信息进行存储的场所的想法，这些信息将在之后被有意无意地加以检索。然而，如果从数码硬件(例如对大脑神经网络的描述)和软件的角度来看待记忆，它仍被设想为建筑形式，而我所讨论的数码软硬件架构也经常反过来被构想为一个城市。

赛博空间，一个像康帕内拉和卡米洛所设想的那样的宽阔记忆系统，在吉布森的《神经漫游者》中被描述为"从人类系统的每一台计算机提取的数据的图像化表现。难以想象的复杂。光线从心灵占据之地照射到数据集群，就像城市的灯火一样，渐渐远去"（51 页）。当《神经漫游者》的主角凯斯（Case）进入赛博空间时，他看到计算机生成的数据模拟物，这些数据模拟着遥远的、堡垒般建筑中的跨国公司总部和政府机构："东海岸核裂变管理局那阶梯式的猩红色金字塔，在美国三菱银行的绿方块之上熊熊燃烧，那么高、那么远……那些军事系统的螺旋式长臂，在他永远都无法企及的地方。"（52 页）对凯斯来说，都市景观本身就是信息，就像我们所有人经常看到的城市一样："把仁清街看成一个数据域是可能的……然后你就会陷入高速的漂移和打滑，完全投入其中又与之相隔，你周围的商业在运作、信息在互动，数据在黑市的迷宫中生成肉身。"（16 页）

尼尔·斯蒂芬森的《雪崩》虽然只比《神经漫游者》晚不到十年，但其中的赛博空间却推后了整整一个"世代"。它描述的虚拟世界"元界"是由"街道"主导的庞大都市景观："一条大道像赤道那样横跨黑日（一个黑色球体）……显然比地球大很多。"（24 页）当主角阿弘（Hiro）进入虚拟"元界"并观察"街道"时，他"看到建筑和电子标志在黑暗中延伸，消失在那个球体的弧形边缘"（25 页），"市中心相当于十几个曼哈顿，上面点缀着层层叠叠的霓虹灯"（26 页）。虚拟元界的本质可以提炼成街道、建筑物和电子标志。因此，阿弘对洛杉矶的描述也是如此："闪烁的光线环绕勾连，朦胧地蔓延……红红白白的小颗粒在高速公路上跳跃……更远的地方，上百万个明亮的标牌逐渐模糊成一道连续的弧线，在整个盆地蔓延开来。"（190 页）《雪崩》面世三年之后，电影《黑客》（1995）将赛博空间描绘为一个虚拟的"文本之城"（图 2.1），即由沿印刷电路板常规路线布置的闪闪烁烁的摩天大楼形成的都市景观/符号景观。大量数据就像光脉冲一样，在"楼宇"之间通过空

图 2.1 《黑客》，"文本之城"。

(Courtesy of Bob Thorne.)

气发射，从一个"文档"移向另一个"文档"。

　　都市空间的空中景观与计算机集成电路的微芯片形象之间惊 *69*
人的相似可以被视为一种转喻。正如斯科特·布卡特曼（Scott
Bukatman）指出的，这种相似性"绝非巧合——芯片的设计目的和
城市一样，是为便于循环、稳固流量以及最大化利用空间"（110
页）。或者，就像亚历桑德罗·奥里吉（Allesandro Aurigi）和斯蒂
芬·格雷厄姆（Stephen Graham）所指出的那样，可能"城市概念
与有关现代状况的思维模式相互深入交织，以至于［一个人］可以
简单地以某种理想化的都市隐喻作为解读互联网服务的接口，事
实上，这些互联网服务分散在遍布全球的主机上"（492 页）。从
20 世纪 90 年代中期的苹果 E 世界、阿尔法世界，到如今"芯片城
市"以及第二世代之类在线社区界面图形化的历史可知，亚历桑
德罗·奥里吉和斯蒂芬·格雷厄姆认为，"都市隐喻极具吸引力"
这一想法是正确的。然而，正如我在这里所讨论的，城市和赛博
空间互相融合的这种联系被图像所唤起，并不仅仅是转喻或隐
喻。无论在概念还是物质层面上，这两个空间之间都存在复杂而

多角度的关联。这种关联对于塑造后现代城市以及我们的后现代城市经验变得越来越重要。

2. 坐标、现代与后现代

随着现代性的兴起，网格以及它从一个领域向另一个领域（如从数学向城市规划）的转换成为了常见的文化技术和逻辑。这种趋势的源头可以追溯到笛卡尔。不仅由于他的思想是现代性的哲学序幕，而且也由于他最著名的发明成果——后来被称为笛卡尔坐标系的坐标"网格"。尽管网格始终是人类文明史的一部分，但在更深更广的概念上，网格是空间、事件和结构等在意识形态层面最终的协调状态，并因而是现代性的重要标志之一。广义的网格逻辑和技术对于 18、19 世纪的社会纪律机制尤其关键，这在福柯晚期的"权力技术"研究中得到了有力验证。许多这样的机制一直持续至今，在一定程度上产生了现代性和后现代性之间时断时续的复杂关系。其中的连续性由这类机制的持续性角色定义，而间断性则由其中的变化以及产生的新机制所导致。用德勒兹的话来说，尤其是那些引起从"规训社会"（及其体制）逐渐转换到"控制社会"的新机制。德勒兹认为，这种转换在某种程度上是由信息的数码化引发和实施的。因此，它可能也会被看作更广泛变换的一部分，即利奥塔所界定的，从由工业革命定义的现代性到由信息技术革命定义的后现代性的转换（《后现代状况》，3—6页）。正如利奥塔所写道的，"伴随计算机霸权而来的是一种特定逻辑，因此也就有了一整套对何种陈述可以被作为'知识'陈述来接受的判断标准"。与之相应，"对生产力来说不可或缺的表现为信息产品形态的知识，已经而且将持续成为世界范围内权力竞争的主要甚至可能是最主要的筹码"(4—5页)。

我认为，物质空间和网络空间的结合和相互作用是这种认知和文化转变的一个重要力量，它们嵌入了权力机制，并通过这些机制运作。这种转变在都市空间形态上的表现就是从现代城市到后现代城市网格的变形，或者是后现代城市的网格在德勒兹和瓜塔里所谓"平滑"(没有坐标或纹理)空间的抑制下近乎解体的情况。这些空间使我们在第一章讨论过的德勒兹式欲望流无拘无束的运动成为可能，或许它们也同样作用于将在第四章中讨论的"跑酷"。这种解体并非绝对，它既保留了旧的(现代的)网格和纹理，也创造出新的(后现代)网格和纹理，致使平滑和纹理相互作用之间的后现代都市空间变得极其复杂。

这些既平滑又带有纹理的空间包含诸多局部空间。它们可能相互关联(例如在彼此间转换)但总体上却杂乱无章，并因此抗拒并最终击败任何特定的后现代景观中的单个主体、群体或事件的任何全面的全球化协作。然而，考虑到纹理在局部空间中发挥的作用，尽管如今网格也是局部的，但作为实际纹理空间中的常见部分，它能够保持其重要性并不令人意外。这种重要性体现在，无论物质方面还是概念方面，网格都是都市建筑的基础之一。正是都市建筑的特征使得网格特别是都市网格，不可避免地向赛博空间转化，变成赛博城市(这种转变在某种程度上通过塑造都市建筑惊人又具体的视觉形象来完成)。总的来说，这种转变并不必然是那种由平滑纹理等种种局部互动界定的后现代概念性空间的转化，它可以由局部网格或者断续的地方亚空间来界定。然而，赛博空间的兴起与概念和物质上的后现代都市空间兴起恰好同步。因此，正如前面解释的，后现代都市空间和类都市的赛博空间同样被平滑且带有纹理的后现代空间性所定义。另外，这还

不仅是两种空间平行或同构的问题。在后现代城市中，空间的两
71 种形式以及支撑它们并被它们所支撑的网格都相互联系，而且无
论在形式还是功能上，都确实并非总是泾渭分明的。

为了理解这些关系以及它们所带来的社会规训和控制或自由
的形态，首先，更仔细地观察这些形态的空间组织与知识的关
系，特别是计算机技术在后现代信息的形态和使用中所导致的变
化，可能会有所帮助。要做到这一点，需要对图绘的实践（广义
上理解为连接空间和知识的技术）进行一次简短的探索，具体来
说，还需要对坐标网格、支撑我们许多现代和后现代城市的概念
结构，以及我们的"真实"和虚拟网络空间进行一次简短的探索。
正如前面所解释的，即使后现代城市和网络空间最终超越了网
格，走向了平滑的城市空间，但无论是消极的还是积极的，它们
都并没有也可能无法完全摆脱网格。正如林奇在分析网格的"可
读性"时所分析的，网格在后现代城市中也能起到积极的塑造作
用，这一点很重要，我将在下一节回到这个问题。

笛卡尔的坐标系思想扩展了欧几里得的数学和世界想象，并
赋予这一观点一种更强大的编码和映射技术。这项技术促进了多
种材料技术的发展，这些材料技术通常是以数学为基础的，同时
也是以物理学为基础的，笛卡尔和随后的伽利略和牛顿也通过使
用坐标系来绘制和分析物理世界，在某种程度上把它们结合在一
起。笛卡尔的指标系允许人们在垂直（因此容易测量的）坐标系上
来定位特定事件。而且在概念上更为重要的是，它允许人们在协
调不同事件时，以同一时空作为参考框架。这个"坐标之梦"在物
理学中完全实现，或被相信已完全实现。牛顿力学中有关绝对空
间和绝对时间的设想，就将物理事件的协坐标与严格的因果相结
合。需要指出的是，数学界很快认识到坐标系可能是曲线的，就

像我们地理学用的地球仪一样。这一事实有助于非欧几何的发现。经历一段时间后,这一发现成为了最终导致牛顿经典物理学终结的关键步骤,也是牛顿有关宇宙由其定律掌控这一说法的终结(这被威廉·布莱克[William Blake]称为"牛顿的睡眠")。[4]坐标之梦,有时成为坐标的梦魇,在数学和科学或者更广义的我们文明的其他领域中,已经持续存在了很久。在哲学领域,笛卡尔和牛顿的梦想一开始就受到质疑,尤其是莱布尼茨,他敏锐地发现牛顿对空间(绝对空间)的想象中牵涉的哲学问题。就像导言所指出的,莱布尼茨并不认为有可能严格定义绝对空间概念,或者认为无论是否协调都不可能从空无的空间开始,然后再成为物质实体周围的空间环境。根据莱布尼茨的观点,空间和任何可以引入的坐标系都只能由给定的物质体结构来定义。正如爱因斯坦最终通过相对论所发现的那样,这一观点最终暗示了牛顿绝对空间和所有物理事件的一种独一无二的坐标都是不可能的。

72

尽管存在类似的哲学问题,但是,笛卡尔坐标系的作用和影响依然巨大,并远远超出了数学、物理学或地理学(坐标的想法无疑对其很有帮助)以及其他科学和技术应用的范围,拓展到对人类思想和文化的现代理解,以及现代性的自我理解乃至自我定义之中。不可避免地,在这个更广泛的领域中,这个概念也变得更加复杂,包括隐喻性的、不同维度,并与一系列更广泛的哲学概念性相结合,从笛卡尔本人开始,现在成为了一个哲学家(尤其是一个有意识思考的"我思"的哲学家)和他的同时代人,如约翰·洛克(John Locke)的概念。这种笛卡尔主义的哲学基础一直延伸到让-雅克·卢梭(Jean-Jacques Rousseau)、康德、黑格尔等启蒙运动的关键人物,他们赋予坐标更强的概念性力量并增强其影响力。在哲学思想的帮助下,坐标系的概念导致了实际的组织模式，例如根据协调的、通常是矩形的网格而建造或重建具体城市的组织模式，以及引导了一种与恰当的坐标系相联系定义人类主体及其行为乃至社会的普遍模型。坐标可以是经济的、文化的、政治的、宗教的或其他的，并且可以在每一个类别中进行不同的调整或细分。新的坐标也可以并且已经被不断地添加，不同的坐标系统和它们之间的转换是可能的，就像在牛顿物理学中一样。然而至关重要的是，正如在牛顿物理学中每样东西都至少在原则上并且（但愿是）在实践中能被看到那样，一切都服从于总体性的全球坐标。这些坐标系被连接到或建立在实际网格周围，例如城中或机构中的物质性结构网格，就像教堂、学校、监狱、医院和办公室，它们坐落于城市网格中，并在某种程度上在文化甚至物理方面来定义网格本身。正如福柯分析的那样，网格也在许多此类机构中重复出现。到 19 世纪，这种想法的力量和影响力渗透到现代性组织中，并提供了最强大且最明显的线索。那时，甚至现在的某些时候，网格显得无懈可击。尽管如此，（就像福柯分析的）即便网格具备强大能力和毁灭性的真实效果，也不过是一个梦或一次"睡眠"而已。[5]

　　虽然坐标网格在后现代都市空间中经常被重新配置或以不同的方式部署，它仍毫不意外地存在于后现代城市的时髦概念结构中，并是其中主要的一个。欧几里得几何与牛顿物理学很大程度上仍然是我们概念中和实际上"人类尺度"下的都市空间或赛博空间模型（主要由于我们可感知的空间看起来就是欧几里得式和牛顿式的），并且，它塑造了我们所感知的世界图像以及相应的赛博空间形象。现代物理的"空间"，尤其是量子理论中的空间，是不可感知的，而且最终甚至可能连空间的名称都不再适用。

　　此外，全球网格或纹理的意识形态以及欲望（例如俄狄浦斯

欲望和/或作为资本的欲望）始终存在。其结果是，以全球网格和
纹理为目标的强有力的意识形态机构和欲望机器威胁着我们创造
新空间的欲望和尝试。这个新空间是由局部的平滑空间和纹理或
网格之间的复杂相互作用来界定的。如前所述，黎曼及其追随者
首先赋予了此类空间或平滑空间以数学概念，为爱因斯坦的广义
相对论（引力理论）以及德勒兹和瓜塔里的哲学思想（《千高原》，
485 页）提供数学模型。正如第一章中讨论的，平滑空间的观念也
奠定了德勒兹和瓜塔里反俄狄浦斯的欲望观以及他们在《反俄狄
浦斯》中对俄狄浦斯欲望与资本主义共谋的批判。然而，无论在
欲望领域还是人类实践的其他领域，看起来都不可能彻底地实现
完全平滑的空间。只有数学空间和某些数学理想化的物理模型才
能看作严格的平滑空间；但无论如何我们都并不生活在纯粹的数
学空间中。然而，由平滑空间型运动欲望所定义的人类实践，确
实使创造空间架构成为可能。在这些空间架构中，纹理是局部的
并且服从于平滑空间和平滑运动，这在某种意义甚至很大意义
上，实现了平滑的空间和运动。我们对城市和网络空间的后现代
观念和现实不可避免地反映了平滑与纹理关系的复杂性，即从追
求全球纹理的渴望机器的坚持到（平滑）欲望的替代机器中平滑与
纹理之间的转换。这些复杂性被后现代都市空间放大，也被赛博
空间放大。考虑到其依赖数码，赛博空间以一种微妙的方式出现
于现代或更早期的空间、纹理、网格、意识形态和欲望机器中，
并不可避免地与它们共存且相互影响。的确，正如前面所说，作
为城市设计基础的网格是古老的，它的一些前现代层面甚至仍然
对后现代城市有影响。后现代控制逻辑中的"堡垒"在某种程度上
涉及其中的一些影响，正如术语"堡垒"所意指的那样。然而，我
目前最关心的是笛卡尔主义及其对现代性的影响，以及现代性本 74

身对后现代性及其都市空间性的影响，无论这种影响实际可感还
是虚幻的，就像赛博空间那样。

在《光明城市：作为我们机器时代文明基础的都市主义的要
素》(1935)中，伟大的现代主义建筑师、城市规划专家勒·柯布
西耶(Le Corbusier)表达了他有关未来城市的哲学、原则和规划：
一座"笛卡尔坐标之城"，由排列成行的十字形"笛卡尔坐标式摩
天大楼"组成，四周是大片绿色草坪，上面铺设高高架起的高速
路网。[6]他这部论著是高级现代主义建筑和设计思想的典范，其概
念和本质都基于笛卡尔的网格概念。在题为"笛卡尔是美国人
吗？"的章节中(答案是否定的，因为柯布西耶反复将光明城市的
笛卡尔式秩序与曼哈顿下城的混乱无序相对照)，他通过对数学
计算、测量和公式的思考，打断了他关于建筑史的话语，以便奠
定他的新视野。他的思考从本质上揭示出了牛顿早先考虑过的世
界概念，可以说，这种概念曾在 19 世纪尤其是法国最为成功。
"一个公式，"他断言，"可以……用来代替因本身太烦琐而难以应
付的现实……这类公式……蕴含着宇宙定律，而且直到完全符合
所有宇宙定律之前，这团混沌不会最终合成统一体。"(《光明城
市》，130—131 页)这些公式将数学家、发明家和艺术家(真正的
艺术家！)联系在一起。一切在他们调和的双手中归为同一：混沌
重新吸收为和谐……完成了这一点，人就是巨匠造物主。他对未
来事件有决定权。一旦他的计算完成了，他就有权说并确实说道
"应该这样！"(《光明城市》，131 页；原文着重号)[7]换个说法，在
牛顿力学中，未来是确定的并由合适的初始条件决定，拥有正确
的规律并按照某种计算方式正确运行(在本例中，与牛顿物理学
里由大自然所设定的条件相反，是人类活动在这样做)。然而，
应当提到的是，柯布西耶清醒地意识到这种看似神圣的计算力量

"只是我们人类自身神圣性的镜像"，不应以宗教的方式进行膜拜
（《光明城市》，131 页；本书作者着重号）。他相信，它不仅可以
而且应该被用来理解世界，而且也应该被用来改变世界，正如马
克思在他关于费尔巴哈（Feuerbach）的最后一段论述中非常有名
地把哲学和革命实践并列起来所认为的那样。[8]

　　在柯布西耶看来，对于他之前和他之后的城市规划者来说，
网格都构成了对城市空间即创造的笛卡尔式的"理性化"，或者在
已经存在的城市结构中强加秩序。最重要的是，网格具有可视性
或可读性的特定形式和功能的优点和缺点。

图 2.2　勒·柯布西耶，伏瓦辛规划模型。

(From Pierre Chenal's film，*L'architecture d'aujourd'hui.*)

　　网格既简单又可以在任何规模上复制，因此有助于成像、绘
制（字面意义和概念意义上的）地图以及城市导航；都市空间的商
品化将土地划分为便于买卖的抽象单元；网格也有助于市政运
作，包括地区管理、区划、税收和安保等。因此，网格同时服务
于个人利益（某些时候）、资本和政权。

　　对城市的个体居民来说，网格的一个主要优势就是它的可导

航性，林奇在《城市意象》中写道，"寻找道路是环境形象的初始功能"（125 页），而且都市景观的"可读性"可以通过"其各部分易于识别并组织成连贯模式"这一方式来衡量（2—3 页）。然而，城市意象的"价值不仅在于它在导向运动时发挥地图作用的直接意义；在更广泛的意义上，它可以作为一个普遍参照系，个人可以在其中行动，或将他的知识附加其上。从这个层面看，城市意象就像一种信仰或者一套习俗：它是事实性和可能性的组织者"（125—126 页）。

　　然而，网格本身的形式能够告诉我们的是，关于一个特定城市或社会的信息并不一定是清晰的或统一的。如前所述，网格作为一种城市形态，比笛卡尔早了至少八千年，纵观整个历史，它出现在人类已知的每一个经济和管理体系所统治的城市。它的角色经常转换并在过去常常是模棱两可的，同样它也在后现代城市中保持着复杂性和模糊性。尤其是，尽管最近一些支持者声称网格"是传统的、非层级化的，甚至可能是民主的"，但也可能像吉尔·格兰特（Jill Grant）说的那样，"从几何原理和测量技术中衍生的网格以及其他城市形态［都是］更经常与军事力量和财富的集中联系在一起，而非传统的平等主义"（220 页）。

　　自早期现代以来（整个英格兰和欧洲其他地区都出现过公共土地"圈地"和私有化），资本在网格中发现一种将土地商品化并"开放"新商业开发区的有用机制。在美国尤其如此，19 世纪，网格向西穿过整个国家，为扩张和投机助力。当第一个网格由《1811 年曼哈顿委员会规划》创造出来时，委员们拒绝"假定的改进……［类似］圆形、椭圆形和星形等"，这种改进虽然会使朗方（L'Enfant）1791 年为国家首都的规划增色不少，但是委员会出于经济和实际考虑选择了纯网格。他们指出："城市由居民栖所组成，而且那种狭窄边缘的直角房子建设起来最便宜也最便于居住。"对于委员们来说，这一明显缺乏公共和娱乐空间的计划被理性化了，因为"地价高得异乎寻常，似乎承认经济法则的影响比可能的还要大才是恰当的行为，另外也符合谨慎的要求和责任感"（引自马尔库塞［Marcuse］"网格"，298 页）。尽管"纽约规划"在华盛顿广场以北的未开发土地上拓展到 155 街，但委员们发现他们自己也不得不应付多个当前和未来股东相互冲突的需求。1870 年，当网格向更北方延伸时，这种情况又再次出现。[9]

很少有城市从一开始就是由一个孤立的个人或一个单一的群体来规划的，因此，彼得·马尔库塞的说法毋庸置疑。他说："城市形态是一种遗迹。它由不同利益冲突所导致，并体现出产生那些冲突的妥协和让步。"（"网格"，289 页）尽管如此，格兰特坚称"历史记录驳斥了马尔库塞的观点，即网格有一个'民主'的方面，在这个方面，所有的部分都是平等和相似的。所以那些试图向居民展示权力重要性的城市最不可能采用网格规划"［294 页；页码已更正］（221 页）。相反，格兰特认为，"证据表明，历史上一些最专制的政权，都致力于垄断权力，已经使用网格把他们的标志建立在景观上"（221 页）。

网格作为帝国主义和殖民主义工具拥有很长的历史。就像芒福德在《世界城市史》中提到的："事实上标准化网格规划是殖民者随身携带并随时使用的工具套件中的基本部分"（192 页），通过建立空间区隔和各类封锁线，城市网格将空间纹理化并有助于对人口进行视觉监督和管理。在殖民城市里，古希腊"强行将网格应用于极不规则的地形上，因为数学和科学理性压倒了地形学"（格兰特，230 页）。古罗马的占领者在帝国各处殖民地的城镇中使用"基于军营模型并反映其规训"的网格："殖民地被征服的人

77

常被迁到城镇中，既为控制也为同化……［而且］从非洲到英国都严格执行网格规划，这使罗马的全球性权威在物质上得到了显现。"（格兰特，231 页）对屈服的人民进行监视、控制和同化，明显是有关新殖民城市的诸多现代主义议题之一，其中包括勒·柯布西耶未建造的阿尔及尔奥勃斯规划，其目的是"理顺"古老卡斯巴错综复杂、碎片一样的小巷。对于反抗法国殖民的人来说，这些小巷既是力量的源泉，也是避难所。[10]

　　随着现代性的到来，至少从 18 世纪开始，城市网格就成为了政权控制社会的官僚机构的一部分，用福柯的话说就是"规训社会"。与"细胞""地点"和"分界"相联系的网格已经烙印在了都市景观中。正如福柯在《规训与惩罚》中所认为的那样，通过它"规训制造出同时具备建筑性、功能性和层级性的复杂空间"（148 页）。就像绘制图表一样，都市空间的安排是"权力的技巧和知识的过程"（148 页）。它始终是"一个将多层面组织起来的问题，一个为自己提供遮蔽和掌控工具的问题……一个将'秩序'强加给都市空间的问题"（148 页）。这一秩序本质上是累加的：它不仅支配物理空间，也支配概念空间和社会空间。就像规训本身，网格创造出福柯所谓"混杂空间：［它］是真实具体的，它［管控］建筑物、房间、家具的布置，也管控着思维。因为［它的确］图绘在对描述、评估和层级的安排中"（148 页）。因此，它能够构成一个总体和总体化的权力/知识体制。

　　正如米歇尔·德·塞尔托（Michel de Certeau）指出的，这种体制也包括净化和抑制、标准化和同质化、同步和同化的过程。他写道："由乌托邦和城市话语建立的'城市'，被三重运作的可能性所定义。"

1. 它自身空间的生产（un espace propre）：理性的组织必须压制所有可能危及它的物理、思维和政治污染。

2. 用"无时"或"共时系统"来代替传统不确定的、顽固的抵抗；明确的科学策略……必须取代"机会"利用者的战术，这些人通过利用陷阱或失误，使历史的混浊在任何地方重现。

3. 最后，城市本身就是创造一个普遍且匿名的主体：渐渐地，所有此前零散并分布到群体、协会或个体等不同实体上的功能和预测，都变得可归因于它。（94 页；德·塞尔托的重点）

正如勒·柯布西耶所说，这个秩序井然的城市（我在第三章中更详细地研究它的规训功能）的协调梦想是对生活的一种幻想，"实现的是完美，而不是一些拙劣的东西。这是一种掌控，而不是一种失败的混乱。它是富饶（一种概念清晰的总体辉煌），而不是贫瘠（所有那些对我们伟大城市的现有苦难缺乏考虑的崇拜者把我们扔进了粪堆）"（《光明城市》，134 页）。但这并不是现实生活中的真实人们在真实地方所经历的生活。也不是像勒·柯布西耶和他的追随者们所设想的地方的真实生活。那些地方似乎刚一建成就必须改造（例如芝加哥臭名昭著的加布里尼-格林住宅项目）。尽管柯布西耶声称就像他设想的那样，存在一种极度秩序化或至少是极度的笛卡尔秩序化，但是，这种极度秩序似乎与城市生活相抵触。

城市空间从现代性到后现代性的历史，也是从现代到后现代的力量和控制结构的转变。然而，当我们从"规训社会"转向"控制社会"时，旧的规训结构仍然存在，即使是在我们最新的空间：

网络空间的虚拟空间和城市。正如前面给出的网络空间的图像和描述所表明的那样，现代主义和后现代主义城市设计所依赖的笛卡尔网格与网络空间网格有着惊人的相似之处。事实上，这些表征很可能被一概地视作不表示任何意义，就像勒·柯布西耶、奥斯卡·尼迈耶（Oscar Niemeyer）的伟大现代主义"未来展示"和"明日之城"以及他们众多模仿者的设计一样。在《神经漫游者》赛博空间里，公司和政府数据之间的棋盘式网格空无一物，没有街道生活，就像柯布西耶的笛卡尔式城市里的巨大建筑分隔开的不愉快的绿色空隙，这不是偶然的，有如环绕近日城市政府和企业的缓冲地带一样。仿佛许多虚构和现实空间的建筑师都被同一种乌托邦想象所驱动，乌托邦想象在现实世界的许多化身中都失败了，如今却在虚拟现实的缥缈领域中寻求"实现"。

79　　　如前所述，《创：战记》里通过最新电脑特效制作的赛博空间，呈现为由相交网格、闪烁光线组成的悬浮黑色虚空。网格上排列着各种各样的几何结构，它们起着屏障、障碍物和陷阱的作用，中心是"主控"（以高级现代主义大厦的形式）。同样地，《神经漫游者》的赛博空间数据库的排列领域也是绝对笛卡尔的——几何的、抽象的、超越性的。纯粹信息的领域由"在无色虚空中展开的明亮的逻辑格子"构成（4页），形成一个"延伸至无限的透明3D棋盘"（52页），"光线排列在精神实体中"（51页）。在赛博空间的实际设计或实施规划中，笛卡尔（街道）网格同样无处不在。包括硅图公司（Silicon Graphic）的三维融合信息景观原型（韦克斯布拉特，69页），迈克尔·本尼迪克特（Michael Benedikt）的赛博城市（本尼迪克特，119—224页），苹果公司的E世界以及丹尼尔·怀斯（Daniel Wise）和斯坦·乔治（Stan George）的赛博空间呈现（本尼迪克特，石板书1—6页）。

这也许毫不奇怪，这种新的——知识和权力——的信息领域应该首先，然后以这样的频率，在笛卡尔"数据地图"（坐标网格）的模型上被设想出来，因为这种福柯式层级和文件系统也就是规训和命令的系统。然而，正如已经提到的，以及将在下一节中更为详细地看到的，具有讽刺意味的是，网络空间比任何其他技术或概念发展似乎都将我们带到网格之外，从福柯"规训社会"到由德勒兹和瓜塔里设想的赛博科技的"控制社会"，都基于一个新的知识和权力的赛博科技模型。

这个新模型远不止网格的"电子化"或数码化，它就是而且可能将来也是多样的混合体。它整合早期规训模型（在从监狱到学校、医院、兵营、工厂和办公室等许多福柯曾描述的空间里，这些模型仍在持续运作），与之协同并使之加剧，但也被一些全新东西所补充（或者可能正处于被取代的过程中）。因此，托尼·斯科特（Tony Scott）1998 年的电影《全民公敌》中描绘的众多监视技术（卫星、中央监视系统等）最令人恐惧之处就是它们相互连接时将会多么有效。当众多网络连成一个，当它们由所谓"（电子）归档的暴政"相连接，对国家这样的强权力量来说，"数据"看似永恒的本质就是它似乎可以被无限次获取和操纵。现在，正如品钦的奥狄芭在《拍卖第 49 批》中所担心的那样，"塔无处不在"，而且基本上是隐形的（11 页）。德勒兹说控制在我们文化中"持续且不受限制"，因为它的运动超越了规训社会及其机制。在福柯的模型中，权力网并不均衡，一些地方远比另一些地方更加牢固，而且还有盲点。人们总有一些地方可以逃脱权力的凝视，可以在这些地方躲避，可以在其中并从中发起反抗。然而，现在类似的区域似乎更少，而且总是局限于"网外"空间——一种第一世界人口几乎无法设想和维持的位置。 *80*

3. 去—坐标，现代主义与后现代主义

为抵消网络技术社会中新的控制性力量和"权力"结构，必须从这些网络内部以及其他概念和文化势力网内部发掘替代性战术和抵抗方式，而其实这些替代性战术和抵抗方式长期以来与网络共存。如前所述，在笛卡尔有关自然文化的思考面世之后，对其质疑就立即出现并贯穿其整个历史，尼采等人甚至以激进的形式加以批评。然而，这些质疑和批评充其量只存在于现代性和启蒙运动的边缘。它们的普遍影响和独特效果，用德里达的话来说，被延迟到——主要是后现代性中。然而，到了 20 世纪早期，笛卡尔的思维方式不仅引人质疑，而且它事实上被来自最令人意外之处——伟大笛卡尔主义堡垒内部的数学和科学围攻。19 世纪数学界非欧几何的发现及许多其他的根本性进步、物理学中的热力学伴随复杂因果思维而崛起，达尔文进化论的引入都可以看作早期的麻烦信号。然而，以上这些至少看起来还为最终将被引入笛卡尔领域的希望留下了空间。20 世纪，爱因斯坦的相对论和量子理论对笛卡尔主义从物理方面进行强烈攻击。爱因斯坦的狭义相对论(1905 年)以及更为激进的广义相对论(1916 年)——一种非牛顿引力理论，它在数学方面基于黎曼空间。正如前面所讨论的，后者是由笛卡尔局部区间的潜在多样性以及局部网格来定义的，但不允许任何普遍性的总体坐标。前面也曾提到，爱因斯坦的思想还继承了莱布尼茨的系谱，从而成为更久远历史的一部分。在此期间，非笛卡尔主义思想与笛卡尔主义思想一起逐渐发展，并最终进入科学和文化前沿。爱因斯坦的广义相对论也有重要的宇宙学含义，从发现宇宙正在膨胀，到发现这种膨胀起源于

大爆炸的灾难性奇点，到最近的宇宙学理论，其意义只会越来越明显。在当前语境中，最关键的是由黎曼和爱因斯坦定义的空间性的新形态，通过德勒兹和瓜塔里的平滑和纹理关系，获得了它们的后现代哲学性概念模型。

量子力学有时被看作第一个真正意义上的后现代理论，至少 *81* 在科学界如此。考虑到海森堡（Heisenberg）的测不准原理对一一对应的经典映射模型的否定，如今经典映射都只能部分地对应拟合。量子力学通过否定哪怕任何单独事件中的经典映射将不可能性带入它的极限。[11]量子力学的极限含义就是笛卡尔式甚至黎曼式映射都不再适用于自然的终极构成。这种映射如今只能用于我们所关注的自然这一非常狭窄的范围：可以说我们只能看到一半经典笛卡尔式图像。同理，在亚原子层面上已经不再有因果关系，我们所有的预测充其量也只是估计我们所能进行的实验结果概率。因此，量子力学的认识论体系包含许多接近后现代认识论的特征。[12]后来这种接近性被处理高能物理过程的更高级的量子理论所放大，为量子物理学，尤其是量子理论涉及的多重性相关方面，添加了更激进的层面。因为与量子力学最初形式相反，在物理过程中，基本粒子不再是同一性的：一个给定粒子，比如一个电子，可以把自己变成另一个粒子，比如一个光子，甚至可以变成几个粒子。

牛顿物理学在"小"或"极小"规模的原子和"大"或"极大"规模的宇宙层面上的崩溃对后现代知识和文化包括后现代空间性概念方面产生了重大影响，尤其是在对后现代城市和虚拟空间如赛博空间的考量方面。现代数学和科学的其他领域也产生了类似根本的"后现代"发展，如哥德尔（Godel）的数学逻辑"不完备定理"（剥夺了我们证明数学本身逻辑一致性的能力）；遗传学、分子生物学和神经科学的几个主要进展；当然还有计算机技术包括那些生产赛博空间的技术的出现。[13] 就像利奥塔在《后现代状况》中讨论的，数学和科学自身也是后现代知识文化的一部分，用他书的副标题来说，是后现代状况和后现代实践的一部分，有时科学甚至走在了哲学或文化前面。因此，如果我们想接受启蒙运动中的首要准则——即在人文领域工作时应如何遵循自然或数学的指引，那么现在看来似乎正是自然和数学使得我们远离了如笛卡尔主义等其他启蒙运动的准则。这种新的、有关我们文化空间包括都市空间的非笛卡尔式思维可以通过其他数学和物理空间概念来实现，尤其是那些黎曼-德勒兹式的概念，即由平滑和纹理的异质且相互作用的多样性所定义的空间概念。

82　　　人们也可以将这些本身多样且多重互动的平滑和纹理的后现代空间与利奥塔关于后现代异质性和多元叙事的观点联系起来，与"宏大"启蒙运动的元叙事相对。因为每一个纹理或网格都自带叙事性，反之亦然。还有像德勒兹和瓜塔里在《千高原》（351—423 页）中所考虑的那种平滑空间叙事，比如"小叙事"或"游牧叙事"，与"宏大叙事"或"国家叙事"（它们始终与全球化、笛卡尔网格和欧几里德空间相联系）相对。这种叙事处于生成中，且处于多样化的生成中。就像德勒兹和瓜塔里曾引用并在第一章讨论的弗吉尼亚·伍尔芙的《海浪》："在年龄、性别、元素和国度之间进行各式各样的生成转化"，在其中任何"个体……设计出一种多样性"，一种多重性的波状移动面，洋溢出网格（252 页）。

　　　尽管笛卡尔主义在数学和科学中遭到的破坏有特殊意义，而其他的哲学思想有助于我们阐明非笛卡尔主义的概念，但对笛卡尔主义及其科学、哲学和意识形态化身的最早且最激进的批评早已在文学艺术中出现。我们可以想到的早期例子有伟大的文学游

牧者塞万提斯(Cervantes)，或处于文学和哲学之间的蒙田(Mon-
taigne)。他的随笔使哲学网格碎片化，创造出介于文学和哲学间
的平滑过渡；因此，这些文章对利奥塔来说相当后现代(《后现代
状况》，81 页)。当笛卡尔主义在启蒙运动中获得主导地位时，作
为 18 世纪浪漫主义运动一部分的一场强有力的批评正在文学中
进行。《千高原》中至关重要的文学人物克莱斯特(Kleist)，是最
引人入胜、最激进的浪漫主义作家之一。他把自己与歌德(Goe-
the)和黑格尔等被视为"国家思想家"的人物并列(《千高原》，356
页)。克莱斯特是一位思想家和游牧生成式诗人，"带有最诡异的
现代性"(356 页，增加重点)。短语"诡异的现代性"是一个绝妙选
择：正是这个现代性始终与旨在协调人类"居住发展"的现代性并
存，并向我们承诺这个理性居所中有一个安全的家。

　　在 20 世纪的文学艺术现代主义中同样可以看到这种诡异现
代性的延伸，而且可以说更坚定地追求对笛卡尔现代性的批判而
不是肯定。这种批判甚至波及柯布西耶以及相应构想和意识形态
主导的现代主义建筑领域。一些柯布西耶本人的项目，他那些总
是相互隔离的建筑(例如最著名的萨伏伊别墅或朗香教堂)，标志
着对其笛卡尔主义在实践中的解构。[14]与之类似却更激进的是，蒙
德里安(Mondrian)绘画中对网格的解构以及网格的自我解构，有
时却被当成对笛卡尔主义和网格的赞颂(比如在情境主义者那
里)。然而我认为这种观点完全错误。[15]几乎所有蒙德里安的"格
子"画都在对笛卡尔主义进行巧妙而彻底的解构。这一策略在他
最后一幅画《百老汇的布吉伍吉》中尤其不可忽略(尽管有人已经
忽略了)(1942—1943)。这幅画恰如其分地利用了纽约，而这里
被勒·柯布西耶与他的笛卡尔式城市相对应。在以流畅笔法描绘
纽约城时，这幅画作消解网格，以便揭示网格下那间断或平滑又

83

Cities, Citizens,
and Technologies

间断的空间。虽然自相矛盾，但我们可以说这里有一种"平滑间断"的空间。因为这种爵士乐断奏般的节奏创造出一种无拘无束的动态，一种实际上也可在德勒兹和瓜塔里谈论克莱斯特的观点中找到的动态（《千高原》，356 页）。

然而，值得探讨的是，恰恰是在现代主义文学中，反对笛卡尔现代性或笛卡尔现代主义的斗争最为激烈，也最为成功。这种文学是德勒兹和瓜塔里意义上的"非主流文学"（就像他们有关卡夫卡(Kafka)著作的副标题那样）。除去让卡夫卡在《千高原》中扮演核心角色，德勒兹和瓜塔里还致力于卡夫卡研究，在重要著作《卡夫卡：走向非主流文学》中，他们将卡夫卡作品描述为对资本主义国家机构游牧式和非主流抵抗的文学法则。利奥塔同样认为关键性的现代主义文学作品，尤其是乔伊斯的作品，是后现代认识论及其叙事策略的文学法则："在其创作和所指中，乔伊斯将无法表现的和可表现的那些东西变得可被感知。在不考虑整体统一性的情况下，运用已知的所有叙事乃至文体，并尝试新的技巧。"（《后现代状况》，80 页）

因此毫无意外，由现代主义文学作品（至少是这种"后现代主义"类型的作品）所创造的都市空间——城市，给我们和我们的都市想象提供了一些用以构想非笛卡尔式城市的最好方法。在第一章中讨论的多斯·帕索斯的纽约与伍尔芙的伦敦，乔伊斯的都柏林和穆西尔(Musil)的维也纳（在《没有重量的人》里），是文学现代主义里这种另类城市最好的例子。就像第一章曾讨论并将在本章后半部分和全书中所看到的，后现代主义者的都市想象不仅仅是与现代主义的某些形式（尤其是笛卡尔主义）或现代都市想象的决裂，也是非笛卡尔的现代主义和现代性的延续。它也是贯串整个现代性历史的艺术、哲学、科学包括政治、城市思维在内的文化的延续。

更一般地来说，正如德勒兹和瓜塔里指出的，非主流或游牧的抵抗力量或许不可避免地由某种全球化或总体性协作的纹理和网格所界定，它一贯与笛卡尔式逻辑的主流或政权力量以及现代性文化并存，并的确与权力的支配性形式为伍。这两种类型力量 84 （非主流和主流的、游牧的和政权的）以及它们中产生的相应欲望机器，使用相同能量领域作为资源，德勒兹和瓜塔里将此定义为"无器官身体"（与福柯的"权力"有关却不相同的概念）。相同的能量存储库和相同的无器官身体被从现代性向后现代性延伸的历史所重塑。它们能够为后现代抵抗力量提供资源，以对抗各种武装力量和全球性的笛卡尔纹理。这些纹理是贯穿整个现代性且如今延伸到了后现代性中的国家机器（既是阿尔都塞又是德勒兹和瓜塔里意义上的）的目标。

在"控制社会的后记"中，德勒兹将抵抗性干扰、盗版、病毒等作为"黑客"的变种形式。的确，这种策略可能有时、至少暂时是有效的（例如索尼公司迫使 digg.com 网站删除其公布的索尼版权保护软件的代码以后，这些代码在网上被许多个人发布并得到成千上万次转帖，甚至被写成歌词上传到 YouTube）。在纳迪亚·埃尔法尼（Nadia ElFani）2003 年的电影《贝德温黑客》中，一名突尼斯黑客用一些消息打断法国的卫星电视传输。这些消息导致法国之前在突尼斯和阿尔及利亚的殖民清晰可见，并强调它们"不是海市蜃楼"。[16] 与此同时，贝德温提醒我们，"在第三个千年里，还有其他时代、其他地方、其他生命"，但这并不构成一个非常有效的批判。因为问题恰恰在于，对法国人来说，他们的前殖民臣属确实是"他者"，居住在"原始过去"的"另一个"时代，居住在那些除了作为恐怖主义的潜在输出源头之外似乎不会引起多大关注的地方。正如在德勒兹和瓜塔里更深层次的哲学反思中，那些平滑和纹理空间以及它们之间的关系所表明的那样，对于堡垒和扫描图景等控制力量和结构的有效抵抗，显然需要更复杂明智的战略和战术部署。网格是控制和抵抗两种经济的一部分，就像本书所言，它可能甚至必须被用于抵抗，但它也是从属性的和不足够的。我们所需要、所追求的秩序，具备开放式结局。为向现实和虚拟或交互性平滑城市（或其他）空间移动，我们或许需要从以跑酷方式创造一个平滑空间开始，也包括努力创造更多具备抵抗性且（作为此过程终极目标的）更高产的纹理和网格。

4. 网络城市与都市想象

85　　　为创造这种平滑空间和新的开放结局秩序（往往相似，甚至不可避免地包含无序性），无疑需要对城市和赛博空间的想象进行大规模调整，它已经给予我们城市和赛博空间的网格以及它们之间的转换，但它还需要给予我们更多的东西。这项任务的难度部分来自都市空间（或赛博空间）的本质使后现代主义思想在科学、哲学、文学等领域更加明显。正如多琳·梅西（Doreen Massey）在她的《政治与时空》中所说："空间"是由广泛的、错综纷繁又令人难以置信的复杂性、相互间的纽结和断裂，以及从地方到全球性的各种规模的关系网创造的……［由］于这个事实，［空间］是社会关系的概念性产物，就其本质而言充满权力和象征，是一个关系到支配和服从，从属和协调的复杂网络（79—80页）。这样就很清楚并可以理解，"空间"也是都市想象的体现，而且空间结构或架构的任何转换都需要大规模运用这种想象的力量和能量。因此我希望以讨论这种想象来结束本章。都市想象在启发和塑造城市物质形态以及我们的城市经验中所扮演的角色，是本书的一个主要话题——从早期文学中的预期，到后现代主义的文学作品和电影，再到视觉艺术和都市环境的多样互动，这种想象在文学、电影和艺术作品中得到发展。与本章物质城市和赛博城市之间的关系这一主要观点相应，我在这里关注的是科幻小说、电影（以及越来越多的广告）中对未来主义城市和赛博空间的描绘。

首先，我们可以注意到，这些描述不可避免地会引发这样的问题：这些描述是否应该被视为对未来的合理预测，或者它们是否被最恰当地理解为叙述性的象征，还是像大多数批评家所说的"为我们当下经验的图像"（费汀，300 页）。从这方面来说，对赛博朋克的批判性接受，也就是我所主要关注的对科幻小说的批评，都严格遵循着一种已经确立的科幻小说阅读和批评范式，也就是不加掩饰地评论当代趋势。这些当代趋势是作者为追求作品效果而推断出来（并加以夸大）的。赛博朋克作家本身乐于强化这种观点。在赛博朋克作者布鲁斯·斯特林（Bruce Sterling）为吉布森《燃烧的铬》所写的序言中说道："故事生动地描画出现代社会的困境。吉布森带有夸张的鲜明预测揭示出社会变迁汪洋之下隐藏的冰山。现在这座冰山正以一种邪恶的威力贯串晚期 20 世纪表层，但它的比例是巨大且黑暗的。"（xi）吉布森本人也坚持认为，这就是他自己作品背后的动力所在："对我来说最重要的就是它有关现在，"在 1989 年的一次访谈中他这样说，"这并不是有关未来的幻想。而是一种试图去接受世界在我内心激起的敬畏和恐惧感的方式。"（"高科技"）[17]

吉布森构想的"赛博空间"早于任何互联网或万维网图形界面 *86* 的大规模发展。所以他表述的赛博空间显示出一种特定的解释困境，与他所描述的千叶市或波士顿—亚特兰大"蔓延"不同的是，这种困境很容易与现实世界城市群里正在涌现的后现代特征联系起来。因此毫不意外，为回应赛博空间这一早期历史阶段，许多文学和文化批评家都将赛博空间看作一种广义的隐喻，认为它表现后现代隐形经济流或技术系统。因此，詹姆逊将赛博朋克看作"如果不是有关后现代主义的，就是有关晚期资本主义自身的，最高超的文学性表达"，他将晚期资本主义看作"对我们的思维和想象力来说，极难把握的一种权力和控制网：一种全新的、去中心化的全球化网络，是资本主义自身的第三阶段"（419nl，37）。彼得·费汀（Peter Fitting）也类似地建议我们"将吉布森有关赛博空间的概念视作一种把握整个世界体系复杂性的企图。他通过具体表征，表现出尚不可见的网络和结构，以及隐形的数据传送和资本流动……"吉布森的赛博空间是使抽象和不可见的事物变为可理解的方式，是对认知映射概念的可视化（308 页）。[18] 斯科特·布卡特曼（Scott Bukatman）的解读尽管部分受到詹姆逊影响，且不像詹姆逊的或费汀的那样广泛传播，但它也传达出同样感受，即赛博空间使不可见的变为可见，使不能察觉的变为可察觉。就像科幻作品所描述的那样，布卡特曼认为，赛博空间可以被看到，因为这种小说类型"尝试以肉体和感知所熟悉的术语，去重新定义电子时代不可察觉（因此不在意识中）的领域……将电子领域引入意识——将它们变成现象——因此容易受人类意图的影响"（布卡特曼，117 页）。这样，赛博空间的功能就像一个关于空间性的寓言或隐喻。这种空间性是"新的去中心化的空间性，与经验性现实的地理地形学平行存在却外在于它"，一种布卡特曼称为"终端空间"的空间性（105 页）。

与 20 世纪 80 年代和 90 年代后现代主义文学和文化批评的主要趋势相对应，赛博空间作为"文本之城"的文学和电影化描述对网络空间与当代城市之间的相似性进行了更为狭隘的分析，这些相似性是批评家（包括我）无法抗拒的。在这样的分析中，赛博空间通常被理解为一种象征性景观或后现代城市逻辑与趋势的概念地图（或广义上用詹姆逊术语来说的"认知"地图）。这种地图映射本身就是后现代都市想象的重要部分。1999 年，《纽约时报》建筑评论家赫伯特·马斯卡姆指出，《黑客帝国》是包括《银翼杀手》《第十个受害者》《阿尔法维尔》《大都会》在内的一系列科幻电影中的最新一部，它们以"凝结都市情感瞬间"的能力而著称（《假设的城市景观》，25 页）。因而在很大程度上，当"赛博空间想象"出现在媒体表述中时，会被当作对都市想象的复述或特殊的种类。

　　注意到"赛博空间正是出现在传统城市被'拟象城市'所取代的时候，布卡特曼明确将赛博空间与后现代城市联系起来"（122页）。但他也认为"也许我们可以从了解拉斯维加斯、时代广场或东京开始了解吉布森的赛博空间。因为在一个层面上，赛博空间只代表位于后现代主义和科幻作品交叉点的那种城市片段的延伸（布卡特曼，121 页）。尽管他这一特殊质疑并未十分深入，但布卡特曼观察到"我们可以从了解拉斯维加斯开始了解吉布森的赛博空间"是明智的。尤其是它与本章中我的论点相符，提出城市和赛博空间概念方面双向的"往来沟通"，比如反复出现的城市/赛博空间的消融，以及吉布森对作为城市的赛博空间和作为"数据领域"的城市（16 页）的描述。换句话说，观察赛博空间有助于理解我们的后现代城市；反过来看，观察后现代城市也有助于我们理解赛博空间。赛博空间想象不仅被那些创造并发展都市想象的人（作为一种新城市形态的发明）所塑造，也被拉斯维加斯之类既有的城市物质形态所塑造。在尼尔·斯蒂芬森的《雪崩》中，拉斯维加斯的这个角色是明确的："元宇宙始终处于夜晚，街道总

87

Cities, Citizens,
and Technologies

是那么花哨和亮丽，就像从物理和金融束缚中解脱出来的拉斯维加斯。"(26页)[19]

上面简单介绍的理解赛博空间的方法是富有成效的（我也将在整个研究中应用它们）。然而，它们倾向于将焦点从未来（即便是文本置身于其中的那一类、从现在开始片刻之后的未来）转移到现在。在这个过程中，它们面临忽视使这类作品具备极大影响力并因而带有预见性的一些方面——一种已经被普遍预先置之不理或简单忽视的方面。正如我在本章开头所提出的那样，我们不仅一定程度上依据"真实的"城市样貌建设赛博空间，也首先建设起我们所想象的城市（和赛博空间）。当赛博空间想象出现在《神经漫游者》《雪崩》之类电影和小说里的相关描述中，以及由迈克尔·本尼迪克特在《赛博空间：一些设想》中阐述的理论概念中时，这些描述和概念就明显地影响真实的、现有的赛博空间的形式创造，而且无疑它们将来还会继续如此。

早在1990年得克萨斯大学奥斯汀分校召开第一届赛博空间会议时，《神经漫游者》对早期赛博空间理论设计的影响就已经是会议主题之一。人类学家戴维·托马斯（David Tomas）指出："吉布森的伟大构想已经开始影响虚拟现实和赛博空间研究者构建研究议程和问题的方式。"(46页)[20]协助赛博空间研究和设计制定规则的本尼迪克特自己的《赛博空间：一些设想》似乎就是这种影响的一个例子。他有关赛博空间是一个"巨大……空间导航性的数据库"，在其中"大量信息的流通构成人类科学、艺术、商业和文化领域的企业"，"信息密集型机构和企业（将会）拥有形式、身份和工作的现实……从字面意义上说完全是一个建筑"的构想，很像吉布森在《神经漫游者》中描绘的赛博空间（本尼迪克特，149页，123页）。[21]

  然而与吉布森朴素甚至荒凉的赛博城市不同，本尼迪克特在赛博空间构想（可以说是最引人入胜且最具活力的早期赛博空间设想）中，想象它是一个拥有丰富街头生活的不带屋顶的城市，一个"活动与互动的三维领域：有记录和实时数据、有机器、也有其他人"（129 页）。就像一个很好的城市规划师那样，本尼迪克特（他也是得克萨斯大学奥斯汀分校美国建筑与设计中心的主任）非常关注从内部和外部的可访问性。"一旦进入赛博空间，"他写道，"会有很多方式可以四处走动，从散步、爬行到跨越虫洞，从无鞍骑马或赛博别克巡航到漂浮和自由飞行。"（130 页）他的赛博城市配有港口、中转站和出入口。在外部，"赛博空间处理应该是分布式的，"他提出，"它的通信渠道［应该］多种多样：电话线、卫星、高清电视、电缆，甚至无线电和电线。"（218 n50）本尼迪克特非常清楚其中的障碍："它在技术方面令人畏惧……而且当然，去中心化和冗余的概念中还涉及许多与政治、经济和权力有关的问题。"（218 n50）然而这里的要点在于他关于赛博空间的想法基于都市空间模型。

  当然，人们可能会问，为什么数据库应该有一个仿照都市空间的"架构"（组织）（例如，MapNet 的设想和下面图 2.3 和 2.4 中的"新闻之城"界面），或甚至是为什么它们应当被表现为一个物理空间。包括本尼迪克特在内的无数理论家和设计师，都在为创造一种像大卫·格伦特（David Gelernter）的《镜子世界》里那样的信息性"镜像世界"的必要性或至少是可取性而争论。他在《赛博空间：第一步》的前言中断言："我们正在思考一个新世界的出现，一个至少在很多方面都必须从拓展和变形我们已知并已然建造的世界开始的世界。"（23 页）这样的设计建造基于我们熟悉的"空间性"内在概念，所以被视为"人为的"，用彼得·安德斯（Peter Anders)的话来说，与我们的思维方式天然契合。"我们用空间思考，"安德斯解释说，"运用我们的大脑能力使信息降维，将复杂性降低成为可管理的单位——信息对象……空间性的，认为赛博空间与有关世界的先于语言的知识联系，是一种对我们的导航、运作和沟通至关重要的知识。"（9—10 页）因此，作为空间的赛博空间被想象为更加"人性的"。

89

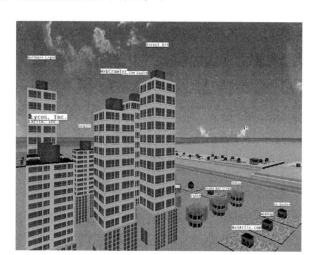

图 2.3　Map. net 3D 网络城市景观。

(Dodge and Kitchin 147.)

　　到目前为止，万维网大多数现有的三维空间界面存在于芯片城市（SimCity）之类在线游戏和像"第二人生"那样的互动社区中。如果网络本身最终要成为 3D 赛博空间环境，那么看起来模拟格伦特、本尼迪克特等赛博空间理论家和吉布森、斯蒂芬森等赛博朋克小说家所想象的多样的"镜像世界"，就很可能将出现在微软开发的 3D 虚拟地球或更大的谷歌地球（Google Earth）中，由高分辨率卫星图像、航空图像和地理信息系统（GIS）数据组成且可导航（并可缩放）。谷歌地球 2005 年上线的图像叠加功能使镜像世界成为可能，例如美国国家地理空间局（National Geospatial Agency）在卡特里娜飓风后的初步损害评估图和美国国家海洋与大气局（National Oceanic and Atmospheric Agency）的飓风影响评估图，被叠加在卡特里娜来临之前的新奥尔良的卫星图上。[22] 与早先透明赛璐珞覆盖的地图允许将不同类型的数据（例如地形特征或降雨统计数据）叠加在一个基底图上类似，谷歌地球覆盖图可以移到一边以显示上层或下层的图。2006 年，这种二维叠加能力随着 SketchUp 的发布拓展到三维，这个程序使用户可以在谷歌的互动虚拟地球上叠加三维结构。

图 2.4　"新闻之城"，1997。

（a dynamically growing three-dimensional Web browser created by Flavia Sparacino at MIT.）

谷歌地球起源于 Keyhole 被谷歌收购前开发的产品"地球观察者"。前 Keyhole 的 CEO 约翰·汉克（John Hanke）在描述谷歌地球缘起时曾引述《雪崩》的影响：

关于……这东西的来源……前些时候我遇到一些硅图公司的家伙，他们说：'你知道，你可能已经读过《雪崩》。'我说：'对，我读了。'然后他们说：'好吧，你知道主角用的那个东西，3D地球［也就是元宇宙］，你可以一头扎进去获取信息吗？'他们说：'我们可以建造它。'……而这就是我们的起点。我想说的是你可以建立一个完整的世界，并将它表现成真实三维的。不是想说你能飞到什么地方，而是说你可以用3D图形和数据流，就像在电子游戏里那样确确实实地飞。这就是我们想做的东西。

91   汉克继续解释："谷歌地球更大的目标在于组织世界上的信息，让它们可被普遍获取并有用。我们确实考虑把所有地理组件的网络上的所有信息组织起来，并将它们地图化……营业地点、历史、新闻以及其他类型数据，都清楚标上地理标签。"而他的描述又非常类似斯蒂芬森在《雪崩》描述的阿弘在元宇宙里遇到的"复刻地球"：它由一个软件程序生成，那是"中央情报公司（国会图书馆和中央情报局的私有化合体）的用户界面，用来跟踪它拥有的每一点空间信息——所有的地图，天气数据，建筑计划和卫星监视内容"（106页）。

克里斯·泰勒（Chris Taylor）2006年在CNNMoney.com上发表的一篇文章试图解释谷歌地球SketchUp软件同样也极大依赖《雪崩》："可以创造对象和建筑物并将它们放在虚拟世界中的这套想法使谷歌地球听起来不那么像是图绘工具，而更像一个元宇宙。"泰勒指出谷歌地球创新的"结果"，"可能是我们很快就会填充一个地球行星的虚拟版本，而不是像在线游戏或第二人生这样从零开始勾勒的元宇宙"。文章还报道了"元宇宙路线图峰会，一次虚拟世界程序员的聚会"，其议程就是"勾勒出十年之内我们将如何从此处进入元宇宙"。[23]

　　然而，问题是，我们将创造什么样的元宇宙，一个由控制的力量和建构、堡垒和景观及其网格统治的元宇宙，或者通过不断扩大的控制网络和城邦及其平滑空间的差距来定义的元宇宙。我们的都市/网络空间想象和理论，包括数学和科学在内的思维，似乎强大得足以想象和设计这样一个城邦式的元宇宙。面临的挑战将是找到在实践中实现它的方法，考虑到力量的持久性和权力，这种控制的力量，目前似乎占了上风。

第三章　控制之城与城邦

　　本章认为，都市和赛博空间二者都受制于相同的相互竞争的都市模式，我称之为"控制"和"城邦"模式。第一种模式也可以被视为"警察"模式，第二种模式也可以被视为"自由"模式，因此也允许控制/自由或警察/城邦的对立。"控制"这一术语在某种程度上来自吉尔·德勒兹的"控制社会"概念（第二章已提到，并将在本章后面讨论）。这些模式中的每一个都被其独特的空间逻辑——支配空间组织的原则，以及经济和政治权力在其中所承担的战略、物质形态所界定。

　　首先，是控制模式，空间逻辑是控制、包容、排斥和监视的逻辑，所有这些都与前一章讨论的网格的深层逻辑有关。控制模式反过来又被两种主要的控制或安保形式即"堡垒"和"扫描景观"所界定。堡垒城市在建筑上体现为强化安保的建筑物和漫延的封闭式社区，而扫描视图则体现在闭路电视摄像头以及其他越来越多地嵌入城市肌理的监视中。在赛博空间里，堡垒和扫描景观采取的主要方式是监管、网禁以及各种类型的互联网监控机制和间谍软件。

在第二种空间模型即城邦中，这些逻辑是自由、开放、平等和相互交换的。城邦出现在为促进互动和公民参与而建造的空间中，从意大利城市的广场到纽约和芝加哥的公共公园和赤褐色砂石门廊。赛博城邦则可在邮件列表、新闻组、聊天室、"网络市政厅"以及像"第二人生"模拟世界这样易于进入的网络开放空间中找到。然而，不管我们是处理控制模式还是城邦模式，正如亚历桑德罗·奥里吉（Alessandro Aurigi）和斯蒂芬·格雷厄姆更普遍地观察到的那样，虚拟城市的建设，"［必然］要涉及社会分工、公民身份、公民文化、城市政策和规划等许多关键问题"（492 页）。

城市和赛博空间的不断演变是由许多概念性和实体性力量决定的，这些力量在某种程度上导致了空间逻辑之间的相互镜像，同时也揭示出都市空间与赛博空间更加广泛且复杂的关系本质。在这些力量中，首先是我们的都市想象，我们对城市是什么和应该是什么的概念，其中的一些方面已在第二章中进行了讨论。都市想象源于我们对城市的文学和视觉表现，也源于物质城市本身，它延伸到那些——由作家、学者、建筑师、网页设计师和其他人——提出的历史性和理论性概念，这些人往往未来性地展望城市和赛博空间。[1] 都市想象也包含了我们对城市的主观心理意象，这些意象是由我们所遇到的城市的表象和概念以及我们自己对城市的特殊体验所塑造的，而且它们更难以评估。然而，这些概念不可避免地影响了我们的物质城市和赛博城市的建设。总之，正如第二章所讨论的，我们在实际空间（物理和文化的）和网络空间中构建我们想象中的城市。

城市生态和网络空间及其关系也受到强大的经济和政治经济力量的影响，包括全球资本的巨大流动和迫切性。许多研究都对大量资本流入流出城市的"在地性"效应进行过充分记录和考察，本书的第一章和第五章也详细讨论了这一问题。微软、网络解决方案（Network Solutions）、思科（Cisco）、谷歌和雅虎等大公司在决定互联网和万维网的增长和形式方面，已经并且将继续发挥决定性作用。当然，政府也是城市和赛博空间发展的重要力量。然而，正如我们将看到的，它们对企业权力需求的响应往往超出了对公民要求的响应，因而与企业对城市和赛博空间政治经济的影响沆瀣一气。此外，资本不仅塑造城市和赛博空间的本质和物质状态，也将它们彼此联系起来。当代经济和政治力量的集中和运动，可以通过绘制信息的电子流动图在都市景观中进行追踪。威廉·吉布森的《神经漫游者》，使我们将赛博空间幻想为赛博城市的伟大贡献者之一，提出了一种"通过兆字节绘制地图"以使信息流清晰可读的方法："将一个地图编程，以显示数据交换频率，每一千兆字节在一个很大的屏幕上显示一个像素。曼哈顿和亚特兰大是白色的固体……你开始以每秒数百万兆字节的速度，从曼哈顿中城辨认出某些街区。"（43 页）[2] 不出所料，数字网络倾向于重新追踪和加强都市权力中心之间已经存在的联系。

94　　　作为全球资本的"指挥和控制"中心，纽约、伦敦和东京等全球城市是这些活动所需的技术密集型通信、信息处理和金融服务的主要场所。[3] 在这些城市中建立的密集的人才和技术网络反过来又推动了技术创新。因此，计算机技术（和赛博空间）既决定着城市的经济结构，也日益被城市的经济结构所决定。[4]

　　这种技术密集型的服务经济，反过来通过创造这些产业所需的电信基础设施和集中在那里的消费者需求，相互重塑了城市的建成空间。这种发展中的基础设施包括在公共空间无线接入互联网，当我们在城市空间和赛博空间之间转换时，它会影响我们对物质都市空间的体验和自我意识，或者当我们坐在公园或咖啡馆里上网时，它会同时占据这些空间。然而，技术密集型的都市服务经济带来的变化远远超出了电信基础设施。随着这种服务经济的发展，人们对高档住房和便利设施（餐馆、精品店等）的需求不断增加，这些服务行业中雇用的白领工人数量不断增加，这一需求经常导致社区，尤其是城市中心附近的中产阶级化，以及蓝领工人和穷人流离失所，并被转移到不断扩大的城市外围。

然而，赛博空间在决定后现代城市特征方面起着关键作用，远远超出了它在城市经济结构中的作用。作为一个庞大且不断扩大的监控技术网络的一部分，赛博空间正在帮助创建堡垒城市和扫描景观。然而，作为公共领域的一种扩展，赛博空间同时也对将城市创建为城邦有所帮助（应该注意的是，这也是资本最有效运作所必需的一种形式）。这两种空间逻辑（堡垒和城邦）都是古老的，但它们在当代城市和赛博空间中所呈现的特殊形态显然是特定于我们时代的。

在这一章中，我将更仔细地审视这些形式，更广泛地了解现代和后现代城市概念塑造赛博空间设计的方式，以及网络空间如何反过来塑造后现代城市的物质和想象空间及其我们的经验。我要强调的是，我不仅要处理经验描述（城市和赛博空间的物理和经济空间是如何发展的），而且要处理认识论描述（后现代城市和赛博空间是如何改变我们认识和感知世界以及我们自己作为其中的主体的方式）。

本章内容如下。第 1 节讨论城市控制逻辑中的堡垒部分。第 2 节从尼尔·斯蒂芬森的《雪崩》转向网络空间，然后到网络行业的物质的、公司的世界。第 3 节讨论作为城邦式和控制式经济的 *95* "互联网的过去、现在和未来"。第 4 节将这一讨论延伸到有关

"信息时代资本"的更广泛分析。第 5 节专门讨论扫描视图。第 6 节放下控制式城市和赛博空间经济，转向城邦。

1. 堡垒城市与街道

在 20 世纪晚期和 21 世纪早期的都市化潮流中，后现代"堡垒城市"是最重要且讨论最多的一种城市。用迈克尔·迪尔（Michael Dear）和史蒂文·弗拉斯蒂（Steven Flusty）的话来形容其特点，就是"将无所不在的高科技警务手段应用于封闭式住宅租金昂贵的安保措施[以及]全景监狱式的商场"，并且将公共空间转化为以"炫耀式地遍布监控设备、令人紧张不安"为特色的"互斥的空间"（57 页）。"国家暴力成因和预防委员会"1969 年发布的一份报告预测，"未来城市"就是堡垒城市："在这种城市中，有钱人会逃到封闭社区和更远的郊区。郊区通过'净化走廊'与中央商务区高耸入云并被高科技武装的写字楼相连。而在夜里这些写字楼则变得荒芜。这些走廊会绕过或跨过贫民窟——就是那些'恐怖并遍布罪恶的地方'。"（米尔顿·S. 艾森豪威尔基金会）

米尔顿·S. 艾森豪威尔基金会在 1999 进行的一项后续研究发现，1969 年"委员会的预测中有很多是非常准确的"，包括"堡垒式"的高层建筑和有私人保安人员的围墙社区，"美国人从共享空间中撤出"，内城区贫民日益孤立，自 20 世纪 60 年代末以来都市中的犯罪急剧上升（即使在 20 世纪 90 年代末持续到 21 世纪初的情况有所改善），以及"一个以安全为基础的城市只会加深社会分裂"这一令人不快的事实。该基金会的报告还注意到委员会未能预见到的后续发展，包括"衰变螺旋将从中心城市扩散到郊区"。因此，这项研究证实了爱德华·索亚对形势的评估："有关种族、阶级、性别、年龄、收入和民族的新地形在洛杉矶制造出煽动性的都市地理。地方景观就是一片处处是暴力的边缘、冲突的躁动、不稳定的边界、莫名并置的生活空间以及暴富和绝望的飞地。"(《后现代都市化》，134 页)[5]

　　回顾过去三四十年，不难追踪堡垒城市和郊区发展的深层原因以及它们的并发症。后工业化对经济的重构已经从根本上改变或侵蚀了很多美国城市中心的经济基础，并促进远离城市的地区多样化发展，这些地区指"外大都市""边缘城市""都市综合体""科技区"或"技术之都"。经济基础受到侵蚀的"锈带"城市在这种转换中越来越郊区化：市中心每况愈下，因为有经济能力的市民（中产及上等阶层）搬得越来越远直至"边缘"（同样，如今许多城市的恶化已经向外扩散到郊区外沿），而留下来的大部分居民发现他们除低收入服务岗位外几乎没有什么就业选择。在某种程度上说，也许这种重构会被指责为彻底完成了几十年来的郊区化趋势。[6]老城市幸免于这种命运（纽约就是最好的例子），主要由于这些城市承担了全球公司指挥控制中心以及服务中心的功能，第五章会对这一形态进行更详细的讨论。

　　伴随着从里根时代的"供给侧经济"开始的联邦税收政策的戏剧性转变，美国的经济重组在过去 30 年中带来了财富、收入和工资不平等的惊人增长。2004 年，美国人口中最富有的 1％拥有全国财富（总净值）的 34.3％，10％的上层人员掌握 72％的财富，90％的下层人群则仅占 28.7％，差距程度之大在大萧条前从未有过。[7]由于过去 30 年来上层阶级收入增加，中低阶层收入则停滞或下降，收入不平等也达到 1920 年来无法比拟的程度：2005 年，美国 1％的顶级人群得到国家总工资收入的 21.8％，前 10％人群的收入是 48.5％，留给底层 90％人群的收入则只有剩下的

51.5％。[8] 这种巨大的经济鸿沟催生"私有化"文化，有时也被称为"公民分裂"——（普通民众）从公共领域撤离，对公共领域的关心和责任由富人以及越来越多的中产阶级承担。由此，文化和经济两力量都促使美国城市和郊区越发堡垒化。

堡垒化的最重要表现形式是公共空间私有化，这在购物中心（包括市中心的大商场）里的私有市集中十分明显。另一重要表现形式是夏洛特、达拉斯、底特律、明尼阿波利斯、费城和纽约等城市中由隧道和天桥搭建起来以使步行者通过人行道和街道、绕开建筑的路线系统。这些"代理街道"是堡垒城市的部件或延伸，而且正如特雷弗·博迪指出的："它们加速种族和阶级分层，且矛盾性地使它们本应弥补的那些方面越发恶化——公共领域的舒适性、安全性以及环境条件等。"（124 页）[9] 我们彼此看得越少，就越有可能互相害怕；正如简·雅各布斯（Jane Jacobs）很久以前所说的，让越来越多的人离开街道会增加而不是减弱他们的危险性。

97　　一种充满敌意的私有化形式即麦克·戴维斯（Mike Davis）在《石英之城》中描写的主要针对穷人和无家可归者的公共空间的"硬化"，一种"将城市设计、建筑以及警察机构合并为一个单一、综合型安全措施的倾向"（324 页）。[10] 这种合并表现为无数形式，从引发颠覆感或形象等地下掩体、中世纪城堡、军事堡垒的建筑设计，到令人生畏的标志牌、监视摄像头和保安，再到设计极不友好的尖刺篱笆、桶状长凳，以及巨大、空旷、风吹不停的广场等。[11]《石英之城》一书的副标题是"挖掘洛杉矶的未来"，而且在它出版后近 20 年来，戴维斯所调研的洛杉矶市区的军事化实际上已经遍布美国。在他的工作基础上，彼得·马库斯（Peter Marcuse）和史蒂文·夫拉斯蒂开发出精心分类的墙壁和"交叉空间"——这种设计元素旨在通过使用物理障碍和敌对的"认知信号"来进行排除或阻止。[12] 类似的空间形态和元素，是经济和社会分裂在政治方面的物质表现（有时是故意的混淆）——既反映出分裂也有助于延缓分裂。

公民分裂以上层和中产阶级退避到封闭"飞地"为表现形式，在更大程度上，则表现为富裕的"脱离"群体与多元化收入的城市和国家分裂。[13] 2005 年，《私托邦》的作者伊凡·麦肯齐估计，封闭式社区大约占美国总房屋数量的 18%，但却占新建房屋的 60%。[14] 封闭式社区通常包括住户付费（通过私人安保服务）维护管理的私有街道和公园、儿童游乐场、网球场和游泳池等休闲空间。这类社区也由有偿工作人员管理，并遵循被称为"条件、契约和限制"的"准宪法"，其首要目标是保护财产价值。

随着越来越多人搬进封闭社区，他们对于被"二次收税"的愤怒也越来越强烈。他们越来越多地动用其以充足资金为基础的政治权力，去游说州立法者减免房主税款，并迫使政府退还封闭社区居民付的财产税。对政治组织不再有归属感同样成为其他政治运动和行为的基础，如加利福尼亚臭名昭著的"13 号提案"（官方名称是"人民限制财产税倡议"）。它破坏市政税收的基础，导致公共教育、健康和其他服务猛烈下滑；引发反对"平权法案"和双语教育的运动；也促使规划和分区委员会提议的反对建造低收入住宅的禁令得到通过。[15] 与此同时，混合和低收入社区的居民也越来越多地转而采取（或者在某些情况下被迫）封闭、分裂和自我隔离的策略。在当地警方敦促下，根据《可防御空间：通过城市设计防止犯罪》一书作者奥斯卡·纽曼（Oscar Newman）提出的城市规划理念，俄亥俄州代顿地区的"五棵橡树"等中产社区划分为多个"微型社区"，并安装"减速带和障碍物、设置封闭街道和小巷，

98

并在社区内铺设地砖、安装金属大门，上面装饰着颇具意味的社
区图标"(库斯，57 页)。为寻找低成本减少犯罪的方式，遍布国
内的不少社区效仿"五棵橡树"案例。[16]其他社区则被迫引进这种模
式：到 20 世纪 90 年代中叶，美国住房与都市发展部在所有其新
建的低收入房屋项目中(几乎是通过法令)采取纽曼策略。1996
年，美国住房与城市发展部甚至按照纽曼的《创造可防御空间》印
刷 DIY 指南，以指导人们自我隔离。

　　《创造可防御空间》的封面(图 3.1)上是一幅引人注目的照片，
三个大约七八岁的非裔美国男孩正在街上玩接球游戏，这条街被
夹在砖柱之间的大铁门隔开。大门在孩子们身后隐约出现，门后
是一条绿树掩映的街道，两旁有维护得很好的朴素房屋。不清楚
孩子们是在墙内还是墙外：我的第一印象是后者，因为另一侧的
人行道看起来在大门处停止，而且孩子们玩耍的步道上满是垃圾
且严重失修。然而由于这本书吹嘘"可防御空间"的好处，从照片
中的倒影看起来孩子们更有可能是被安全地围在内部，保护他们
不受交通或者大门外那绿树成荫的社区里其他隐藏危险的伤害。

　　这里的要点在于，这幅图看起来与纽曼及其追随者的意愿大
相径庭，那就是大门的意义和效果远远超出那些倡导并建造它的
人所普遍认为的"墙内安全"，并且复杂得多。它不仅是一个人意
识到自己站在哪一边的问题：在极度专享的"庇护所"内的居民也
许感觉被安全地封闭起来，但美国住房及城市发展部的纽曼式开
发项目中的居民也可能会感到监禁而不是保护。即便在五棵橡树
这个许多居民都选择立起围墙的地方，其他的社区居民也会将它
们看作"旨在鼓励隔离的屏障。'就像在南非那样，把人们关起
来'，一名在工厂工作的黑人居民柯蒂斯·普林特(Curtis Print))
说"(引自欧文斯)。

　　然而城市和郊区堡垒化的危害效果并不仅局限在致使美国不太富裕的公民日益疏离上，还导致税收基础、公共服务（包括学校、医院）、基础设施资金的猛烈下滑。因为，就像诸多研究显示（以及人类心理学常识可能表明的）那样，那些将自己与不同于自己的人进行隔离的人，也很容易遗忘或忽视其他人以及他们的观点和利益。

99

图 3.1　创造可防御空间。

（Originally published by the U. S. Department of Housing and Urban Development，Office of Policy Development and Research. Reproduced here with the department's permission. ）

　　或者，如果他们想到了这些人，也非常容易将别人看作既怪异又具威胁性。同样真实的是，那些非自愿被隔离的人，也可能认为更有特权的他者（或他们的代理人，如私人保安）是更怪异、更具威胁性的。因而这些围墙本身就在被分割开的两侧建立起并固化威胁（或至少是威胁感）。

100　　这些围墙也必须在扫描视图中观察。塞缪尔·努恩（Samuel Nunn）将现代监视的起源与"寻找敌人，一个他者"联系起来。他写道：

> 监视技术强调差异，因为正是凭借某种形式的差异，监视者才能通过监视鉴别并挑选出与众不同的人或群体。考虑到视频注视，如果一切都一样，或所有行动都是常规的，摄像头就不可能聚焦于某个差异的主体——没有什么可供对比，没有任何突出的形象。监视系统就是寻求差异。因此，鉴别和排除差异成为监视空间里的目标，就是发现不匹配的部分，然后采取对抗性措施（指出它、逮捕它、驱逐它、排斥它、拒绝它、击退它）。（273页）

于是，所有这些监视和圈地的形式，都构成了反对差异之战的战略和战术。它们不仅谋求将之前的公共空间私有化，而且试图通过驱逐那些在某些方面"不同"的人以"净化"空间。然而净化只可能提升我们对"他者"的恐惧。当我们失去彼此之间日常的联系时——当我们不再在街上擦肩而过，不再看到彼此在公园中流连，孩子们不再一起在游乐场中玩耍，不再在火车或汽车上彼此紧挨着坐下，不再依次走进投票亭——我们同样也失去面对不熟悉事物时的放松和容忍。想要拥有至关重要的公共文化，我们必须对不熟悉的事物有一定程度的熟悉。

2. 街道：收费公路与赛博空间

尽管"街道"及其兄弟姐妹"道路"早已承载着自由和机遇的内涵，但纵观历史，它们都同样是征服和控制的标志。历史上，各政府通过创建和管理保罗·维利略（Paul Virilio）所说的"运输载体"，在一定程度上扩大了其在民众中的权力。运输载体带来的，不仅有个人和货物，还有政府服务（包括税务员）和政权安全武装力量的传播。[17]建于公元前 15 世纪的波斯皇家之路，西起萨迪斯并延伸到小亚细亚和波斯，东至苏萨，南到超过 1500 英里的波斯波利斯。这条路使军队、贸易和信息得以运动通行，从而使大流士能够统治古代世界最伟大的王国之一。同样，几个世纪之后罗马人超过 53000 英里的庞大道路系统对于帝国的治理也功不可没。在对罗马道路的纪律性和象征性功能的分析中，亨利·列斐伏尔观察到"在［罗马］行使统治权时，它将城市与乡村联系起来。这条路使这座城市，无论作为人民的还是作为参议院的，在全球疆域（orbis terrarum）的核心确立其政治中心地位。皇权之路通过大门从城市推进到全球，标记出脱离其所属地域的、神圣不可侵犯的轮廓"（《作品》，245 页）。道路的空间逻辑即自由、贸易和控制贯穿整个 20 世纪：从 1956 年开始，长度超过 46000 英里的美国州际高速路系统（官方称为德怀特·D. 艾森豪威尔州际与国防高速路国家系统）的设计，不仅是为汽车和卡车的交通，也是便于快速部署军队、军事设备和国防武装。与之类似，都市网格中垂直相交的街道同样不仅用于导航和分配财产，还有助于调节人员和货物流通，自然也包括军队和军事物资的流通。冯·豪斯曼男爵（Baron von Haussmann）重建的 19 世纪中叶巴黎宽阔的林荫

101

大道，不仅是为了给第二帝国的首都增添一种气派，而且是为了在国内动乱的情况下迅速部署军队，阻止在狭窄的街道上设置路障或通过被清除的狭窄小巷逃跑。

在 20 世纪中叶的美国文化中，从斯坦利·克莱默(Stanley Kramer)的《荒野》、杰克·凯鲁亚克(Jack Kerouac)的《在路上》，通过快乐捣蛋鬼(Merry Pranksters)和沙滩男孩的"我走了"，道路始终带有关于自由、能动性和自主的神话光环(对许多人来说，它依然如此)。"汽车乌托邦"是洛杉矶"生态"的一个重要部分，根据雷纳·班纳姆(Reyner Banham)的说法，他认为"[那个]高速公路系统，当前总体来说是一个意义单纯的地方，一种连贯的精神状态，一种完整的生活方式"(213 页)。然而，人们也可以从流行文化中察觉到这种"生活方式"暗流的幻灭：从伯特·巴哈拉赫(Burt Bachaach)的《你知道通往圣何塞的路吗？》，到托马斯·品钦的《拍卖第 49 批》，其中高速路的"有速度、自由，微风吹拂过头发，无穷无尽的风景"——很快就被揭示出只是"幻想"，那道路是一种修理(fix)："道路到底是什么，她[奥狄芭]想象，是皮下注射的针头，插入前方高速公路某条血管中，一条滋养洛杉矶主要部位的静脉，使它保持快乐、连贯，保护它免受疼痛或与城市相关的可能带来痛苦的任何东西。"(14 页)高速公路也是一种意义设置上的"固定"(fix)，一种凌驾于统治机器之上的自由幻觉(在《拍卖第 49 批》中，所有使用废旧邮件系统的人的局外人地位都通过其在高速公路下、合法流通表面下的秘密投递箱的位置得到了强调)。

大约 25 年之后，在《雪崩》的 20 世纪 90 年代从现在开始的瞬间重现了未来中，商业超越了公民身份，并且回到了中世纪"通行费"的做法——所有高速路都被私有化，并由菲尔兰斯公司和

巡航之路公司等修建维护。从这方面看，我们正在快速接近斯蒂 102
芬森的未来，因为我们以前公共的、免费的美国高速公路正日渐
私有化并按里程收费。相关趋势是，伦敦、新加坡、香港和世界
上其他一些城市开始对工作日驶入的车辆征收"拥堵费"。在伦
敦，无处不在的监控摄像头拍摄并记录进入市中心交通拥堵区所
有车辆的牌号，将司机身份与支付记录匹配，并给未付款的人开
罚单。虽然与按需付费高速路的公共空间私有化不同，但这样发
展的结果是，在接近城市以及在城市内部移动的过程中，创造出
双重的等级系统。伴随这一系统而来的还有对个人在城市中行动
的监视和跟踪，其令人不安之处在于它们扩大城市的扫描视图。

在如今 21 世纪的开端，我可以看到这些关于自由、商业和
控制等相互竞争的逻辑，被复制到无尽扩张的赛博空间领域——
美国政治家倾向于叫它"信息高速路"。它们的相似之处既在概念
也在物质和地理方面：正如戈德史密斯（Goldsmith）和吴（Wu）所
指出的，"他们铺设光缆，按照火车和电话连接城市的方式，用
光缆对互联网进行最强有力的互联"（56 页）。与《神经漫游者》中
赛博空间的反乌托邦描写形成对比的是，早期互联网和万维网以
自由的乌托邦式言论著称。互联网先驱是最善于发声的群体之
一，从 WELL^① 的建立者斯图亚特·布兰德（Stewart Brand）最常
被引用的名言"信息需要自由"，到麻省理工媒休实验室主任尼古
拉斯·尼葛洛庞帝（Nicholas Negroponte）的宣言"互联网不可能
被管制"（引自安德鲁·哈金斯［Andrew Higgins］和阿兹·阿扎尔
［Azeem Azhar］），再到迈克尔·本尼迪克特声称的"通过它［互联

---

① WELL：全球电子链路 The Whole Earth 'Lectronic Link 的简称，是最久远的虚拟
社区之一。参见 https://en.wikipedia.org/wiki/The_WELL。——译注

网]无数永远不眨的视频之眼，遥远的地方和面孔、真实的或不
真实的、实际的或早已逝去的，都可以被召唤到眼前。积累文化
财富的庞大数据库使得每一个档案都可被获得，每一份录音都可
被播放，每一幅图画都可被观赏"（2 页）。[18]互联网曾被认为会引
起巨大权力转移，将权力从国家政府和公司霸权那里转移，更加
平均地分散在个人。它也将使权力在地理位置上发生转移，远离
第一世界城区而转向新的、世界性的虚拟社区中。威廉·J. 米切
尔（William J. Mitchell）等理论家甚至预言新的信息与传播技术将
会在许多方面导致城市过时。[19]

　　到 20 世纪 90 年代早期，主流媒介同样也以鲜明的乌托邦式
术语来讨论互联网。1994 年《国家民族杂志》的一篇文章《互联网
上的自由言论》中，乔恩·维纳（Jon Wien）调查了大多数有关互
联网发展的最新报道：

103
　　　　它是"这个星球上最普遍且不可或缺的网络"，《纽约时
　　报》杂志最近宣布，因为，当"巨大的信息帝国拥有其他一
　　切"的时候，互联网是"无政府主义的，也是民主的"。《哈珀
　　杂志》也加入乌托邦讨论：互联网标志的"不是权威的开端，
　　而是它的结束"……《美国新闻与世界报道》一月份声称，在
　　互联网上"每个人事实上都拥有无限的权力去表达和搜寻任
　　何主题的信息"。（825 页）

　　企业白皮书、使命宣言、广告特别是信息和通信技术公司的
广告，也都是互联网乌托邦愿景和它将创造的未来的主要散布
者。IBM 公司宣言"计算的未来"十分典型："IBM 有关'以网络为
中心'的未来观点，由人民和企业使用信息与世界上其他人和企

业互联的欲望驱动。他们希望利用强大新技术跨越时间和空间，降低市场、文化与个人之间的障碍，并确实提供实现普遍连接承诺的解决方案。"

这些公司文本中反复出现了几个关键的主题和图像：一个无国界的世界，未来就是现在（无论是否准备好），时间和空间的压缩，无尽的机会，不受限制的交流，人与人之间的普遍和谐。[20]"欢迎，"2007 年一则思科广告这样开始，"欢迎来到全新的一天。欢迎来到一个书本重新自我书写的地方……地图也被重制。任何人都能够出名。在这里，我们聚在一起，比以往任何孤立的时刻更强大。欢迎来到人的网络。思科。"（www.cisco.com）信息与传播技术，就像广告所提出的那样，会使国家的边界不再重要，并引导我们进入一个都市化、后国度的未来："你知道谁能创作出肯辛顿最好的流行乐。你知道除周三以外每个下午在罗马的什么地方能看到木偶戏演出。你知道橄榄球、板球、足球、地掷球和棒球。而且现在你知道，在任何有电话的地方，如何快速并清晰地连接……到所有你想要呼叫的地方。MCI① 世界，为全世界的公民。"一则 1998 年甲骨文（Oracle）的广告预言，信息革命将会使我们从历史、暴力、意识形态以及国与国之间的冲突中解放出来："一场革命存在于我们的宿命中。然而，这一革命不会有枪支或士兵争斗。它不会是一场国家之间的文字战争。因为这一革命将涉及知识和获取。与进步和机遇相关……我们做管理信息软件。使任何地方的任何人得以坐上知识的宝座。甲骨文，成就信息时代。"显然，我们也不会受到经济制约。因此，2001 年一则纳

104

① MCI：美国微波通信公司 Microwave Communications of America，Inc. 的简称。——译注

斯达克的广告断言："有一天，世界上的每个人都能够向世界任何公司投资。轻松且迅速的跨国贸易只有在如今才能得到想象。有一个地方，这种技术正在形成并奠定基础，它将向全世界投资者展示互联网的奇迹。纳斯达克，数码世界的股票市场。"(戈德曼，1998—2003)然而在这些技术乌托邦梦之下，是非常现实的政府机构、法律组织、跨国公司以及全球市场。

3. 赛博空间的过去、现在和未来：
从赛博城邦到控制空间

互联网和万维网的发展是由一系列强大的利益集团带来的，美国政府(以及随之跟进的其他政府)和大公司都在发挥关键作用，因此，赛博空间实际上被证明与许多早期幻想家和评论家们所想象的虚拟世界城邦大不相同。互联网和 21 世纪很多重要的传播媒介一样，可以与交通媒介相类比——从道路、海洋航线到铁路和航空领域——它们对于政府管理和商业发展来说总是至关重要。就像古罗马帝国的道路那样，互联网"信息高速路"最初被用来保障国家安全并为国家利益服务。然而，在过去十年中，商业利益在互联网的发展和运作中发挥越来越重要的作用。正如按需付费高速路和城市中"拥堵区"的增加一样，对许多人来说，进入赛博空间也取决于支付能力，这大大增加网络的复杂性并抑制互联网作为城邦的潜质。更令人不安的是，后现代城市扫描式和堡垒式城市中所体现的监狱式逻辑，或者根本就是当代国家以及世界全球化地缘政治格局的逻辑，已经转移到赛博空间。由于互联网已经被世界各国政府和大公司或隐或显地监控，它成为我们最新的扫描视图。在整个亚洲、中东以及其他地方(例如苏联地区），专制政权正在搭建几乎不可能穿透的防火墙，用以建造全国性的网络堡垒。尽管依然有许多人拥护赛博城邦的理想，但其成为现实的可能性却日渐消退。为理解当前互联网的形式、竞争逻辑以及为什么某些观点比其他观点更为流行，有必要简单追溯它在过去 40 余年间的起源和发展。

美国政府几乎资助了互联网早期发展的每一个阶段，甚至当互联网成为一个至关重要的全球传播网络，在文化、教育、经济、商业和政治运作等方面影响到数十亿人以及几十个国家时，美国政府依然直接或间接地控制着它的某些关键职能。[21]其中最主要的是"根权力"——互联域名命名和编号（识别计算机 IP 地址）的控制系统，以及 DNS 根服务器的管理。[22]"根权力"，戈德史密斯和吴观察到，"非常接近互联网上真正的全球权力——每个人都依赖的终极媒介物"（168 页）。虽然极少实施，但这种控制具备扣留、更改或撤销互联网域名和编号的能力。因此，如果美国政府选择，"个人、机构或甚至整个国家都可能失去域名、IP 地址甚至是互联网成员的身份"（戈德史密斯和吴，32 页）。

除了"根"控制之外，美国和其他国家政府还寻求并成功实施了一系列其他方式——不仅控制技术架构，而且控制互联网的使用和内容，无论是在国内还是国外。正如戈德史密斯和吴所记录的，最近十年出现"一种新的互联网——有边界的网络，在这里领土法、政府权力和国际关系与技术发明一样重要"（vii）。世界的地理边界、意识形态断层和经济差异正在赛博空间里重新划定。他们解释道，在某些方面互联网的碎片化或"边界"反映出"一种自下而上的压力。这种压力来自不同地方的个人，他们需要一个符合地方偏好的'互联网'。压力也来自网页运营商以及内容提供者，他们塑造互联网经验，以便满足这类需求"（戈德史密斯和吴，viii)。

　　毫无疑问，这些"地区偏好"中，首要的是语言。2007 年，互联网上使用最多的语言是英语(329000000 用户)、汉语(普通话和广东话——159000000)、西班牙语(89000000)、日语(86000000)和德语(59000000)。[23] 随着越来越多其他语言使用者开始上网，英语在互联网上的统治地位迅速下降。作为一种世界性的语言，英语位居第二(仅次于汉语)，有大约 11.4 亿使用者，包括以其为第二语言的人。互联网上许多西班牙、日语和德语用户，因而同样有访问英语网站的语言能力，特别是由于他们中的大多数人都生活在政府对互联网使用管制相对较少的国家。这一点同样适用于其他主要语种，例如孟加拉语、印地语和俄语的使用者，他们将来也很可能越来越多地出现在互联网上。

　　然而，正如在物质世界中那样，这种语言上的巴别塔导致了互联网的碎片化和分裂，使之成为多种特定语言的互联网。在这种情况下，作为第二大互联网语言的汉语的地位显得尤其重要。从世界范围来看，汉语是使用人口最多的语言。到 2007 年年初，大约 13 亿说汉语的人中，只有 11.8％ 的人能够上网，但汉语用户的增长率大约是英语用户增长率的 3 倍。[24] 因而，中国在互联网上的份额和影响有望在未来持续显著增加。由于当前中国在互联网上日益增长的重要性，已经对赛博空间的未来和赛博城邦的理想产生影响。另一方面，美国的独特之处在于有着世界上最发达的互联网监控系统。无论是好是坏，在可预见的未来，美国和中国可能仍将是互联网的主要塑造者，其影响将像互联网本身一样不断扩展，远远超出各自领土的范围。

　　美国政府以打击恐怖主义和网上犯罪为由，开展多个层面的互联网监控。2005 年年底，新闻报道披露美国国家安全局在总统

行政令许可下，自 2002 年以来就在进行广泛且未经授权的国内
互联网数据挖掘和电子邮件监控行动。这项监控行动包括"直接
接入美国电信系统的部分主干线"（里歇布劳和莱森）。在"美国爱
国者法案"中，美国司法部要求记录图书馆用户的互联网使用情
况，据报道，"作为维护在线色情法努力的一部分，司法部要求
一名联邦法官强迫谷歌上缴成百万的用户搜索记录"（哈夫纳）。
显然，雅虎、MSN、美国在线已经上缴了客户互联网搜索记录
（哈夫纳）。

正如我们看到的，全世界许多政府都试图控制互联网，并将
其作为一种对公民进行社会控制的工具，他们在众多美国公司中
找到了合作伙伴。类似的控制不仅限于某些国家地缘边界内部，
那些抱着影响并控制海外的个人、组织或公司想法的政府，也经
常能找到办法。一般来说，这种行动通过地方中介来完成——包
括从把计算机和软件卖给你的销售员，到提供上网接入的电话网
络供应商，到美国在线和美联网之类的互联网服务提供商乃至谷
歌和雅虎这样的搜索引擎，再到信用卡公司、银行以及电子支付
等辅助亚马逊之类购物网站进行在线交易的网络金融服务商在内
的每个人。在这个长长链条上的任何一点，政府都有能力影响这
些企业，并通过它们控制互联网上发生的事件。 *109*

因此，例如当网络运营商和搜索引擎乐于为政府监控互联网
信息流，以避免遭到地方起诉或失去进入市场的机会时，政府就
不必须以某个个人用户为目标（尽管他们经常这样做）。另一方
面，当政府确实希望追踪他们疆域内的个人时，只需要轻松地依
靠那些渴望获得或维持商业关系的公司帮助就可以。这种情况下
的合谋毫无意外地与商业利益捆绑，而商业利益正是互联网和赛
博空间的主要缔造者之一。随着新概念、意识形态、修辞和物质

等紧张力量的出现，一些旧的紧张力量在新语境换上新形态。这
些紧张力量可能来自政治与民主发展中的冲突或系列冲突的一部
分；可能存在于资本主义自身自由市场的城邦式协作以及控制/
警察式的武装力量之间；可能来自它们所发挥作用的新网络时代
机制；也可能是福柯所谓互联网时代的新"技术权力"；或者，来
自更广泛的(后现代)信息时代。

4. 信息时代的资本

《雪崩》一开始，阿弘便对后工业时代、全球化和美国经济发
表了精辟的观点：

> （他正在讨论贸易平衡）当它下降到这种程度——一旦我
> 们把绞尽脑汁研发的所有技术都转移到其他国家，一旦世界
> 完全平面化，在玻利维亚制造汽车，在塔吉克斯坦制造微波
> 炉，然后在这里销售——一旦我们的自然资源优势无关紧
> 要，巨大的香港轮船和飞机仅仅为了5分钱就一路从北达科
> 塔州航行到新西兰——一旦看不见的手将所有这些历史不公
> 在全球层面上抹平，一个巴基斯坦泥瓦匠可能会认为这就是
> 繁荣——你知道吗？只有四件事我们比其他人做得都要好：
> 　音乐
> 　电影
> 　微码(软件)
> 　比萨外卖快递。(2页)

撇开夸大其词不谈，阿弘的重点在于：美国在全球经济中的

地位越来越依赖其强大的信息和通信技术以及通过它们开发和发行的(音乐、电影等)内容。过去 30 年来，这些技术使世界经济的重组成为可能，并推动这种重组。它们始终是巨大的经济契机和增长动力，同时也带来不少熊彼特(Schumpeter)①式的"创造性破坏"。然而，随着赛博空间日渐成为 21 世纪经济发展最显著的公共空间和舞台，对于其中发达的资本主义逻辑和利益在何种程度上决定这一重组过程，我们无论怎样估量都不为过。

全球资本的利益就像国家利益一样，取决于控制逻辑和城邦逻辑之间的竞争，它们也会反过来在公司行动中发挥作用并影响赛博空间和全球城市。吉布森的《神经漫游者》就此提出一种思考方式，揭示出资本对自由城邦复杂的依附(不得不承认在这个故事里是犯罪)。(控制城市和城邦城市都有各自的"黑暗面"和"光明面"。)这部小说的大部分情节发生在"夜之城"，一个坐落在东京工业园区千叶市附近的非法区域。在吉布森式的未来中，千叶是电子人技术的中心，它统治着合法和非法的市场，是"植入系统、神经拼接、微仿生的同义词"(6 页)。它也是在经济边缘地区努力奋斗的"技术犯罪亚文化"磁铁，在未被官方认可的边境黑市中被称为夜之城，其中"商业"是"持续的潜意识的嗡嗡声"(6—7页)。夜之城是千叶市黑暗的反面，它本质上的夜晚与千叶的白天相对。《神经漫游者》的主人公卡斯思索着，夜之城被权威容忍最可能的解释在于"不断涌现的技术需要非法区域，所以夜之城的存在并不是因为居民，而是特意为技术自身设置的一个不受监管的游乐场"(11 页)。

① 熊彼特：奥地利裔美国经济学家，强调生产技术的革新和生产方法的变革在经济发展过程中至高无上的作用。——译注

　　无论在城市还是在赛博空间，资本需要自由交换、无法预期的协同效应、无序的灵感和城邦的革新。这一点也许没有哪个领域比在新的信息和传播技术中更加真实。在这里，革新经常不是来自获得大量资助的公司内部科研小组，而是从底下和外部产生——从车库里收集下架零件组装下一个新事物的极客、编写新代码的黑客，或者是借现有技术开发新应用或向旧技术提出新需求的嬉皮士中产生。然而最重要的是，资本需要不断扩张的市场，而城邦是市场的主要提供者之一。

　　一方面，有关城邦的公司广告和使命宣言中那些自由、开放和机遇等说辞并不都是虚伪的；另一方面，控制空间的各种化身所具备的力量和结构也具有强烈吸引力。因此，资本受到城邦以及控制两方面力量的不断撕扯。公司对控制空间最迫切的需求涉及专有代码、商业秘密保护以及知识产权类型（但这绝不是公司关心的全部）。确实，就像戈德史密斯和吴所称，要在互联网上开展业务，商业依靠政府提供的包括"可靠的银行和信贷环境……刑法、财产权以及合同执行"等一系列"公共产品"，所有这一切最终通过国家的强制权力得到保障（182，140 页）。然而正如我们所见，控制空间的力量和结构也正是资本的利润中心，通常使资本获益却有损于公民和城邦。

111

　　在进一步探讨作为企业利润中心的控制空间如何延伸到政府审查和监督制度之外，并获得利润的多种方式之前，应当简要谈谈新技术固有的两面性（或者"好技术是如何变坏的"）。由于互联网发展以及网络信息量的迅速增长，对基于用户语言或其他（与兴趣、文化、地理、货币等等相关）喜好的内容排序和筛选机制的需求也随之增长。为响应类似需求，公司着手开发易于筛选信息并按特定用户需求确定或匹配信息的技术。这类技术使互联网应用更加方便有效，但也更便于进行互联网内容审查、辨别并监控用户。在《雪崩》里那不远的将来中，所有数据都属于由中央情报局（CIA）和国会图书馆（LOC）合并建立的"中央智能公司"（CIC）——一种类似于从公共资源到监视区域再到商业和私有化（监视原封不动并不断增长）的转变轨迹。

罗纳德·贝汀格（Ronald Bettig）在《赛博空间的封闭》中指出，赛博空间之类新传播技术的进步和部署由三个主要"结构性趋势"决定："正在推动媒体融合进程的企业之间的相互兼并、收购和合资"、知识产权法的推行，以及"信息和文化产出的日益商业化"（139—140 页）。这三种趋势中的每一种都在互联网基础设施和内容上产生巨大影响。这让人想起电影早期发展中，工作室不仅控制电影制作，还控制从制片到影院发行的过程。互联网和通信行业的资本流由内容提供商和媒体发行渠道整合形成，不仅包括电信公司，也包括软件、互联网服务提供商和搜索引擎公司。最近导致美国在线—时代—华纳（CNN）合并的一系列兼并和并购，就是这类整合的一个很好的例子；与此类似的是更近些时候默多克（Ruper Murdoc）的新闻集团/福克斯与 DirecTV 的并购，美国广播公司（ABC）和迪士尼的合作，美国全国广播公司（NBC环球）和微软（MS）合作产生的 MSNBC，或谷歌收购 YouTube 和 DoubleClick。[25]

贝汀格指出，这些媒体巨头"既想成为高速路的拥有者，又想成为在线的信息"（141 页）。这种媒介的集中和聚合化有许多明显威胁，包括腐蚀新闻媒体的自由以及导致信息圈同质化——已有其他人就此进行过详尽描述。[26]在这种垄断下，媒介不得不为少数企业精英的利益服务——成为一种政治、经济宣传的结合体，成为面包和马戏之类糊弄人的娱乐以及商业市场营销，或者像迪

112

尔和弗拉斯蒂所指出的，一个"赞成工厂"和"虚假信息高速路（disinformation highway[DSH]），一种将信息—娱乐—商业混为一体的媒体"，乃至"传播固化的意识形态和激励，创造需要和梦想，并吹嘘商品的符号价值"（64页）。这种媒介合并从很多方面使我们远离城邦和它的民主基础，因为越来越多的信息（或者像他们所说的内容）和传播渠道，被越来越少的有权力的个体和公司所控制。

版权法最近的变化增强了公司对信息的控制。这些更改是由于新媒体技术发展使复制传播音乐、电影、视频、视觉艺术品和写作的文本更加容易而导致的。这类技术——从 20 世纪 60 年代的复印机、磁带录音机，到如今的 CD、DVD、DVR、MP3 播放器以及点对点文件共享软件——常常在媒体内容版权的归属方面引起法律纠纷。然而类似纠纷的解决通常是有利于版权拥有者的，尤其是大的传播和娱乐公司，他们持续不断地扩张对信息和文化产品的拥有权。[27]在像迪士尼这样有权势的公司支持下，著作权保护期被大大延长。1998 年通过的《版权期限延长法案》（又名"米老鼠法案"）中，将版权保护期延长了 20 年，以至于远远超过个体创作者或他们子女的生命。[28]在这个视觉、文本和声音拼贴、蒙太奇、模仿、取样、混搭和混合的时代，著作权方面的顾虑（和费用）潜在地扼杀艺术创作并阻碍知识进步流通的可能性相当大。因为"可主张专利"的信息（如部分基因代码）、发现和发明的范围不断扩张，版权保护的延伸伴随着专利法的相应发展，这也会对科学、医学以及技术研发产生明显的负面影响。另外，赛博空间提供了对包括以前免费并可以公开获取的信息进行买卖的另一个场所，一旦互联网不再单纯是美国部队、科学家和学术界的领域，人们很快就会清楚地看到，新的信息阶层等级将与旧的产权阶层等级非常相似。

因此，赛博空间的商业化和私有化与这种不断增长的商品化以及公司对信息的控制密切相关，并且引发这样的问题：谁有权接入？要付多少钱？这些问题自然是相互关联的。迈克尔·本尼迪克特在他卓有远见的《赛博空间：一些设想》中的描写值得记下来：赛博空间运动（散步、爬行、跳跃、无鞍骑行或赛博别克巡航、漂浮和飞翔之类）看似"无拘无束"，但他写在脚注里的观察中却褪去了理想的外衣，"用户上网游历付出的美元可能成为使赛博空间变成公司赚钱机器的动力引擎之一"（219页）。互联网的使用仍然高度依赖几个变量，而收入正如本尼迪克特所谓"上网游历付出的美元"所暗示的那样，是最重要的变量之一。

自然，接入互联网并非免费，有些人不但要为硬件付费，而且一旦投入资金就要持续不断地为连接付费。因而在我们的"信息超级高速路"上有不同层次的服务。对于富人来说，有类似电子版的无拥堵收费道路：高速 DSL 或者 Wi-Fi 链接。对于穷人来说，有相当于洛杉矶免费道路的慢行道：更慢的拨号上网、网吧、公立图书馆、学校或者雇主提供的受限制的免费接入。即使世界上最富裕和技术最发达的国家，用迪尔和弗拉斯蒂诙谐的话来说，城市的社会秩序也是由"网瘾族"（那些迷上电子世界的人）和"非网瘾族"（那些没有入迷的）的居民组成的（65页）。

正如此前提到的，互联网活动和硬件往往集中在第一世界城市中，这些地方既有对信息科技的广泛需求，也有创建和维持信息科技所必需的资本资源。在许多缺乏资本和基础设施的第三世界国家，除大城市外几乎或根本没有互联网接入。因此讽刺的是，地理位置也是判断互联网接入与否的重要因素。而且正如我此前所谈论的互联网监管问题，地理和收入不仅影响一个人能否连入互联网，也决定一个人在网上能访问什么。

　　本尼迪克特 1991 年曾预言过"系统拥有者和维护者"的一系列弥达斯①一样的潜在"收入来源"，也因此决定着互联网用户的潜在花费。这些收入来源包括"赛博空间不动产的出让和出租交易、广告时间和空间、系统连接时间和个体在线时间、硬件购买和升级、电缆系统、卫星之类，接入软件及其无休止的升级，等等；除去所有这一切系统内的买卖之外，还有信息的价值"（219n59）。尽管 20 世纪 90 年代初，赛博空间巨大的商业潜力对于本尼迪克特之类理论家来说显而易见，但直到 20 世纪 90 年代中期，美国公司才开始把互联网作为推广销售商品服务的大型站*114*点（1995 年上线的亚马逊是最早之一）。在赛博空间，"就像任何一个现实的地方一样，"正如斯蒂芬森的阿弘冷冷地指出，"大街是需要发展的。"（24 页）与《神经漫游者》那略显朴素的（虽然依旧是资本主义的）赛博空间相比，《雪崩》中的元宇宙更近似本尼迪克特设想的超级资本家领域。当阿弘进入元宇宙并探索大街时，他"看到建筑和标牌延展到黑暗之中，在地球边缘的弧形处消失"（25 页）。正如斯蒂芬森在小说里提到的，赛博空间里有巨大的营销和销售机会，"在大街上立一个标志或建筑，地球上最富有、最时髦、人脉最广的人每天都会看到它"（26 页）。

　　然而，回到我们当今互联网的现实，从 2001 年起，网络年均零售额增量大约是每年 25％，而 2006 年初，电子商务在美国整个零售额中仅占微不足道的 2.5％。[29] 事实上，互联网的商业潜力才刚刚开始得到开发。在许多方面，网络商务都具有明显优势。成千上万人在网上开始新的生意，其中包括许多现实中无法

----

　　①　弥达斯是希腊神话中拥有一双点金手的国王。——译注

获得必要资金或资源的人。有上千万的人通过网页购买商品和服务，其中一些商品和服务在其他地方很难找到。数百万人正参与到因规模庞大只可能存在于网上的游戏中，例如"战争世界"（World of Warfare）、"天堂"（Lineage）、"RS 江湖"（RuneScape）、"最终幻想"（Final Fantasy）和"EQ 无尽的任务"（Everquest）之类大型多人在线角色扮演游戏（MMORPG）；或类似"第二人生"（灵感来自《雪崩》中的元宇宙）和"模拟人生"（The Sims Online）等虚拟世界。总的来说，这些赛博空间，对于那些开发并管理它们的公司，对于那些在其中制造、销售并购买虚拟产品的订户和参与者，对于现实世界的金钱来说，都越来越是赢利的事业。[30]同时，它们也构成重要的新社区形式。[31]

赛博空间的吸引力与城中和郊区的大商场吸引力类似。商业上通常将大商场看作是消费场所，但对个人来说，它们（包括所有复杂的消费行为）也是最有吸引力的地方。就像后现代城市一样，《雪崩》中的元宇宙和许多我们当前的赛博空间，无论是虚构或真实的，都是符号景观，任何对不断弹出的广告或横幅感到恼火的网页冲浪者都清楚这一点。然而，它们也是既商品化又非商品化形态的幻想和娱乐场所。

看似饱含无限可能又壮观华丽的城市街道一直是城市最吸引人的景观之一，是郊区商场努力挑战甚至以各种方法进行复制的。"美国购物中心"（当前全美最大的购物中心）包括一个室内游乐园、一个地下水族馆、一个教堂和结婚礼拜堂、一所高中以及一座大学校园。加拿大"西埃德蒙顿购物中心"（北美最大购物中心），也包含一个室内游乐园、一个室内嬉水公园、一座冰宫、一座赌场和一个旅馆。也许最引人注意的是，"西埃德蒙顿购物中心"还包括三个都市"主题区"：一个翻新复刻的新奥尔良式法

115

Cities, Citizens, and Technologies

国区域"波庞街",一个"异国风情的""欧罗巴大道",以及一个商业性质的"中国城"。用玛格丽特·克劳福德(Margaret Crawford)的话来说,这类购物中心试图创造的"本质上是一种脱离天气、交通和穷人等负面城市影响的都市化幻境"(22页)。赛博空间虚拟世界和大型多人在线角色扮演游戏提供简化的、更有趣的幻想式环境,如果它在某些方面比较薄弱,则是由于电脑屏幕边界的限制。这种元宇宙的主要商业组织是"大"街和规模稍小的分支,类似城市街道和郊区购物中心的幻想式空间(同样以熟悉的多重枢纽和分支模式构建),充斥着"建筑、公园、标志以及一些现实中不存在的东西,如用来显示某些超越三维时空规则街区的盘旋在头顶的灯光"(斯蒂芬森,25页)。

　　然而这里的居民和访问者谋求的不仅仅是换一个节奏(或地点)。纵观历史,人们已经被乔纳森·拉班所认为的"城市最危险和最基本的自由之一"——重塑人身份的机会所吸引,"对自己有一种柏拉图式的想法,让它从脑子里蹦出来并包装得衣冠楚楚"(65页)。除了购物所带来的幻想之外,购物中心几乎不提供这种自由。对那些无处可去的人来说,它们在某种意义上是本地的"别处"。然而,赛博空间前所未有地提供这种机会,因为个人至少暂时从诸如性别、血统、阶级和种族等身份的非自愿标记中获得自由,在网络形象上采用在线角色并选择虚拟替身。这种自我形象对许多人来说是纯幻想性的,有时甚至被认为刻意隐瞒;但对另一些人来说,它们却被看作透露其真实一面或更加真实的自我,不被身体的物质束缚,不被现实生活中无法选择的意外所阻碍。[32] 当然,对于这两类空间来说,逃离也是共同元素——从那些由农村和郊区涌向城市的年轻人、无聊的郊区家庭主妇、青少年、躲进美国购物中心的退休老人,到逃进网络里寻求消遣的大众，都像斯蒂芬森的阿弘那样，更偏爱网络里的元宇宙而不是自己生活的那 U 盘似的所在。

人们在这类地方寻求的不仅仅是自由：他们也寻求共同体，市集社会。在古希腊，市集是城市商业、政治和社会的心脏。它是商品和思想的市场，一个交换知识和文化的公共集会场所。在西方传统中，市集有理由被看作现代概念上公共空间和市民空间的重要起源之一：是城市或规模更小的城镇或乡村广场的本质。*116*尽管市集包括商业空间，但它并不是主要或专门的商业空间，不像郊区购物中心以及大部分赛博空间那样，它们可以说正在加速替代城市街道以及乡镇广场，而这两者几千年来发挥着市集的功能。购物中心使市集内外翻转，封闭、私人化，并将它"堡垒化"——我们可以从赛博空间持续的商业化中推导出这些行为。[33]

虽然购物中心实现了城市的许多功能——它不仅是市场，也是一个举行娱乐活动的社区中心，像美国退伍军人协会（American Legion）这样的团体有时在那里碰头，人们聚集展开社交——但这些活动发生在非常不同的语境下。城市的街道是公共空间；购物中心则是私人空间，是郊区自身"私人乌托邦"逻辑的延伸。[34]因此，购物中心业主一再坚持，在他们的领地内并不担负允许自由言论的法律义务。这一主张在无数地方、州和联邦法庭案件中受到各种团体的质疑，这些团体从反越战抗议者到纠察工会成员、为民权辩护的组织，再到征集请愿签名的票选工作人员。大多数类似自由言论的观点都基于对购物中心功能的看法，从意图和目的的所有方面来说，它都被看作公共空间——这一说法与最高法院大法官瑟古德·马歇尔（Thurgood Marshall）1972 年的观点相呼应，他就"劳埃德有限公司诉坦纳案"提出异议，"既然商场被看作传统城镇中广场的角色，它也必须像其发起人不断吹嘘的那样承担起公共责任"（克劳福德，23，她自己的总结）。这些案件的结果没有偏向任何一方，所以这一问题似乎远远没有得到彻底解决。它表明购物中心在可预见的将来，仍将是一个有争议的空间。

在自由言论问题方面，互联网虚拟社区中的半公共/半私人空间和游戏世界似乎也是争议地区。从法律上说，它们被看作私人俱乐部，有审核或驱逐那些暴力违背俱乐部规则的成员，例如使用淫秽语言者的权力。几乎所有这类社区以及大型多人在线角色扮演游戏，都有不容争辩的"服务条款"，实际上是要求注册者签署放弃《第一修正案》权力：它们是生意而不是民主国家。但是由于类似社区参与者数量暴增，产生了越来越多与管理（例如注册用户更新规则）以及言论自由有关的冲突。据报道，一些法律学者相信法院最终会认定赛博空间"与购物中心一样处于灰色地带。几个州法院已经裁定，尽管是私有产业，赛博空间仍需强制维护其中的自由言论权力"（哈蒙）。无论如何，有关赛博空间自由言论的争议看起来仍会在未来持续很久。

企业力量试图控制在购物中心以及赛博空间中开展的活动，
117 这种企图得到一系列监视和安全机制的支持。购物中心由无处不在的闭路电视监视器监视，穿制服的私人保安四处巡逻，这制造出克劳福德所说的"令人放心和震慑的大场面"（27 页）。[35] 在赛博空间里，企业力量同样试图监视和控制用户接入。它们部署许多前面讨论过的政府使用的监视和审查手段——包括内容分析、数据挖掘和内容屏蔽，例如为使它们的赛博空间"安全"而禁止未经授权的数据副本（音乐和视频等），并且特别是追踪互联网用户的行为和踪迹，以提升营销和利润增长。它们大量使用不同形式的间谍软件（例如爬虫和信息记录软件），类似程序收集用户个人数据，并在未经告知或同意的情况下利用他们的计算机资源。这类程序（通常秘密地与正版软件捆绑或内置于用户交互程序中）涵盖互联网浏览和购买历史记录，记录用户键盘使用并扫描他们的硬盘，以获得可用于市场调研、定向广告以及"推荐"感兴趣产品的信息（可参考亚马逊的"推荐"和"为你首选"，以及奈飞［Netflix］的"你会喜欢的电影"清单）。就像格里格·埃尔默（Greg Elmer）指出的，类似"特点"通常"由互动、自由和选择之类无处不在的修辞勾勒"，但它们背后则是"一种无所顾忌、包罗万象的对消费者档案的渴望，在广告链接和商业网页里，通常包含战略、计策，以及最重要的……人口统计学和心理学上的'鼓动'技巧"。一个人被"归档"不仅仅基于年龄、性别和收入水平，也基于价值、生活方式和信仰类型。[36]一些版本的间谍软件不仅将用户归档，还重写搜索引擎结果并对网络链路重新导向。一些非法企业可以用软件收集个人金融数据以及密码，使用户计算机中毒以发送垃圾邮件和病毒，或入侵硬件设备以破坏个人数据。即使亚马逊和奈飞的"推荐"这类程序的直接影响看起来相对温和，秘密收集和归档数据依然构成对公民自由有重要影响的侵犯隐私的行为。这一点在最近一些案件中变得十分明显，政府在起诉持不同政见者时利用了通过商业渠道收集的数据。

这些复杂的归档和迫害形式可能被视为一种转变的指标，在前面讨论过，这是从"规训社会"的福柯模式及其网格到"控制社会"的一种转变，在这种模式中，权力不再单独位于（监狱、学校、办公室、工厂等）零散地点，而是分散到相互联系的整个（通常是电子的）网络中。正如德勒兹所言，对"群体/个体"的重新认识，包含在由"控制社会"（以及人口统计/心理档案等机制）制造出来的抽象身份中。个人变成"单个人"和群众［其中集合单个

118

人]、样本、数据、市场或"银行"("后记"第 311 页，原文着重
号)。虽然堡垒依然存在于"控制社会"中，城邦的主要治安形式
却变成扫描监视式，然而这也有助于创建新的堡垒。

5. 扫描视图

都市空间(或郊区购物中心里伪造的都市空间)与赛博空间的
共同点远远超出对空间想象的共享或二者相似的内部控制策略。
计算机技术是扩展中的网络监测技术的一部分，它们正在创造城
市扫描图和堡垒城市。确实，视频监控和数据获取技术的整合是
现代监视和后现代监视的主要差异。弗朗西斯·福特·科波拉
(Francis Ford Coppola)1974 年拍摄的电影《对话》(*the Conversa-
tion*)与托尼·斯科特 1998 年拍摄的《全民公敌》(*Enemy of the
State*)之间的对比，为我们追溯这种差异提供了一个很好的起点。
科波拉的电影在这里也特别有趣，因为它的制作正好处于引入后
现代监视技术之际，在 20 世纪 70 年代末和 80 年代初，后现代监
控技术的发展(以及一般的信息技术)是爆炸性的。到了《全民公
敌》时期，这类新技术已经发展出超乎寻常的、往往带有威胁性
的力量，尽管在仅仅十余年后的如今看来，这些不过相当于儿童
游戏。过去 20 年间，科技依旧以爆炸式速度发展，甚至超出科
幻小说家和未来学家们极具预见性的未来幻想。

这两部电影都以邪恶阴谋为特色，剧情部分上围绕广泛的非
法监视和录音来组织；从这个角度看，它们都由相似的概念原型
界定。然而，从根本上区分两部影片的是其中描绘的不同权力形
态以及监视设备。这些形态和装置也塑造着两部电影的概念原型
甚至情节发展模式，因此导致二者仅仅是有些类似而非完全一

致。《全民公敌》描绘的国家安全局（NSA）的能力远远超过《对话》中的匿名公司，因为它拥有巨大的计算机能力——电影中多重并置的计算机和视频监视器强调着这一点。这种能力上的差异也可以解释为什么故事叙述从第一部电影的私人公司转为第二部的国家安全局信息收集部门，以及在两部电影中扮演监视专家的吉恩·哈克曼（Gene Hackman）在第一部中为公司服务，在第二部中则受雇于国家安全局的原因。[37]

如今世界各地城市警察组织中部署的许多先进监视技术，最初是由政府国防承包商为军事用途开发的，《全民公敌》片头的蒙太奇图像就隐约暗示出这一点。[38]蒙太奇以移动的空中拍摄镜头开始，镜头扫过林肯纪念堂和华盛顿纪念堂，从购物中心顶端直到国会大厦——镜头重复了两次表明它是将录制好的图像播放了一次又一次。随后是一系列快速的空中拍摄，跟踪框格很快叠加在上面，捕捉到一辆汽车沿街开下来，然后从更高的角度看着它顺环路移动。空中拍摄五角大楼（除前面国会大厦和纪念碑的镜头之外，我们也可以通过五角大楼推断出，进行监视的正是政府）之后，紧跟着是监视摄像头的特写以及与不停歇的跟踪框格重叠的更快速的空中镜头。从空中我们看到警察的追逐和那些试图逃避的人，然后切到一个巨大圆形监视器之前的男人，在画面中我们近距离看到犯罪行为正在发生，犯罪分子被记录在案。但接下来似乎是为强调在低分辨率的模糊且过度曝光的颗粒状视频图像中，每个人看起来都像罪犯，我们看到一些人不过是独自站在房间里或在便利店买东西的镜头。然后，蒙太奇又回到罪犯犯罪、逃跑和被逮捕的画面，逃离的汽车和盘旋的直升机，监控摄像头和卫星天线。然而我们对这些追逐场面的感觉稍后就会转变，因为在电影剧情里，只有好人才会逃跑。

在《全民公敌》上映不到十年之后，监控摄像头的数量在纽约和伦敦之类城市中令人震惊地激增，而这不过是类似技术一个"可见"的表现。例如，2006 年纽约公民自由联盟对曼哈顿四个街区的调查发现，仅在曼哈顿市中心（14 街以下）就有近 4200 个街道监控摄像机——自 1998 年以来增加了五倍。[39] 监控摄像头一路跟随我们，走过超市和药店过道，穿过机场候机楼和火车站，经过办公室、学校、医院和公寓楼的走廊。它们在自动取款机和地铁售票亭里盯着我们，栖息在建筑外墙和房顶上，从路灯杆顶和交通灯上俯瞰。在高空，直升机和卫星一直监视着。[40] 照相手机无处不在并随时准备拍摄，小兄弟模仿老大哥。过去被监视但没有被记录的图像，或者只被录在擦除和重复利用的录像带上的图像，如今通常在互联网上以数码形式记录和存储。

然而，摄像头并不是大范围监视的唯一手段。在对监控技术的调查中，努恩将"固定的"监控者（如闭路电视摄像机）和"流动的"监控者区分开，后者更加难以避免。例如，带有磁条的公交卡，会记住你什么时间到过哪里。我们的车载定位系统，无线电台发射器和速通卡感应器也记录并广播我们的行动。[41] 每一次使用信用卡或借记卡都产生一个包含日期、时间、地点的记录——现在甚至可以不把它们从你的钱包中拿出来就进行扫描。在如今的美国，大部分你所做的事和你所去的地方几乎都不可能不留痕迹。身份证（包括最近为美国公民设计国民身份证）和世界各地的护照都配有类似磁条，它们所包含的信息远远超过姓名、地址、性别和公民身份，而且没理由以为只有政府才会扫描并利用这些数据。

但是，我们不一定需要以卡片或遍布的条码来装载数据：根本意义上，我们就是数据。生物识别技术可以测量并分析独特的物理特征——面部特征、视网膜和虹膜图案以及指纹——这一技术正变得越来越精确有效。还有一些扫描仪可以分辨某种物理移动的特点——一个人如何走路、点击、移动鼠标、签名。语音识别软件能结合程序测量一个人语音中的压力水平，这种功能可以用于测谎仪。生物识别数据曾经仅仅用在需要高度安全性的政府和企业网站里，现在则被纳入身份证、护照和一系列消费品中，包括汽车(代替钥匙)和计算机(代替密码)。[42]生物识别阅读器正被迅速部署到各种各样的公共空间里，包括机场、火车站、图书馆，甚至迪士尼乐园也用它来确保使用多次票的是同一个人。

　　只有极少数数据的收集是短暂的，而那些有关我们运动、购买、法律和医疗记录的数据越来越多地以数码形式记录，并在互联网上永久存储、索引和关联——可访问的政府、商业和私人数据库之间本身的相互关联正在增长。的确，正如努恩所说，"如果没有与广泛而深入的数据库基础设施关联，包含个体受试者及其生物特征参数索引的生物识别系统基本就毫无用处"(274 页)。因此一旦系统作业，这些监测工具的作用范围和有效性会极大增强。每一个连接都延伸并增强悬在我们上方和周围的监视网络。

　　人们可能认为如此大量的信息积累本身就会造成巨大困难：如何在数据的汪洋大海中找到一根针呢？但正如前面讨论过的互联网过滤和审查机制所显示的那样，处理、筛选和数据关联的技术正变得越来越精确和高效。例如，那些闭路电视监视系统很快就不再需要人类观察者去辨识个体或者观察他们的举动：这些工作很大程度上被复杂的动作分析技术接手，它能够侦察到可疑的移动模式(例如在一个地方徘徊过久并对监视摄像头的位置抱有过多关注，或者从一个包裹或行李箱边离开)。目前类似技术正在开发中，有些已经由政府和私营的公司安排部署。安全并非唯

121

一动机：营销人员和零售商对你在陈列的特定产品或特定部门前逗留的时间非常感兴趣。

这些技术显然为想象提供了物质基础，正如吉布森《神经漫游者》主角凯斯所做的那样，将城市看作一个数据领域。然而，计算机比起个人更有可能阅读和理解它。与信息技术相比，人类有意识综合处理海量信息的能力可能相对有限（我们有时称之为直觉的那部分无意识能力则可能是另一回事）。

我们已经在研制这种有预见功能的技术。即使是现在，根据公开的互联网资源（政府显然有更多渠道），可获取的个人档案完整程度也令人震惊。这种虚拟世界在真实世界中的"功效"只会进一步扩展，因为"可联网"的计算设备被嵌入从照相手机、平板电脑到"智能"家用电器、建筑物、汽车和服装的所有东西中。将来，互联网不会再是一个我们去访问的地方，而是一个"永远开启"的连接网络。它遍布周围的世界，将我们困在其中。然而无法否认的是，无论这些技术的实际好处是什么，它们都无可避免地构成一个巨大的、很大程度上不可见的纪律机制集群。如果它们一旦变得可见——那些飞行数据、波动的指数、视线、武装领域以及它们背后的国家物理力量——这些图像可能就像皮拉内西那黑暗的卡瑟利监狱（Piranesi's dark Carceri）①，严密纠缠的机器把我们困在以某种透视法故意混淆的石拱门和墙壁之间，梦魇一样无法逃脱。

公平地说，安全和利润是政府和私营企业开发并实施所有这

----

① 乔凡尼·巴蒂斯塔·皮拉内西（Giovanni Battista Piranesi, 1720—1778），意大利雕刻家和建筑师。在《卡瑟利·德·英芬辛内》（*Carceri d'Invenzione*）中有许多极富想象力的监狱场景，是他最具创造性的作品。参见百度百科。——译注

类监视技术的两大主要动机。而且这两种技术显然相互交织——如果政府和私营部门不产生对这些技术的需求，其中就不会有什么利润。尽管如此，最重要的仍显然是安全性，这引发了许多问题。这些技术真的能让我们更安全吗？如何做到？以什么为代价？这些话题已经并毫无疑问将持续被长期争论。鉴于本研究的局限性，在此我无法详述。然而一些观察足以传达出最关键的要点。2006 年，国际公民自由组织"隐私国际"将英国与俄罗斯、马来西亚和新加坡评为世界上最"具本土性的监视社会"。美国、泰国和菲律宾作为世界上最"广泛的监视社会"紧随其后。如今不列颠是世界上受视觉监控最严密的国家。[43]然而，2005 年英国内政部对英国闭路电视监控使用和有效性进行的全面研究得出结论："被评估的大多数计划并没有减少犯罪，就算是在犯罪有所减少的地方，也不主要是因为闭路电视；人们没有因为采用闭路电视而感到更安全，更不用说改变他们的行为。"（社区凝聚力）尽管如此，摄像头在没有遭到太多反对的情况下仍然持续激增。

即使是在世界上的"自由民主国家"（英国和美国将自己列入其中），许多人都相信，那些无所隐瞒的人对于日益加剧的侵犯隐私的行为就没什么值得害怕的。许多人认为这种监视是一种必要的邪恶。美国国家安全局的反派人物托马斯·雷诺兹在《全民公敌》中阐明类似的观点，"隐私已经消失了 30 年，因为我们不能冒这个险。可能仅剩的唯一隐私就在你的大脑里，也许这就足够了"。这可能是因为这些态度在自由民主国家尤其普遍，因为他们的公民，总的来说信任他们的政府，不希望他们的国家变成极权主义国家。[44]许多人不仅关心恐怖分子所造成的危险，这至少是可以理解的，而且更关心各种各样的犯罪分子，而不是那些拥有前所未有的监视能力的政府所造成的危险，这些监视能力主要

针对他们自己的公民。想一想众所周知的、即便在西方民主国家
也会滥用的监视能力或其他政府权力；更不用提 20 世纪那些体
现警察式国家强权意志的各种恐怖意识形态的危险性了，比如曾
杀害数千万人的纳粹德国和斯大林主义下的苏联；以及其他规模
较小但同样令人恐惧的政权。长远来看，我们当然也有可能遭遇
不值得信任的政府。在保护的幌子之下，压迫在过去已经不止一
次地出现；而且即使是在民主社会，也没有什么特别理由能认定
未来不会发生压迫。民主和城邦（至少在后现代世界，二者无法
分离）有时会让我们忘记它们也需要保护和警惕（如果不是监视的
话），包括对民主和城邦所设置的监视机构和技术的反监视。《全
民公敌》对这个问题有一个恰当的评论。在电影结束时，卡
拉·迪恩和罗伯特·克莱顿·迪恩观看了国会议员萨姆·阿尔伯
特的电视采访，在采访中他说："我们知道我们必须监视敌人。
我们也开始意识到需要监视那些正在监视敌人的人。"卡拉·迪恩
立刻认识到国会议员的"政府保护我们免受政府管理"的说法很难
解决问题，他问道："好吧，那谁来监视监视器的监视（who's
gonna monitor the monitors of the monitors）？"

6. 城邦

123　　　在最充分且最有效的意义上，都市生活的本质是联系的感
觉——在众多异质但又相互交织重叠的共同体中，那属于我们的
城市和我们所归属的城市之间的联系。[45]然而正如我在本研究中所
提出的，归属于一座城市并不等同于归属于它的全部共同体甚至
其中任何一个单独共同体；甚至，为确保这种最充分、最有成效
的都市生活，一个人必须既属于又不属于他的共同体，这就是我

在都市愿景中强调异质化的原因。我们的都市生活体验以日常经历以及不可同化的差异性为标志，正是这些经历中，存在着都市生活的许多乐趣和挑战。我在本研究中使用的这个都市愿景的简略术语是城邦，它是由城市社区内部和之间同时存在的连通性和差异所定义的。尽管雅典社会（以当代眼光看有其不公之处）与我们之间存在诸多差异，但下面我将回溯公元前 5 世纪的雅典城邦，以其为模型讨论我们如何想象 21 世纪的后现代城邦，以便解释本书为什么用"城邦"这个术语。[46] 我对作为都市空间、社会（政体）和生活方式的城邦这个术语的理解和使用与古希腊人类似。正如历史学家 H. D. F. 吉托（H. D. F. Kitto）所言，对古希腊人来说，城邦曾经是一个地方，是一个既是国家也是人民的政治体系，还是"人民的整个公共生活，政治、文化、道德（以及）甚至经济"；它被理解为"一种积极的，形成性的东西，训练公民的思想和性格"（75 页）。

在《政治学》中，亚里士多德（Aristotle）将人定义为"政治个体"——具有政治性的动物，一个城邦的产物，或者用刘易斯·芒福德的翻译来说"属于城邦的动物"（《历史上的城市》，16—17 页）。对于其公民（必须指出，作为一个类别，它排除了包括妇女、奴隶和外国人等大多数城邦居民），城邦提供理想的结构。在这个结构中，公民的所有需求都可以得到满足，所有能力都得到最大程度的发挥，所有潜力都获得实现。[47] 由于需要他们不停地参与公共事务，在某种深层意义上希腊公民的生活就是其公共生活。

这种公共生活优先于私人生活的优势反映在城邦的空间设计中，反映在（通常以熟悉的网格图案）规划的各种空间的大小和排列上。私人住宅往往都很小、装修简朴，背对狭窄的街道，由一

个提供光线、空气和一定程度家庭隐私的内部庭院包围起来。然
而，公共空间——市集（既是集市又是公共论坛）、普尼克斯
（Pnyx，集会的地方）、剧院、寺庙、体育馆和体育场——都宽敞
且设备齐全，表明它们在城邦生活中的重要性。当时和现在一
样，社会秩序以城市的形式得到记录。

124   对其公民来说，城邦生活有几项关键特征：参与性、可见
性、一致性和公正性。公民被要求在城邦的每一个重要机构中发
挥作用：发生战争时保卫城市，为法庭和大型集会服务，参加大
型体育竞赛，参与神圣宗教游行，并在公共节日期间参与悲喜剧
的表演和评判。当然，公民能够广泛参与城邦生活至少在某种程
度上是由于妇女和奴隶的无偿劳动。但是，芒福德也指出这样的
事实，即古希腊文化并不基于现代标准上的物质丰富："在希腊
最鼎盛的时候也没有大量剩余物资：他们所拥有的是剩余时间，
也就是闲暇，自由且不受约束。这种闲暇并不来自如今美国这样
的过度物质消费，它被用于交谈、享受性的激情、知识性的沉思
以及审美的愉悦。"（《历史上的城市》，127页）公民地位不取决于
他拥有多少，而取决于他做了什么，参与和服务于城邦曾经是公
民的最大责任和最高荣誉。这种高度参与性伴随着难以想象的可
见性：公民的一生都主要与其同胞相互关联并生活在他们的目光
之下。根据芒福德的说法，"希腊城邦发展阶段的独特之处在于，
它的生活没有任何一部分是隐形的，也没有任何一部分是想象不
到的……男人所做的一切都是公开的，在市场、工作室、法院、
议会、体育馆中都是如此"（《历史上的城市》，165—166页）。古
希腊人基本没有我们这样的隐私感（尤其是对身体的神经质），这
种隐私感致使我们四处寻求庇护所。因此，城邦生活是一种持续
的引人入胜的景象，既激发创造性，也激发批判性思维。芒福德

总结道：“那开放的、永远变化多端、充满活力的世界，相应造就出无拘无束的心灵。”(《历史上的城市》，168 页)

　　这种可见性以及城邦相对较小、很少超过 5000 公民的人口量，使古代城邦对于其居民来说有一种概念上的一致性，而我们庞大拥挤的城市群则往往缺乏这种一致性。对于城邦居民来说，芒福德写道，“整个城市活动的网络都有可见的形式和关系”(《历史上的城市》，166 页)。相比之下，当代都市居民往往对其阶层或专业之外人的生活知之甚少。由于在堡垒城市中的人彼此之间相互隔离，我们对城市的体验变得越来越有限和碎片化。我们缺乏城邦公民曾有的那种将城市作为一个整体的感受。与此同时，人们必须记住城邦也有“盲点”。独自在街上的无人陪伴的妇女不是妓女就是奴隶；“品格良好的女性”被隔离在家中，基本上是看不见的(甚至在家里，她们通常也不会出现在男性客人面前)。

　　都市生活的这种一致性也反过来体现在其公民生活中。“工*125*作和休闲、理论和实践、私生活和公共生活都有节奏地相互影响，”芒福德说，“艺术、体操、音乐、对话、投机、政治、爱情、冒险甚至战争，打开了生存的方方面面，并把它带到城市自身的疆域内。生命的一部分涌向另一部分：没有哪个阶段被隔离、独占、分开。不管他们的奴隶或妇女对这一说法持何种怀疑态度，至少在成熟的公民看来必然是这样。”(《历史上的城市》，169 页)就像芒福德的限定条件所表明的，这种描述再次反映出对希腊城邦的理想化重建，某种程度上是由我们对自己城邦的渴望和需求所决定的。虽然很可能像吉托所暗示的“城邦起源于对正义的渴望”，但必须牢记，这些有关城邦起源的冠冕堂皇的根源和他们所暗示的崇高愿景与希腊城市里许多人的真实生活并不一致(72页)。在那里，正义的概念被定义为将许多人排除在外，许多人被夺取正义。尽管如此，古希腊城邦和我们现代支离破碎的都市生活之间的对比依然鲜明且意味深长。"边缘城市"的居民和郊区的通勤者们，在从他们封闭的家庭空间转移到偏僻的公司"园区"办公室和工厂的路途中，把孩子送到附近的学校，也许还会在沿途的购物中心停一停。沿着街道行驶，你会看到封闭式住宅区特色的白墙，封闭的"退休社区"坐落在道路某一侧或高速公路边，这些住宅被墙或荒地与周围空间隔开。通勤者从一个断开的地方到另一个断开的地方，经历着异化又单调的演练。由于种族、年龄、阶级、职业（即便是郊区的家庭主妇）和性别等隔离，我们每天很少遇到截然不同的人，我们的生活反映出碎片化的、支离破碎的都市景观。[48]由于很少看到他们，我们对于美国社会多样化成员所扮演的重要角色的感受越来越朦胧、含糊甚至完全消失；与此同时，我们也无法意识到许多被排斥或贬低到社会边缘的人的痛苦。我们的郊区飞地、堡垒城市以及扫描视图是对社会缺乏经济和正义进行的掩盖努力的一部分，同时也用来保护我们自己免于遭受这种缺失的后果。

因此，我们许多当代城市和郊区都缺乏古希腊城邦所具备的参与性、多样化公共生活的全面可见性（或可识别性）以及一致性。还有很多原因能够解释为什么公元前5世纪的城邦既不能也不应该成为21世纪城市的典范。其生活中的某些方面（例如直接而非代表性的民主）是无法扩大化的；另外我们也不愿复制其妇女、奴隶和外国人的地位。[49]但通过适当调整，古希腊理想及其在希腊社会中的体现，有许多地方值得我们模仿，至少我们能够对其进行重构。然而，这些调整也许并非微不足道，因为我们的城邦只可能是一个完全多样化的城邦。这种多样性似乎远远超出希腊人所容纳甚至想象的范围，尽管当时他们的世界是一个多样化的地缘政治世界。正如德勒兹和瓜塔里所言，古希腊世界的地缘政治特征导致希腊哲学的兴起，以及与之相伴的关于城邦的概念（《什么是哲学?》，85—117页）。从这个意义上讲，它也提供了一个部分模板，但是，由于前面解释的原因，也只有为我们提供了一个部分模板。

当代都市生活的复杂性和质量源于它的异质性，没有它，城市就会消亡。有些人认为最好的人生是与"自己的同类"生活在一起，这种想法是错误的。同样错误的是认为人们需要始终被和自己一样的人包围才能感到安全。在适当条件下，异质性增加人们对差异的忍耐度以及由此产生的"不安全感"，并确实制造出更开放的社会。正如路易斯·沃斯（Louis Wirth）所说：

> 都市环境中各种人格类型之间的社会互动往往会打破僵化的社会地位边界，并使阶级结构复杂化……个体的高度流动性，使其处于大量不同个体的刺激范围内，并使其在构成城市社会结构的不同社会群体中处于波动状态，从而倾向于将不稳定和不安全接受为世界的常态。这一事实也有助于解释城市人的世故和世界主义。任何一个群体都没有个人的忠诚。他所属的群体并不容易接受简单的等级安排。（193页）

因此，在合适的条件下，都市人口的多样性能够消弭个体之间的边界，并将社会作为一个整体以创造更复杂的利益关系群体，而不是划分为相互斗争的同质化利益群体。实际上，真实的都市经验所给出对各种紧张的缓解方案本身更加多样，而不是更少。为了解它是如何作用的，一个人可以对如今洛杉矶和纽约的情况进行对比。

在洛杉矶，相当比例的人口居住在按阶级、种族和族裔分隔的社区（其中许多是封闭的），近几十年来，公众对市政府和公共服务的支持大幅下降。相比之下，纽约的隔离程度较低（尽管仍相当可观），公众对市政府和公共服务的支持也没有像洛杉矶等城市那样急剧下降。纽约市的多样性导致这样一种局面："没有一个多数种族或血统的人控制公共财政。"经济学家爱德华·格莱泽（Edward Glaeser）指出，"在占多数的盎格鲁人与一些贫穷的少数人种之间没有鸿沟"，因为"在纽约，每个人都是少数"（引自波特）。正如爱德华多·波特（Eduardo Porter）所言，"纽约经验事实上强调多样性并不会自动导致种族群体之间的敌意或对整个政府支出的不满。从公共教育到异族通婚，再到公民社会中促进相互理解的许多机构，都存在着克服种族、宗教或语言分裂的反向力量"。虽然纽约绝不是纯粹的理想模式，但它的确表明这种将权力分配到多样化群体之间的方式是当代城邦的一个重要特征。

后现代城邦不需要某种总体意义上的"统一"，或者用共产主义者的说法，不需要"共同体"。正如罗莎琳·多伊奇（Rosalyn Deutsche）在《驱逐：艺术与空间政治》中指出的那样，"在保守的城市话语中构建统一的都市空间形象本身就是通过区分、通过对外形的创造形成的。对一致性空间的感知不能与对那个空间构成威胁的感觉以及它想要排除在外的东西分开"（403 页）。因此，例如"当公共空间被表示为有机统一体时……无家可归的人就被视为从外部加以分裂，[所以]无家可归的人成为使社会免于封闭的因素的积极体现"（多伊奇，403 页）。由此可见，21 世纪城邦的目标不应该是统一，而应该是包容性。

这种包容并不会产生全面的公民共识。也许也不应该这样，因为正如利奥塔对哈贝马斯（也许是近年来最杰出的哲学家和共识倡导者)的反驳,这种共识永远都不可能实现,而且,试图获得共识都可能引起对异议的镇压,从而导致不公正(《后现代状况》,57页)。异质性政治空间可能永远不会毫无冲突或彻底安全,然而正如简·雅各布斯说的那样,这种空间可能比警察监视所能保障的更加安全,从而带给我们像先前讨论的那种更偏向"城邦"的而不是"控制"的类型。[50]但是,如果每个人的权利都得到保障,它至少在一定程度上可以是公民性的——是一个能够对话且相互宽容的空间。为实现这一目标,必须将最充分意义上的公民身份和城市权利扩展到所有居民(这与古代城邦的做法相反)。换句话说,包括获取、承认和代表在内的城市权利,必须是普遍的。在这种普遍的城市公民身份和权利之外,所有居民在城市运作中扮演的角色以及他们的重要程度,会在更大意义上带来城市生活的一致性。

　　然而这些变化并非完全局限于政治领域:还必须通过将物质性公共空间"重新开放"给不同人口和不同用途来加以促进。重新开放将涉及重新夺回因私有化而失去的公共空间,并再次承担市政府对城市公立学校、公园、交通和其他公共空间、公共服务的管理和责任。一个重要的城市需要列斐伏尔所说的"同时性和偶然性并存的地方,在这个地方,交换并非以等价交换、商业和利益方式开展"("权力",148页)。成为消费者与成为公民不是一回事。我们需要尽可能地恢复市集的双重功能,既是公共论坛又是市场——一个进行自由交换的场所,而不仅仅是商业性的交换。

　　"城市生活就是与陌生人'在一起'。"艾瑞斯·马瑞恩·杨(Iris Marion Young)写道(437页)。既然我们共同生活,首先就要对交换和他者开放,而不是同化或瓦解他们。开放中会产生对他者的接受,既包括那些与我们不同的个体即外在他者,也包括

128

我们自己复杂和多面身份的内在他者。因而，21世纪的城邦理想，就是一种对我们的城市和我们自身都起作用的新型大都市理想。

从本章整体论述中可以看出，空间和21世纪城邦的本质与赛博空间密不可分，而且赛博空间也必须得到重新想象和重新创造，成为赛博城邦。要做到这一点，我们需要将对公民身份及其权利义务的概念拓展到赛博空间，并在此之上考虑赛博空间如何反过来促进城邦的发展和新的都市公民形式。创建一个新赛博城邦的计划与之前阐述的许多原则相同。赛博公民的权利必须具有普遍性，这将需要消除审查制度，并将互联网接入扩展到每一个人，无论其收入多少。我认为，这种免费访问应该被视为一种公用事业，而不是商业产品。虚拟广场就像它在物质世界的对应物一样，需要不仅仅成为另一个商业场所：它也应该是一个公众论坛，在其中，信息和观点的自由交流，即言论自由受到鼓励和保护。[51]

除本章详细描述的政府和企业的监视和审查威胁之外，这种自由交流的最大威胁来自私营企业想要创建一个分级系统的企图，这个系统会基于付费多少，优先将某些搜索结果和内容排列在其他结果之前。向互联网提供商支付必要（可能相当可观）费用的公司和个人，他们的网站将获得优先权以及比其他网站更快的传输。那些不这样做的人会被排名更低，传输更慢，或者根本不出现。保持"网络中立性"（将继续在平等的基础上为所有用户提供网站访问权限）的斗争，使互联网用户和消费者群体与主要的电信和有线电视公司形成对抗，在当前的政治气候下尚不清楚谁将会占据上风。[52]

129　　如果赛博空间有意成为一个新城邦、一个新的城市化城邦、一个新城市/赛博空间城邦的一部分并有助于这种城邦的形成，这种意图必须被"建筑进"其基础：虚拟建筑和物质组件（路由器等），都必须以确保并维护自由接入和交换的方式来设计。作为一种解放的工具和一种其中可能出现新连接形式和共同体的场所，赛博空间具备巨大潜力。然而，就像大卫·托马斯在互联网发展之初警告的那样，"依据吉布森的反乌托邦想象，互联网参数设置的功能主要是用于虚拟世界中的竞争性经济活动"或者政府的控制（46页），因此这种潜力将无法得到实现。

通过使用互联网，有许多方式可以使地方和全球范围的民主性和公民生活得到增强。它在实践中可以成为草根政治组织的宝贵工具，扩大公民参与讨论地方和国际层面的政策。诸如"社区在线"和"阿姆斯特丹数字城市"（由当地占领运动领导者及市政官员共同创建的）等网站，可以作为社区组织者资源中心和公共辩论场所。无论在本地还是国际性活动中，都可以被用来宣传并组织抗议。互联网还有潜力制衡跨国资本，并在前所未有的程度上使人权、消费者权益和环境保护方面的跨国运动变得可以实现。因此，互联网使新的、国际化的和多元文化的城邦不再不可想象，其中将涌现新的社区模式和共同体行动。这种新赛博城邦，连同互联网向那些历史上从来就几乎无法接触到信息的人传播信息的潜力，很可能成为赛博空间对未来最大的贡献。

最终，我们社会和城市中的正义之战也不会与赛博空间的命运分开。正如利奥塔指出的，社会的计算机化"可能成为控制和调节市场体系的'梦想'工具，扩展到包括知识本身，并且完全受行为变形性原则支配。在这种情况下，它无法避免被恐怖主义利用的可能。但同时，它还可以通过提供通常不具备的知识，来帮助那些讨论基本规范的群体，以使之做出明智的决策。原则上，对计算机化来说，踏上两者中的第二条路径非常简单：即让公众自由介入存储器和数据库"（《后现代状况》，67 页）。城市和赛博空间的未来终将在于我们坚持公共或公民领域的优先地位及其相对于私人利益尤其是商业利益的特权。从这种意愿中可以出现"一种尊重正义和未知欲望的政治"，利奥塔认为这是一种得体的后现代政治形式（《后现代状况》，67 页）。

第四章 城市移动：都市空间与运动

正如约翰·厄里（John Vrry）所说，汽车很可能是目前"技术
全球化的最重要例子"：在世界的许多地方，它在空间、经济和
文化方面都具有主导地位，至少和对许多人来说定义全球化的媒
介以及计算机技术一样重要（"栖居"，1页）。没有任何一项 20 世
纪的技术能如此显著地改变城市景观，主导工业经济，并塑造日
常生活的实践和精神。[1] 这种转变的效果在 20 世纪上半叶的美国
最为强烈和普遍，但自 20 世纪 50 年代以来，它已经成为了全球
性的。到目前为止，对汽车统治的抵制，特别是在都市地区，也
在全球范围内日益增长。本章将把汽车的这种中心地位和我们对
它的矛盾心理，置于现代乃至后现代都市文化中空间移动的问题
这一更广泛的语境中。虽然其他移动方式（如自行车）也很重要，
但我在这里主要将汽车移动与行人运动这两种形式并置，特别是
是漂移和跑酷。我认为，这种并置使得后现代"城市移动"问题成
为一个极其尖锐的焦点。

第 1 节基于勒·柯布西耶的思想概述现代城市的概念，可以

说，他是对现代都市想象以及由这些观念所界定的建筑和文化实践负有责任的最重要的人物。这些思想和实践显然都是建立在汽车运动的思想基础上的，并在整个 20 世纪确立了汽车与城市的关系，特别是汽车所产生的城市景观的变化及其对城市文化生活的影响。

第 2 节通过阅读唐·德里罗的小说《大都会》，为我在第 2 节中讨论汽车和城市奠定了基础。这一讨论集中在"汽车文化"的最新和具体的后现代方面，这些"汽车文化"是通过将赛博空间和其他虚拟空间引入汽车内部而产生的，以及这种赛博汽车文化对城市空间的影响和我们对它们的感知。因此，第 2 节探讨前两章讨论的城市和赛博空间日益重叠的另一个方面。我认为，21 世纪初的汽车文化已经从传统汽车以及开放性道路的速度与自由，转向了交通拥堵瘫痪的停滞和封闭。同时，车内虚拟空间的激增——从 GPS 地图屏幕到视频屏幕（包括 DVD、夜视仪和行车记录仪等），再到联网电脑显示屏等——使汽车成为世界上的赛博城市及其信息网和信息流里不可或缺的一部分。结果，通过汽车风挡玻璃体验到的物质城市空间在一系列移动数据和图像中被简化为另一组图像。正如我将表明的那样，德里罗的小说对这种情况进行了强有力的刻画。

我对汽车的讨论，被理解为一种封闭的、半私人的移动形式，构成了第 3 节中对城市中"开放"或公共步行移动实践的分析框架。我首先讨论情境主义的漂移（dérive）这种原始后现代实践，然后转向新的实践和世界范围的青年跑酷运动，这可能被看作是三维形态的徒步主义。绕开公共交通（就像 20 世纪的汽车一样，在火车、地铁和公共汽车的文化方面已经做了很多有趣的工作），第 3 节转而探讨个人（尽管有时是集体）步行运动的形式，以及他们创造的与城市空间的关系，包括他们如何重新规划、重新想象和重新配置城市空间。就像汽车一样，其中的每一种实践都有自己的精神和空间逻辑。尽管作为物理学科，也可以说这些实践拥有某种"诗学"意蕴，但我的讨论主要依据德勒兹的线索，集中在"材料"和目的上。正如萨莉·蒙特（Sally Munt）所言，这些实践提醒我们，身体本身是"空间的产物，是空间的表现，是一件事和一个过程……是一种概念得以物化的'生活经验'，在这里，概念被物质化了，并且以一种历史上特定的方式物质化了"（5页）。换言之，正如我在这里所说，空间和身体是相互界定和彼此塑造的：在空间中没有与身体分离的空间，没有与空间相分离的身体与运动，它们存在于与其他身体的相互作用中。然而，最重要的是，这里要讨论的实践也创造了理解和再创造城市作为一种自由、创造性和游戏空间的新方式。

1. 城市现代主义与汽车统治：
勒·柯布西耶之后的城市和城市移动

一个追求速度的城市就是追求成功的城市。

——勒·柯布西耶

　　每过一个十年，对汽车文化和城市文化的区分越来越困难。

——米切尔·施瓦策（Mitchell Schwarzer）

《变焦景观：运动和媒体中的建筑》

132

图 4.1　观看 1939 年纽约世界博览会通用汽车"未来奇观"模型的观众。
（Harry Ransom Humanities Research Center，The University of Texas
at Austin. Courtesy Estate of Edith Lutyens Bel Geddes. Photo courtesy
Estat of Margaret Bourke-White.）

　　我对都市现代主义和移动的讨论以十余年前的一桩逸事开
始。1997 年年底圣诞节前的几天，纽约市市长鲁道夫·朱利安尼
（Rudolph Giuliani）决定针对经常引起城市最繁忙的街道和十字路

133　口瘫痪的交通堵塞发起一场战役。为了防止行人在主要交叉路口
过马路时阻碍转弯的汽车、卡车和公共汽车的行驶，市长下令在
几条街道的重要节点安装不锈钢路障。在第五大道东侧，洛克菲
勒中心对面，圣帕特里克大教堂和萨克斯第五大道在第 50 街的
拐角处，设置了一个这样的路障。当第五大道上来来往往的人群
走到街角时，会发现根本无法从这里通过。那些行人，无论纽约

本地人还是大批季节性游客的第一反应都很困惑。很多把横穿马路和跨越"禁行"标志视为理所当然的土生土长的本地人随即转过身来往回走，试图从中间街区穿过去。而在那里，他们被身穿制服怒气冲冲的警察拦下来，指示他们回到街角从北边穿过去。[2] 人群转过身来，沿原路返回。要到第五大道的另一边，必须穿过 50 街，走过第五大道，然后再一次穿过 50 街。当街道拐角处拥挤不堪时，一大群恼怒的行人开始聚集在圣帕特里克大教堂的台阶上。有些人气得大嚷。不一会儿，第 50 街的两旁就挤满了吵嚷的行人，他们即兴抗议那些旨在指挥和约束他们行动的"牲口棚"。

行人和车辆之间争夺城市街道控制权的竞争无疑至少可以追溯到古代世界的第一个马拉交通工具。[3] 简·雅各布斯是对汽车主宰城市生活和后柯布西耶时代都市现代性的最著名的批评家之一，她认为，城市生活的本质是"思想、服务、技能和人员的交换和流通，当然还有货物的交换和流通，高效的交通和通信。但是，选择的多样性和密集的城市贸易也取决于人口的巨大集中，取决于复杂的混合用途和道路的复杂交织"（340 页）。有时，不可避免地，这些用途相互冲突，路径互相矛盾。

尽管城市的人行道和街道表面上看起来很混乱（而且有些确实很混乱），但它们的使用也有一个复杂的秩序，这是由日常生活的节奏造成的——那些上班路上的人和上学的孩子们的节奏；送货和开店的节奏；购物者和坐在板凳上的人的节奏；人们外出和午餐后回来的节奏；学校放学和孩子们聚在一起打发时间和玩游戏的节奏；青少年在附近聚会和闲逛的节奏；下班回家或晚上外出的人的节奏；酒吧开业、电影和音乐会开始的节奏；夜班开始，后来餐馆和酒吧关门的节奏；几个小时后，每个人准备一切都重新开始的节奏。

　　以上这些活动大部分是依靠步行来完成的，由于公共交通被用于更长距离的需要，在密集和多样（用户和用途）的城市环境中，人行道和街道变得生机勃勃，城市运转起来。雅各布斯把这种包含无数交叉重叠行动以及诸多面对面互动和交流的秩序称为"城市芭蕾"。人们可能会觉得这就是乔伊斯所说的"混乱"秩序，而这种混乱正是德勒兹和瓜塔里所喜爱的那种复杂的相互作用——一种秩序和机会的舞蹈。雅各布斯写道，这混乱的城市秩序"完全是由运动和变化构成的，尽管它是生活，而不是艺术，但我们可以想象性地称之为城市的艺术形式，并把它比作舞蹈——而不是头脑简单的精确舞蹈，每个人同时踢腿，齐声旋转，集体弯腰，而是一个错综复杂的芭蕾舞，每个舞者和合奏都是独特的部分，它们神奇地相互强化，组成一个有序的整体。在良好的城市人行道上，芭蕾舞从不在一个地方重复，任何一个地方都总是充满了全新的即兴表演"（50页）。[4]

　　正如我在整个研究中所说的，这些互动和交流对我们的公共空间感和市民社区感都是至关重要的。当大多数或所有这些活动都需要使用汽车时，分散的就不仅仅是城市空间，还有城市社区。正如厄里所指出的，"汽车也支配着非汽车用户如何居住在公共空间里。汽车司机不必遵守正常的礼仪，也不必与出现在路上的所有人面对面交流。汽车旅行会打断其他人的任务情景（行人、上学的孩子、邮递员、垃圾清洁工），他们的日常生活阻碍了高速交通，无情地切断了慢行的道路"（"栖居"，4—5页）。他补充说，在驾车通行的汽车文化中，"'公民个人在公共空间里的聚集'由于穿越了空空荡荡的非场所（non-places）而迷失在机械化自我的私人化之中"（"栖居"，6页）。[5]

　　因此，当代城市长期面临的一个难题是，如何在保持都市空间住宅、商业、政府和娱乐等用途的密度和多样性的同时，使行人和车辆的流量达到最大化。就像我在开头提到的那些吵嚷的抗议者所表明的，行人和车辆之间本身就冲突不断。然而，这些冲突引起的问题实际上既不在于汽车也不在于行人，虽然"在地面"或者某些特定地点，这些冲突有时会体现在汽车或者行人上。即便是像纽约、巴黎这样人口密集的"步行城市"，也需要一些车辆来发挥作用：公共交通工具（公共汽车）必须使用街道，出租车必须去公交到不了的地方（有时速度也更快），运送货物和清理垃圾也必须进行。尽管这个话题引出了如何在城市中各种形式的移动和运输之间取得更好平衡的问题，但与这个话题关系更大的问题是优先权。尽管汽车并不必然是"城市固有的破坏者"（例如，洛杉矶就是由汽车来定义的，没有汽车它目前的形式就将不复存在），但是，另一方面的事实也同样存在，即雅各布斯强调的"汽车作为日常交通工具的发展时间段与反城市的郊区化理想在建筑、社会、立法和财政等方面的发展时间段是完全一致的"（343页）。

　　雅各布斯所说反城市的郊区化，是以勒·柯布西耶、奥斯卡·尼迈耶以及国际现代建筑协会（CIAM）的对现代、"功能性"城市的愿景为代表的，这些城市由整齐排列的高层建筑，装配线式的、覆盖在广阔的、空旷的草坪中的汽车高速路网构成。[6] 正如刘易斯·芒福德1968年写道的："在过去30年里，大多数建筑师，当然也包括大多数的建筑和规划学校，都被这位非凡的天才勒·柯布西耶那强有力的宣传和实验成就所引领。如果说有谁对未来城市提出了一个看起来新鲜原创的概念，那就是这位令人敬畏的领导者……尽管除了印度的昌迪加尔，没有哪一个城市能显示出他的全部影响力，但是，他的思想是如此紧密地贯穿于我们这个时代的脉络之中，以至于到处都是它散落的碎片。"（"昨日之

135

Cities, Citizens,
and Technologies

城",118页)

20世纪40年代末至70年代初,美国和其他地方的几乎所有城市改造和保障性住房项目都基于勒·柯布西耶和国际现代建筑协会的"现代"城市概念,这种概念也影响到了如巴黎郊区"诺威拉小区"之类不少城市外环区域在二战后的发展。[7]无论最初的概念多么吸引人,这种基于汽车的城市概念和模式,至少在实际应用中对二战后的一代城市规划者有着巨大(而且多半是灾难性的)影响,其中包括纽约"建筑大师"罗伯特·摩西(Robert Moses)。[8]

这一城市愿景或多或少有几个明显的吸引力来源。从美学上讲,它有一种不可思议的未来主义光环:"明日之城"(在美国经常这样称呼)是现代、清洁、高科技的城市。在金融方面,这意味着开发商、建筑商,并不是偶然获得巨大利润(因此法国汽车制造厂1925年巴黎现代艺术和工业博览会上,伏瓦辛赞助的勒·柯布西耶的"伏瓦辛规划"成为了"新精神馆"的中心部分;1939年,通用汽车赞助了诺曼·贝尔·格迪斯[Norman Bel Geddes]在纽约世界博览会上的"未来奇观"展)。[9]可以说,最重要的是,它被勒·柯布西耶和许多其他人视为解决20世纪迅速发展的城市堵塞和拥挤病乃至现代生活自身的方案。勒·柯布西耶在《光明城市》(91页)中哀叹,"焦虑和沮丧每天都在现代生活中重新涌现:城市在肿胀,城市被填满"。这被他视为"城市管风琴"的街道已经变得"令人震惊、嘈杂、尘土飞扬、危险重重;汽车只能在上面慢慢爬行;行人蜂拥在人行道上,彼此阻挡、相互碰撞,跌跌撞撞地从一边到另一边;整个场景就像炼狱的一瞥"(91页)。

柯布西耶认为,造成这种城市噩梦的原因和罪魁祸首,就是缺乏明智的规划、贪婪以及引人注目的摩天大楼本身。"摩天大楼是个好广告,世界上最大的广告。"他讽刺地说(《光明城市》,

127 页；柯布西耶重点）。他将自己的"伏瓦辛规划"的现代"理性"
城市的构想与美国城市的"浪漫的非理性"并置起来，宣称曼哈顿
是美国"混乱美学"（又是浪漫主义）的产物，"这是一种重视混乱
的伦理，一种释放无序的许可。混乱，暴力，原始力量，被围攻
军的魅力，权力的象征。……摩天大楼式的宣传"（《光明城市》，
127 页）。相比之下，他那极其理性和实用的规划，将为这座未来
城市的幸运居民提供"宁静、新鲜空气、阳光、广阔的地平线（宽
泛地看即'开阔的视野'）"，并"为这一刻所有腐朽、污秽、拥挤、
嘈杂、混乱、磨蹭、疲惫、损耗和道德败坏的地方带来体面的生
活条件和充满阳光的氛围"（《光明城市》，128 页；原书重点）。它
的目的是"以适当的比例创造出高贵、宏伟和宁静的尊严。用机
械时代的进步成果这种升华形式表现本世纪的强大力量。把天空
带回来。把清晰的视野留下来。空气，阳光和欢愉"（《光明城
市》，128—129 页；原书重点）。

　　这个宣言最后一句话无疑也是勒·柯布西耶对自己愿景的描
述。这是一个强大的愿景架构，必然在当时和未来很长一段时间
内产生重大的影响。芒福德抓住了这一愿景和影响的本质，他指
出，"勒·柯布西耶的直接影响的主要原因在于，他把两个分别
主导了现代建筑和城市规划运动的建筑理念结合在一起：机械制
造的环境、标准化、官僚化、'过程化'，技术上完善到了极致；
与之相对，自然环境则被作为提供阳光、纯净空气、绿叶和风景
的视觉开放空间"（《昨日之城》，118 页）。不过，勒·柯布西耶本
人也注意不要忽略那些更为世俗的东西，他匆忙强调了"巴黎东
西大通道"的主要特征，这体现了巴黎的未来，并为市议会提供
了一个启动一个巨大金融企业的机会，一个"赚钱的企业"。"企
业＋财富之源"。然而，勒·柯布西耶自己也小心地避免忽视更

加世俗的东西，他亲自强调"'巴黎伟大的东西贯穿带'的关键特
征，它代表巴黎的未来，并向市议会提供一个机会，使议会能够
发起一个巨大金融企业，一个赚钱企业＋财富来源"(《光明城
市》，207 页)。

图 4.2　勒·柯布西耶，"伏瓦辛规划与曼哈顿"，1925。

(© FLC/ARS，2008.)

有理由怀疑，勒·柯布西耶的城市(其 60 层的塔楼将矗立在
比地面高出 5 到 7 米的桩柱上)与其说是一座可居住的城市，不如
说是一座可观赏的城市。"代替荆棘丛生和但丁的地狱般的景象，
我们提出了一个有组织的、宁静的、有力的、空气新鲜的、有序
的实体。从下面看，它可以是崇高的。从空中看(我们现在都在
学习如何从上面看城市)，它将是精神的象征。"(《光明城市》，
134 页；他的重点)这里的观察系统是德·塞尔托(以及第二章中
讨论的笛卡尔)的"像上帝一样往下看的太阳之眼"，它提供"'看
到整体'的乐趣……总括最极端的人类文本[即城市本身]"
(德·塞尔托，92 页)。[10]从这个有利的角度来看，人们"从城市的
掌控中被提升出来了。人们的身体不再被街道环抱……他的提升
使他变成了一个偷窥狂。这种提升让他保持某种距离。它把一个
为人所迷恋的令人向往的世界变成了一个摆在人们眼前的文字"

（德·塞尔托，92页）。德·塞尔托认为，由此产生的全景城市是"由空间规划师、城市规划师或制图师通过一种保持距离的投影产生的仿真模拟……［它］是一种'理论上'（即视觉上的）拟象，简而言之是一幅图画，其可能性条件是对实践的遗忘和误解。这部小说所创造的偷窥神，就像施利伯的上帝（Schreber's God）[①]只知道尸体一样，他必须把自己从每天相互缠绕的阴暗行为中解脱出来，使自己与尸体格格不入"（92—93页）。

德·塞尔托把这种异化的城市形象和经验与"城市的从业者"的形象和经验进行了对比，"他们生活在'底层'，低于可见的最低水平限度之下。他们步行——城市体验的一种基本形式；他们是步行者，漫游者（Wandersmänner），他们的身体顺从由其书写的薄厚不均的城市文本，但他们却无力阅读"（92—93页）。虽然德塞托认为这种不可读性（在这点上，我与他的分析不同，很快就会看到）是一个不可避免的，实际上是"自下而上书写"的良性的城市特征，但勒·柯布西耶在美国摩天大楼城市的背景下，以恐怖和厌恶的眼光看待它。他小心翼翼地将美国摩天大楼"嘈杂［且］喧嚣的混乱"与他称作"水平摩天大楼"（《光明城市》，134页）的和谐秩序区分开来；但是，他的摩天楼——尽管使用"水平"一词——却并不打算比那些已经拥挤在城里的大楼更矮或更小。[11]在美国，"摩天大楼意味着无政府状态，"他断言，"它们使城市僵化。在速度的时代，摩天大楼使城市拥挤不堪……行人在大楼脚下爬行，就像尖塔脚下的甲虫……每个人都践踏别人，因为地面

138

---

① 施利伯是弗洛伊德的病人，其精神分裂幻想中的上帝扮演迫害者的角色。弗洛伊德曾就其病案撰写著作。参见《弗洛伊德心理治疗案例二种》，上海文艺出版集团发行有限公司2012年版。——译注

上根本没有空间；摩天大楼建造在昨日街道的上面。"(《光明城市》，127—128 页；他的重点)

　　非常奇怪的是，除了贯穿庞大的水平摩天大楼之间宽阔草坪的"对角线和正交的'景观'路网"之外，伏瓦辛规划还为行人安排了大楼下面的空间。正如勒·柯布西耶所解释的："城市表面某些地方的建筑底层桩柱构成一片名副其实的森林，在它们之间，人们可以相当自由地移动。除了五个留给行人进入的门厅之外，大楼下面空空荡荡。在这里就像在居民区一样，行人可以任意支配整个地面。"(《光明城市》，132 页；他的重点)行人也可以利用电车轨道线和高速公路下面的地下通道。[12]并非"像甲虫一样在[纽约]摩天大楼脚边爬行"，勒·柯布西耶显然想让他的现代城市居民在摩天大楼的下面爬行。

　　勒·柯布西耶的城市以其简朴、现代主义极简主义的建筑设计和景观设计，以及优先考虑提供主要交通工具的大范围高速公路而著称，最终呈现出一个完全没有行人的"都市"空间的图景(事实上，这里的"都市"一词似乎只适用于人口密度)。正如芒福德在他对勒·柯布西耶设计的评论中所说，"勒·柯布西耶的超级摩天大楼除了已经成为技术性的建筑外，没有其他存在的理由。他中心区域的开放空间也没有存在的理由，因为在他的设想中，行人没有任何动机需要在工作日里穿行于办公街区。通过将摩天大楼之城金融的和实用主义的形象与有机环境的浪漫主义形象相结合，勒·柯布西耶实际上创造了一个毫无生机的杂合体"("昨日之城"，121 页)

139　　尽管勒·柯布西耶声称行人"可任意支配整个地面"，但这些城市不是用来步行的；没有地方可以步行，也根本没有"街头生活"。他的城市拥有一切(住房、办公室、商店)的场所，除了社会和公民的联系和交流之外，而这些都是城市的基本，最后是主要的存在理由。居伊·德波德清楚地理解了这些设计的政治含义："新的预制的城市清楚地体现出现代资本主义组织生活的集权主义倾向：与世隔绝的居民……看到他们的生活沦为重复性的纯粹琐碎，再加上对同样重复的景象的强制性接受。"（"观点"，71 页）

像勒·柯布西耶、奥斯卡·尼迈耶、罗伯特·摩西和他们不太有才华的模仿者都倾向于采取一种"白纸一张"的方法来进行城市规划——重点强调的是"空白"。他们的解决方案不是修复现有的城市结构：首先是将其抹去，然后再替换。伏瓦辛规划原来打算建在塞纳河的右岸，但却从未实施。它将会把巴黎市中心两平方英里的土地夷为平地，包括历史街区（街道明显不规则）的马莱区、神殿和档案馆，并在其原址上修建勒·柯布西耶标志性的十字形摩天大楼，整齐排列在草坪和高速公路之间。虽然很清楚为什么人们会乐意在充满活力的咖啡馆、商店、舞厅、画廊、夜总会和历史地标（包括孚日广场）的马莱街道上闲逛，但很难想象人们穿越勒·柯布西耶塔楼间的空地究竟是要去哪里，为什么。他的人行道不是街道。事实上，勒·柯布西耶宣称，城市"街道不再起作用。街道是一个过时的概念……我们必须创造一些东西来取代它们"（121 页）。最重要的是，明日之城就是汽车之城，所以取代"昨日街道"的"某些东西"就是高速公路和草坪。或者可能只有高速公路：考虑到他的水平摩天大楼的"超高密度"，柯布西耶似乎低估了居民所需要的汽车数量以及停车位。"他对公园里摩天大楼的想象，"雅各布斯准确预测道，"在现实生活中会退化为停车场里的摩天大楼。"（343 页）

罗伯特·摩西对 20 世纪美国城市的影响可以说超过其他任

何人，他与勒·柯布西耶有许多相同的观点和类似的优势。正如保罗·戈德伯格所认为的，"在摩西的眼中，纽约并不是社区和褐石建筑，而是高耸的塔楼、开放的公园、高速路和沙滩——这不是纽约的人行道，而是开放道路上的美国梦"（"罗伯特·摩西"）。"我们生活在机动车文明中。"罗伯特·摩西坚持说。在整个 20 世纪 20 至 50 年代，乃至 60 年代末期，他都改变了纽约的都市景观，并通过对一代城市规划师和建设者的影响，改变了全球的城市。[13]

140

图 4.3　21 世纪的汽车城：休斯顿市中心。

(Photo by Alex S. MacLean/Landslides)

戈德伯格在摩西的讣告中写道："在摩西先生的领导下，大都市区的公路里程比洛杉矶还多，摩西的计划预计纽约将成为美国第一个汽车时代的城市，被称为大众运输之城；摩西的计划预见到了后来以汽车为导向的努力，像洛杉矶高速路网所努力的那样。"（"罗伯特·摩西"）

摩西的几个大型高速路项目，包括最臭名昭著的"布朗克斯跨区快速路"，用雅各布斯的话来说，掏空了大片人口密集的城市肌体。他那从未付诸实施的曼哈顿下中城快速路规划，将把曼哈顿下城分割成三部分，并将 SOHO 区、小意大利和下东区的大片地方夷为平地。[14]为实现快速且畅通的交通流量，连城市本身也可能被牺牲掉。这种以交通流通为首要任务的城市规划实际上变成了郊区规划。（正如戈德伯格指出的，摩西的城市快速路"与其说是为了市中心居民的便利，不如说是为郊区车主们的便利"["罗伯特·摩西"]）对许多人来说，城市不过是又一道风景，就像从疾驰而过的车窗里瞥见的景观一样。

尽管我们对汽车日益增长的依赖给城市带来了相当多的问题，但是，以为我们能够（甚至应该）完全不靠汽车似乎并不现实。大多数老旧城市与洛杉矶不同，最初并非为汽车交通而设计。然而，当这些城市把优先权赋予行人和公共交通而不是私家车时，它们的生存能力显然得到了改善。[15]这种优先权和资源的转移可能已经在许多城市中进行，它可以扭转"汽车对城市的侵蚀"，并至少在可能的范围内产生"城市对汽车影响的抵消"（雅各布斯，349 页）。对城市生存能力和环境可持续性的普遍担忧，以及最近一系列非正式的"收回街道"运动，可能正在逆转或至少减缓过去半个世纪汽车在世界上许多城市里的统治地位。[16]毫无疑问，交通拥堵（伴随着城市的经济和环境成本）也推动了这一趋势。

让-吕克·戈达尔（Jean-Luc Godard）1967 年的电影《周末》中，一对夫妇乘坐敞篷车离开巴黎，到乡下度周末，却陷入了一场似乎无休止的交通堵塞（不时有燃烧的残骸和尸体散落在公路上）。这部电影诞生于西方文化与汽车产生关系的时期，并标志着一个决定性时刻。[17]与汽车相关的浪漫的自由变成了一场末世噩梦，随着驾驶者沉溺于盗窃、纵火、强奸和谋杀，最终他们将堕落成野蛮人。

141

Cities, Citizens,
and Technologies

图 4.4 "长滩高速公路 198 辆车连环相撞"，2002。

(Photo by Irfan Khan. © 2002，Los Angeles Times. Reprinted
with permission.)

142   随着 20 世纪接近尾声，20 世纪中期"在路上"的叙事主旋律
中的速度和自由被庞大的交通堵塞、可怕的车祸和大规模连环追
尾所取代。[18] 伴随着这种对汽车视角的转变，我将在此阐述由汽车
导致的看待都市空间的视角和观念的转变。现在，我将把这种转
变视为我们都市世界中的高潮（至少如今是）；唐·德里罗在他的
《大都会》中描绘了他的更多梦魇般的一面，这部作品为勒·柯布
西耶的城市现代性愿景中的这种光明城市注入了几近致命的后现
代"现实"。

2. 缓慢移动中的瞬间转移：
唐·德里罗《大都会》中的城市、赛博空间与资本

我们面对的是名副其实的"第七种艺术"，即仪表盘艺术。
——保罗·维利略，"皮肤检查镜"

正如前一节所讨论的，勒·柯布西耶和现代建筑协会所推崇

的标准化住宅，以及把工作、居家和休闲完全分开的高度依赖汽车的都市生活，即便是作为一种哲学或美学主张，都没有受到普遍欢迎，特别是很少获得建筑师和规划师的赞成，更不用说付诸实践。随着 20 世纪走向后现代性，哲学、美学和实践领域内的力量对这种城市和生活愿景的抵制日益增长。特别是 20 世纪中叶的法国先锋运动"情境主义"，对这种现代城市主义进行了有预见性且广泛的批评。[19] 20 世纪 60 年代，情境主义者阿提拉·科塔尼（Attila Kotanyi）和拉乌尔·瓦尼根（Raoul Vaneigem）说过，资本主义汽车文化所产生的都市主义是"纯粹景观性的意识形态"（65 页）。对于情境主义者来说，汽车司机就像在电影或电视屏幕前发呆的观众一样，呆若木鸡地坐在方向盘后，透过风挡玻璃盯着窗外，完成从家到工作再回家的枯燥日常生活。司机的状态象征着"景观社会"给人们带来的消极、停滞和异化。在景观社会里，"生活将自身的全部呈现为庞大的景观累积"（德波，《景观社会》，1 页）。电影、电视、风挡玻璃，所有这些屏幕的功能并非只是展示消费资本主义景观的场所；正如"屏幕"的多重含义所暗示的那样，它们还起着遮蔽、隐藏和将我们与现实分开的作用。[20]科塔尼和瓦尼根认为，最终"现代资本主义把所有社会生活都简化为景观，它无法提供除我们自身异化之外的任何景观"（65 页）。

尽管情境主义者无法预见计算机和互联网革命的到来，但是，他们清楚地感受到这一奇观给社会带来的危险。赛博空间已成为这一奇观的一部分，并确确实实为其添加了新的维度。就像情境主义者的批评适用于 20 世纪 60 年代末一样，这些批评也毫无疑问地适用于当代文化中的晚期资本主义。当时曾涌起一股反对消费主义的浪潮，然而却转瞬即逝。情境主义者也把汽车看作是一种消费文化的元素和力量的象征，即如何重新配置日常生活、重新塑造都市景观，如何促成第一章讨论过的那种景观化的后现代符号之城以及几十年后的品牌之城。

20 世纪 70 年代初，在后现代性发端几年后，罗伯特·文丘里、丹尼斯·斯科特·布朗和史蒂文·依泽诺尔分析了后现代城市符号景观中新的空间秩序，"一种将汽车和高速路交通在建筑中联系起来的建筑，它舍弃纯粹形式，选择混合媒体"（75 页）。通过对拉斯维加斯和洛杉矶等城市的观察（和学习），他们认为："正是高速公路的路标，以其雕塑般的形式或形象轮廓、特殊的空间位置、曲折的形状和图意，标识并统一[后现代商业都市景观的壮观面貌]。它们通过空间来建立语言和符号的联系，在[几]秒钟内通过数百种联想传达复杂的意义。符号占据空间。仅有建筑是不够的。"（13 页）这种后现代都市空间曾经是、现在仍是一种地理和文化景观，人们希望在时速 70 英里的汽车内，透过风挡玻璃，或通过电视屏幕 30 秒的曝光来了解它。

安德鲁·克罗斯（Andrew Cross）在《驾驶中的美国风景》一文中提到，现代美国的历史可以通过一连串画面或屏幕来理解，透过火车车窗、电影屏幕、飞机舷窗、电视屏幕，最后是汽车风挡玻璃，我们可以看到这个国家。他写道："今天，如果不透过风挡玻璃就看不到风景，只有一系列的场所，由时间和空间分隔的明信片快照。只有在风挡玻璃的框架内，这些场所与风挡玻璃的边框才能共存，它们才会随着你的驾驶让风景的不断叙述变得生动活泼。"（255 页）当然，现在需要将计算机屏幕添加到这个列表之中。

尤其引人注目的是透过汽车风挡玻璃观看与透过电影屏幕看到的都市景观之间惊人的相似。在过去一个世纪里，它们未能逃出电影制作人的视野。[21] 正如米切尔·施瓦策在《变焦景观：运动和媒体中的建筑》一书中所言：

> 机动车景观鼓励对建筑采取几乎是电影般的理解——运动中的建筑、通过镜头组织的建筑、被理解为场景的城市。坐在垫着软垫的座位上，也许是一个人，把收音机调到最喜欢的频道，司机看着单个的建筑和街道变成移动的图像，变成长度、方向和内容都不确定的建筑轮廓。建筑物按照驾驶员到达和启程、停留和加速的意愿重新组合。汽车就像电影，把通行带入新的世界。也就像电影的运动摄影一样，道路景观及其速度和视觉，可以被大胆地开发出来。（78 页）

144

在施瓦策的描述中嵌入了 20 世纪风挡玻璃美学的许多特征元素：速度与运动、碎片与选择、孤独与自主（可能伴随着某种自恋与异化）、探索与自由。然而，速度——运动的形象——占有主导地位，它改变了对城市的体验。[22] "速度把透过风挡玻璃看到的城市变成运动的表面，一条以某种方式逃避形式意识的形式流"（施瓦策，71 页）。都市景观变成一股流，一种通过漂移和跑酷，以稍显不同且更加活跃的方式被重新获取的经验，就像我们即将看到的那样。

然而，随着 20 世纪逐渐成为过去，21 世纪的风挡玻璃和汽车文化本身的美学特征和精髓已经显现出额外的、有时甚至完全不同的方面。如果说现代美国的汽车之城（大致始自 20 世纪 60 年代中期）以速度（至少在理想情况下如此）和车流为特征的话，那么，后现代全球性汽车之城则以交通拥堵为其更加显著的特征，戈达尔在《周末》中就预言了这一点。一旦交通停滞，就像今天这样，拥堵更频繁、时间也更长，车里就会突然变得压抑。停滞取代速度，挫折抹杀快乐，我们用以凝望外边的窗户现在变成了暴露的孔洞，其他一起被困的人可以透过这个孔洞凝望我们——在豪华轿车和中型客车上，由于窗户的华丽色彩所左右的凝视而颠倒。在这个刚性、静态的外壳中，速度仅仅出现在汽车内部，出现在视频、互联网、监控和 GPS 屏幕上的数据和图像的快速流动中。

这种新的赛博汽车文化及其对后现代城市景观体验的影响在唐·德里罗 2003 年的小说《大都会》中得到了精彩的描绘。小说中，后现代全球资本城市的汽车原型是一辆匿名的白色轿车，载着"投资银行家、土地开发商、风险投资家……软件企业家、卫星电视和有线电视的全球霸主，贴现经纪人，精明的媒体总裁……一些被流放的国家元首，他们的国家留下一些由于饥馑和战争而支离破碎的景象"（10 页）。《大都会》讲述了亿万富翁、全球炒汇者埃里克·帕克（Eric Packer）"平凡的一天"。离开位于曼哈顿第一大道 48 房间的公寓后，他坐上了自己定制的白色豪华轿车，这辆豪华轿车配备了大量的荧光屏视觉显示设备，通过这些设备可以看到全球资本的流向，"混合的数据……和高山图标，彩色数字脉冲"（13 页）。

埃里克打算在镇对面的理发店理发。他的安全主管警告他，总统已经进城了，因此，该市大部分地区的交通将处于停顿状态。埃里克没有被吓倒，一天中的大部分时间都会坐在豪华轿车里，慢慢地（非常慢，需要一整天的时间）穿过一条又一条大道，穿过曼哈顿中城，一直开到最西边。

通常的市中心交通堵塞（尤其是哀号的急救车、乱七八糟的行人和停滞不前的旅游巴士）不断地阻碍着交通的畅通，这不仅因为总统和他的大批随行人员在场，而且还因为总水管破裂、大规模的街头抗议、殡仪队、电影拍摄和投资银行外的爆炸——几乎是这个城市持续性的常见的事件。在《变焦景观》一书中，施瓦策认为"汽车的美学是由短暂的遭遇形成的，这是一种几乎瞬间消失的快速而有力的视觉和形式组合"（72页）。然而，在后现代大都会纽约，这些短暂的遭遇与其说源于汽车行驶，不如说源于汽车周围都市生活的流转，因为汽车被牢牢地困在交通堵塞中。德里罗的叙述仔细地追踪着豪华轿车的进度（或是进度的缺乏），一个又一个障碍，一条又一条大道。因此，叙事的基本结构被豪华轿车停下来的行程所取代，短暂的运动时刻被长时间的瘫痪所打断。

一天中，埃里克有好几次以某种奇怪的同步性遇到了他的新婚妻子伊莉丝（Elise）。显然是偶然的，她出现在他豪华轿车旁的出租车上，出现在他停下来买书的书店里，出现在街上的人群中。每次见面，他们都吃一顿饭：早餐、午餐、晚餐。这些同步性究竟是有意义的巧合，还是仅仅是随机频率的表现，仍然是一个悬而未决的问题。然而，我们有可能将其解读为一种表现形式，一种夫妻社交空间简化拓扑结构的效果，就像所有纽约富人一样。在这个空间里，埃里克的豪华轿车的内部和外部是一体的，形成了一种莫比乌斯圈，只是在这里，所有的东西都在里面，在豪华轿车内部，这是一个能够将资金和其他所有东西进行即时全球转移的、小小的幽闭恐怖空间。但是在这里，金钱就是一切；没有"其他"，就像豪华车没有"外部"一样。然而正如我们现在看到的，这种拓扑并非包罗一切，因为无论本土还是全球的外部世界（们），最终都确实侵入了埃里克的空间。事实上，这个外部世界始终抑制着这个空间，并且也从内部抑制它。

这辆豪华轿车在穿越城市的轨道上暂停过好几次，让埃里克

146 公司的首席技术官、首席财务官、首席理论官、货币分析师和医
生上来，在后座上开了几次简短会议之后再下车。[23]埃里克心想，
办公室就像许多前后现代的结构和部件一样，是"过时"的（15 页）。

在所有这些会议期间，随着豪华轿车继续在全市停滞不前，
埃里克短暂下车去和以前的情妇、后来的女保镖做爱，参观地下
舞厅，投几下篮和理发。在这一天时光里，他由于在日元上过度
使用杠杆而失去全部财产，然后又存心损失了他妻子的全部财
产。他谋杀了自己的保镖，在把豪华轿车的残骸丢在 11 大道的
停车场后，又很明显是被一个跟踪他一整天的刺客谋杀了。由
此，这部小说结束了埃里克缓慢移动的都市奥德赛，也结束了小
说本身。

《大都会》既是对全球资本都市景观和虚拟景观的沉思，也是
对普遍的汽车，特别是后现代豪华轿车的沉思，豪华车那闪烁的
屏幕揭示出两种景观的相互渗透。全球城市纽约的社会阶层依照
一种汽车序列（或者更准确地说，是一个非连续序列）延伸，一端
是私人加长豪华轿车，另一端是出租车。"全球资本巨头"取代上
一代"工业巨头"，他们的豪华轿车控制着街道（直到被交通堵塞
所取代）；第三世界难民驾驶的出租车"挤在一起"（13 页）。当笨
重的公共汽车冲向行人时，他们冲向路边，成为"活生生的猎物"
（41 页）。

对埃里克来说，豪华车既是欲望的目标（以及实现欲望的幻
觉），也是权力的生命，"是一种跨越所有反对论调的巨大变异
体"（10 页）。同时，这种豪华车的"在场"却出奇地有限，因为加
长豪华轿车在城市街道上无处不在，以至于没有人真正注意到它
们。车内部是一种古董豪华车和高科技信息技术的不协调混合。
豪华轿车的普鲁斯特软木内衬是汽车货真价实的（和过时的）保守

性标志，就像卡瑞拉大理石地板、红雪松镶板、皮革内饰以及显示埃里克出生时行星位置的天顶画。这些不合时宜的现象与豪华轿车中先进的信息和成像技术密切相关：前面是电脑屏幕和一个用于汽车外部的红外摄像机夜视镜；在后面，是播放着数据和视频图像的显示组件，以及汽车侦察摄像头的反馈信息。豪华车的矛盾也是埃里克自己以及更大程度上我们的矛盾：比较而言，数据（和资本）在无摩擦赛博空间只需几纳秒即可流布全球，而物质则在物理和情感层面涌动。大脑的兴奋感——对控制的渴望，对触觉和感知（大理石、雪松、皮革）的渴望，抵消了关于一切都将非物质化并融入空气的信念："手持式空间……已经完成。"（13页）屏幕设置由声音或手势控制，产生了"一种几乎无须接触的……语境"（13页）。

　　围绕埃里克，有关封闭、绝缘和游离的比喻不断增加。帕克 *147* 资本的豪华车和数据库（本质上都是埃里克自我的延伸或投射），就像他对自身主体性的笛卡尔式幻想一样，据说是安全、牢不可破、无懈可击的（最后，随着现实原则的不可避免的介入，或者拉康意义上的真实的爆发，他们变得非常脆弱）。正如埃里克的"无接触语境"所表明的，这些比喻与全球市场上的数据和资本的虚拟流动密切相关，也与笛卡尔式我思的分析型思维演练相关。通过这种演练，他可以探索那些模糊的模式，从中辨认出"美和精确性"（76页）。

　　埃里克认为，数据流使他超越人类的希望和恐惧，它们捕捉到更深的东西："世界的零合为一。"（24页）然而，埃里克以及白天几乎所有他交谈过的人都认为，即使最全面、最细微的数据集，也可能遗漏一些东西。显然，埃里克之流拥有权势，会对世界产生影响，但意义则可能完全是另一回事。这部小说至少在一定程度上，对那些超出我们技术能力的、技术无法捕获因而也无法数字化、无法被下载的存在层面进行了思考。事实证明，这些正是埃里克（或许怀旧性）的欲望对象，它们在漫长的一天里激起他对理发看似不切实际的追求。通过埃里克对他的技术主管夏纳（Shiner）的提问所做的回答，暗示出理发的重要性。夏纳问，考虑到这种交通状况，为什么不让理发师来办公室或者在车里理发。埃里克解释道：理发"关系到许多方面。墙上的日历。无处不在的镜子。这里没有理发椅。除了间谍摄像头什么都不会转"（15 页）。更直接地说，理发自身就是理发的意义。对埃里克来说，它更加具体和个人化的含义始终模糊不清，直到故事将近结束。埃里克最终的困惑和沮丧证明，对他来说，这一意义与物质性（和时间性）密不可分。在走向死亡的过程中，他一一经历了生命中所有无法以"数据"容纳或再现的元素。

　　然而，当埃里克在城市中穿行时，他看到了他周围的种种迹象，表明物质世界（以及它的许多技术）甚至空间都已经过时了。正如埃里克的货币分析师麦克·秦（Michael Chin）所言，在这个全球资本城市里，人们可能会感觉到"完全无处定位"（23 页）。这个城市的典型建筑是隐约可见的银行大楼，"各种规模的隐蔽建筑……是如此的普通和单调……[埃里克]必须集中精力去看它们"（36 页）。奇怪的海市蜃楼，以其"空洞"著称，这些金融大厦本质上是零空间，是作为全球资本的纯粹象征的虚拟空洞。[24]"它们存在于未来，这个时代超越了地理位置、超越了货真价实的金钱以及对金钱斤斤计较的人。"（36 页）高楼大厦似乎在空间和时间上都崩溃了，就像全球资本流动的网络空间领域正在取代它们。金斯基（Kinsk）认为："赛博资本创造未来……因为现在，时间就是公司的资产。它属于自由市场体系。当下很难找到。它正被吸

出这个世界，为未来不受控制的市场和巨大的投资潜力让路。"（79页）

　　这种当下—未来的都市地理形态是一个由符号和拟象构成的空间，与埃里克借用赛博朋克术语称为"肉空间"的都市空间共存。"肉空间"是过去的残余，是物质和怀旧的空间——它在豪华车之外（但作为怀旧，也在里面）。"曾经有些日子，"他回忆道，"那时他总想吃个不停，想跟人面对面聊天，想生活在肉空间里。"（63—64页）因此，"肉空间"也是血肉之躯的空间、面对面互动的空间以及都市共同体的空间。对埃里克来说，这种都市空间的原型是钻石区，资本在里面仍然保持着起初的物质形态。

　　埃里克认为，在钻石区进行的商业和交易所具备的物质性是其古老、过时性质的标志。这种交换形式反过来又生产或再生产主体性、共同体和话语的古老形式："用现金换黄金和钻石。戒指、硬币、珍珠、批发珠宝、古董首饰。这里是露天市场、是犹太商人的地盘。这里有讨价还价和搬弄是非的人们、卖废品的，还有说话直截了当的商人。街道是对未来真理的冒犯。"（64—65页）正如在更广阔的全球资本主义景观中一样，过去、现在和未来的发展模式无论多么不易，都在全球城市中共存。埃里克对"事物如何在这个新的、流动的现实中持续保有重力和时间的习性"而感到迷惑（83页）。尽管如此，他脑海中依然强烈地感觉到，在这个新的"无接触"现实中，城市街道的物质性仍然有无可置疑的力量（65页）。

　　埃里克本人与后现代城市和后现代时期的物质性与虚拟性冲突之间的对立关系也很明显，他通过城市建筑空间来理解自己的身份，尤其是他所居住的（与多斯·帕索斯《曼哈顿中转站》中的斯坦和吉米居住的并无不同）高层塔楼："他觉得与它十分接近。

那是第 89 层，一个质数……世界上最高的住宅楼。"(8 页)提及质数(prime number)(只能被自身和 1 整除)，与它的双关语、优质房产的"品质"(prime real estate)①，都是值得注意的，我即将进一步讨论这些数。虽然这座古铜色玻璃的大楼与银行大楼同样平庸，但在这个例子中，对埃里克来说，重要的是与银行大楼的非物质性相对的、住宅塔楼的物质性。尽管确实正因为这种物质性使得这两个形象本身的身份接近。即使撇开(如果可能的话)埃里克明显的阳具崇拜的身份认同不谈，塔楼的物质性也发挥着保障他自身实体性的功能：它"给予他力量和深度"(9 页)。塔楼还发挥镜子功能，在他的自恋中，人们可以看到拉康镜像阶段的重现，它建立了封闭的(和笛卡尔式的)、疏离的、理想的我。这种理想的我的确是严格意义上的理想——一种想法，因为它潜藏着软弱、无能以及肤浅。埃里克所感受到的力量和深度只能进行表面上的掩盖，提供一种保护的假象。埃里克在研究大楼的表面时，他注意到它反射和折射光线的方式以及周围的世界，包括他自己的形象，他把一切都简化为"一个从内到外分离的表面，它不属于任何一个"(9 页)。

当埃里克思考塔楼的时候，他也注意到"摩天大楼"能指及附加于其上的所指已经过时："这一能指属于满含敬畏的古老灵魂，属于箭楼，一种埃里克出生前很久的故事叙述。"(9 页)这是埃里克对于空间(办公室、钻石区等)、技术及其能指过时性的多次思考中的第一次。随着知识生产和技术创新速度的加快，在某种程度上由于全球资本的功效及其"创造性破坏"机制，知识和技术越来越致使自身的术语和工具变得过时。尤其脆弱的是通信和信息

---

① 质数和优质房产的"优质"在英文中同为 prime。——译注

处理技术：埃里克认为应该"退休"的词汇包括"电话""对讲机"和"计算机"。由于与"智能"建筑、电器（包括照相手机等设备）和服装结合在一起，计算机不再作为不同的物体存在。在电子货币和转账领域，处理现金的设备（和工人）也已经过时，埃里克想知道为什么收银机不被归入博物馆陈列。货币和资本的非物质化对财富、财产及其符号产生同期效应。这种效应是资本主义最新阶段的变化，是对从物的资本主义到符号的资本主义、再到第一章讨论的品牌资本主义这一轨迹进行的最后的荒谬还原（reductio ad absurdum）。然而，在所有这些前期资本主义形式里，在财富的象征与某样物质（即使只是货币本身）之间，仍然存在某种哪怕是微弱和遥远的联系。

　　然而，正如埃里克的理论（或许是后现代理论）主管金斯基所言，在《大都会》的当下—未来中，"所有的财富都为了自己的利益而变成了财富"，"金钱已经失去其叙事性的品质"（77页）。就像一种后现代的数学，财富仅凭其自身现实来定义，并且正如金斯基所指出的，财产已成为纯粹抽象概念："金钱自言自语"（77页）——谈论自身，也只谈论自身。对于那些处于资本主义食物链顶端的人来说，财产（也就是资本在许多物质上的体现）似乎正在抛弃以前的消费模式——物的炫耀性消费，20世纪中叶以小品为导向的广告所提倡的标志性消费，甚至当代的品牌消费——以及它们帮助产生的主体性和城市形式。[25]财产的概念已经改变。金斯基解释说，花在土地、建筑、汽车、游艇和私人飞机上的巨款不再以"传统的自我保障"为目的。财产"不再与权力、个性和命令有关"，也不是"庸俗地展示或有品位地展示"之类炫耀性消费的问题（78页）。现在重要的只是价格——并且正如金斯基所说，"这个数字证明了自己的合理性"（79页）。

150　　　　也许是历史上第一次，这种层次的消费已经达到纯粹抽象的程度——"数字本身"。正如 19 世纪德国伟大的数学家、投资银行家利奥波德·克罗内克（Leopold Kronecker）一语双关的名言所说的："上帝仅仅创造自然数。其他一切都是人为的添加。"德里罗可能已将克罗内克这句名言铭记在心，因为小说中多次引用数字，埃里克也颇为关注数字。数字形成断续的网格，通过它可以看到一切，重塑一切。让我们回到埃里克居住的塔楼层数，那是一个质数，由一个低调的质数来表示一处房产的优质（89 页）。克罗内克是质数理论的创始人之一，由于它是现代数论的一门重要学科，质数理论在历史上也被认为具有神秘的意义。数字 89 本身还有其他有趣的数学性质，例如它也位于斐波那契数列中。在斐波那契（Fibouacci）数列（如 1、2、3、5、8、13、21、34、55、89……）里，每一个数都是前两个数之和。斐波那契数列（也被认为像质数一样具有强烈的神秘意义）出现在一系列引人注目的自然现象中，从贝壳的螺旋、波浪的卷曲，到树木和树叶的分枝，再到花瓣和花顶端籽的排列。斐波那契数列也与广泛应用于历史建筑中的黄金比例 Φ 相关。考虑到德里罗在数学和科学方面的兴趣，他很可能想到了这些因素，并将其转化为对数字世界以及埃里克脑海中资本世界的描绘。在这个世界里，除了数字和资本之外，别无其他。

　　尽管如此，全球资本在城市中的具体表现仍然十分明显。在德里罗的国际大都市景观中，成群结队的银行大楼拔地而起，全球资本无处不在，以刻在建筑物上的金融机构名称的形式为标志。然而，所有这一切在产生的同时也被替代。"赛博资本的光芒如此明亮又如此诱惑地"点亮了埃里克豪华车里的等离子显示屏（78 页）。在风挡玻璃外，赛博资本的光芒和流动还可以从写字楼外屏幕上的股票行情显示牌中看到。这种赛博资本的展示以多样性、抽象性和最重要的速度为特点，与老时代广场塔楼"拉链"①上闪现的新闻有着本质的不同。后者旨在将新闻呈现为需要被遵循和理解的叙述性故事。现在，只有"玩命冲刺的数字和符号、分数、小数和固定的美元符号、源源不断的文字发布……都快得让人来不及吸收"（80页）。埃里克和金斯基所分析的场景可以很容易地被德波或其他情境主义者书写下来：他们看到的"不是纯粹的信息流动景象，而是由信息制造的神圣、难以理解的仪式感……它制造出一种偶像崇拜，人们在震惊中聚集"（80页）。

151

过了没多久，人群确实聚集起来了，但并不震惊。埃里克一整天都能看到各种反全球化抗议活动的预兆。抗议从时代广场附近开始，埃里克在纳斯达克中心外听到了玻璃破碎的声音。抗议采取两种主要形式：象征性行动（在餐馆和酒店里释放成群老鼠，一只20英尺长的泡沫塑料老鼠在街上游荡，人们在角落里把死老鼠吊起来），以及攻击"视频墙和口号的字幕跑马灯"之类资本自身的符号系统（87页）。

老鼠（污物、传染病、下水道和贫民窟的象征）是一首诗里反复出现的句子："老鼠成为货币单位。"[26]这个形象是一系列意义转喻的一部分，首先是弗洛伊德有关金钱和排泄物等值性的象征经济；然后是落魄和"低人一等"。抗议活动还包括焚烧和毁坏汽车，埃里克的豪华车就被抗议者击打、喷漆并撒尿。事实上，抗议活动的所有方面，都可被视为一种对天翻地覆的狂欢节传统的更新，它也在许多方面模仿狂欢节。"高高在上"的全球化统治阶层及其虚无缥缈的赛博资本，与"低入尘埃"的、落魄的、物质性

---

① 时代广场建筑边沿的电子新闻跑马灯。——译注

的老鼠和排泄物。[27]

抗议者对无论是物质还是形象上的全球资本主义符号系统，都进行攻击。他们的攻击包括滑板手在公共汽车上涂鸦，还有人从屋顶上吊下来，试图砸碎一座"位于一幅庞大世界地图之下……带有一家大型投行名称的大楼"的窗户（93 页）。抗议在将塔楼上电子跑马灯更换成新信息时达到高潮，上面写着："**一个幽灵正在世界上游荡——资本主义的幽灵**。"（96 页）这条标语之所以引人注目，不仅因为它采用了《共产党宣言》的第一句（在那里，游荡的是共产主义的幽灵）；也因为它暗暗指向（德波意义上的）全球资本的奇观本质和它镜子般的虚拟性。然而，对埃里克和金斯基来说，连抗议活动最终也只是一场奇观，即便他们乘坐的豪华车遭到了抗议者的袭击和践踏。[28]当他们看着面前的监视器时，埃里克说："看电视更有意义。"（90 页）金斯基相信（可能并不完全是错的），抗议者只是"市场引发的幻想。他们并不存在于市场之外……市场没有外面"（90 页）。

然而，正如埃里克发现的，有些东西是市场及其数据银行无法完全同化的，并迫使市场不能彻底恢复，包括欲望、机会和自身最终也是随机事件的死亡。即使当欲望受到导向的时候，就像这个特殊的日子里，埃里克对于货币本身及其数字的欲望，最终被证明是没有限度且无法控制的，它接近于康德数学崇高中的数量的无穷大。"他想要所有的日元"（97 页），他突然想到，欲望及其对象被"日元"的双重含义联系在一起。他相信，他可以拥有自己所能控制的东西，但一种不可思议（也不可计算）的随机性元素进入日元走势。尽管他坚信"某种东西"必然能解释日元的波动，并能据此预测其走势，但日元那不可能又无法解释的波动却与他的预期背道而驰。

　　最后，死亡本身证明了资本（及其技术）无所不能的谬论。看着一名抗议者自焚，埃里克吃了一惊。市场似乎"不能认领或同化这个人的行为"（100 页）。在死亡中，与身体纠缠不清的思想也最终超出了市场的掌控。受伤的埃里克看着自己生命的最后几秒慢慢流逝，他想到了超越的终极幻想，现在通过信息技术——把他的意识（毕竟是一种数据形式）下载到电脑芯片上的可能性。这样就直接把人类的体验变成另一种商品。然而，在他死时，他一一回忆起那些不能变成数据的东西，所有使他成为他自己的东西，包括他的经历和记忆。

　　除了作为抗议者的献祭之外，这最终的领悟还有另一个重要的前因：埃里克下午遇上的一个著名霹雳舞演员的葬礼队伍。也许，他所瞥见的是一种不同的都市生活方式的暗示，体现在霹雳舞演员葬礼队伍这种物质的实践和旋转的舞蹈中。队伍致使交通停止，并且至少暂时代替了全球城市中的资本奇观。[29] "我们如何知道全球时代何时正式终结呢？"金斯基问道，"当加长豪华车开始从曼哈顿的街道上消失之时。"（91 页）这种豪华车有一天也会被其他欲望机器，或者被城市能源支持的其他形式的交通所取代。但会是哪一个呢？

3.　加速流：从漂移到跑酷

　　　明天的建筑将是改变有关当前时间和空间观念的一种手
　　段。它将是一种知识的手段，一种行动的手段。
　　——伊万·切格洛夫（Ivan Chtheglov），《新城市主义的公式》

　　　找到你的黑洞和白墙，了解它们……这是你能拆除它们并划出你的飞行路线的唯一方法。

——德勒兹和瓜塔里，《千高原》

153　西蒙·萨德勒（Simon Sadler）在《情境主义城市》一书中写道："情境主义建立在这样的信念之上，即普遍革命将起源于对物质环境及其空间的占有和改变。"（13 页）正如他所解释的，"如果一个人剥离了这种对现代性和都市主义的官方表现——现实坍塌成由商业和官僚机构所批准的流动的图像、产品和活动这种情境主义所谓的'奇观'——那么他就能够发现隐藏在城市下面熙熙攘攘的真实生活"（15 页）。[30]

情境主义者把城市，尤其是现代主义城市作为主要批判对象，这种批判通过他们设想的"心理地理学研究"进行。后者被居伊·德波定义为"研究地理环境行为在有意识或无意识的组织下，影响个体情绪和行为的确切规律和具体效果"（"报告"，23 页）。心理地理学在一定程度上可以看作是对现代主义建筑强调建筑物和物体实用功能的一种回应（路易斯·沙利文［Louis Sullivan］的名言"形式服从功能"就是一个例子），这种回应通常不考虑它们产生的心理效应。[31]然而，这项研究既在当前是导向型的，在未来也是导向型的；它既牵涉到"积极观察当前的都市群落，也涉及关于［未来］情境主义城市结构的设想"（"报告"，23 页）。在情境主义者的城市中，一种新的、革命性的日常生活方式作为"单一都市主义"计划的一部分而出现，该计划旨在"形成一个统一的人类环境，在其中，工作/休闲或公共/私人的分离最终将被消除"（"报告"，23 页）。

除了概念和意识形态方面的争论，情境主义者的心理地理学还涉及一些实验性的行动或游戏，其中最主要的是漂移，一个人或一个小团体在城市街道上游荡（或漂移），同时仔细观察他们所经过地方的环境和氛围以及这种氛围引发的特定情绪。德波制作的迂回的拼贴地图（如图 4.5 中的"裸城"）以漂移的形式描绘出巴黎的碎片，并用表示吸引或排斥的箭头把这些碎片相互连接。漂移中的生活场景不是垂直（树状）的，而更接近德勒兹和瓜塔里的水平（根茎）状态，它制造的水平图像与传统制图者和城市规划师所采用的分离的城市鸟瞰图形成对比。这种沉浸式的水平图像密切图绘出城市的心理氛围。

心理地理学和漂移在许多不同的方面都发挥了解毒剂的作用，而情境主义者认为，这是当代城市规划为资本服务的有害影响。在他们看来，现代都市主义是现代资本主义宏大意识形态的具体表达，是一种有组织的大规模异化演练。阿提拉·科塔尼和拉乌尔·凡尼根写道："都市主义可以与可口可乐周围的广告宣传相比较，是一种纯粹奇观化的意识形态。现代资本主义把所有简化的社会生活组织成一种奇观，但除了我们自身的异化之外，它无法呈现任何奇观。"（65 页）

154

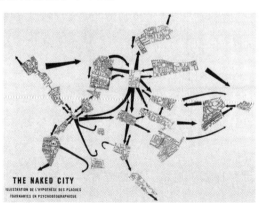

图 4.5　居伊·德波，《裸城》，1957。

（Courtesy of RKD，The Hague.）

这种奇观和异化与漂移的经验性知识相互抵触。在强调个人与城市以及客体的相互作用时，漂移的经验性知识是主观的（或反思性的）；当作为一种自发的群体活动并随之对城市社会生态进行批判时，这种知识也是客观的。正如萨德勒观察到的，作为革命实践，漂移和其他心理地理学的努力也是"好玩的、廉价的和民粹的……是街道日常空间中的艺术活动[们]"（69 页）。

德波把漂移这种"伟大游戏"的即兴和越轨性质扩展到了包括"半夜溜进正在拆除的房屋，以增加混乱为名在运输罢工的时候不断搭顺风车毫无目的地穿过巴黎，在禁止公众进入的地下墓穴中乱逛之类"的活动。这些活动破坏城市奥斯曼化过程中的笛卡尔式的逻辑，以及柯布西耶和其他现代主义建筑师、都市规划师所喜爱的理性主义网格（"理论"，53 页）。德波和其他现代主义批评人士都明确地将这种逻辑与国家的强制力量相联系，具体而言，创造开放空间和林荫大道是为军队提供便利，使之在对抗街巷暴乱时能够迅速行动。德波转述《麦克白》中的话写道："除警察控制之外，奥斯曼的巴黎从任何角度来看都是白痴建造的城市，充满喧嚣和愤怒，并且毫无意义。"（"引言"，5 页）正如前面讨论的，20 世纪下半叶，汽车霸权等力量增强了这种都市战略，这些力量进一步将城市历史街区碎片化并夷为平地。这也导致类似于巴黎郊区"新城"那样一成不变、死气沉沉的社区的激增。德波声称，他的座右铭可能是："在这个地方什么都不会发生，而且从来也没有发生。"（《景观社会》，177 页；原文重点）在都市地貌中巡游，漂移探索了遗留下来的碎片，绘制它们的地图，并将它们编织成一种叙述，一种"共时性历史"。用亨利·列斐伏尔的话来说，通过漂移实践，单一的都市主义寻求"某种特定一元化统一的东西，但失去了统一性，一种正在消失的统一性"（"亨利·列斐伏尔"）。利奥塔可能会把这种对（一开始就不可能存在的）"消失了的统一性"的寻求，看作一种现代主义的怀旧形式，"对不可触及的怀旧"；甚至从积极方面来看，它就是对极权主义的管控意识形态和现代主义实践的一种反抗形式，是另外一种形式的现代主义（"回答"，81页）。因为很明显，漂移和其他情境主义的做法，比如改变方向和创造"情境"，都是定义和重新塑造城市记忆，包括未来记忆的深远政治姿态。在这方面，他们在后现代空间性运动的历史中发挥了重要作用，特别是在德勒兹和瓜塔里意义上更为水平和流畅的空间上。

在情境主义运动中，我们不仅发现了一种意识形态与另一种意识形态之间的对抗；或者如果把笛卡尔逻辑扩展到某些现代主义先锋派运动中，我们会发现一种先锋派与一种反先锋派之间的对抗，或者又一次地，一种现代主义与一种反现代主义的对抗；而且更为重要的是，通过新物质实践形式与主导意识形态以及由它界定的（破坏性的）都市实践两者之间的对抗。通过相互作用的文化、政治和审美的交互过程，这些实践在创造新城市空间和新主体时直接牵涉到城市居民。在最深层面上，情境主义者试图与现代主义的创造（如巴黎新城）对抗，试图与强加给城市的牛顿或笛卡尔式"绝对"空间（时间）的环境（如被夷为平地的波堡区和莱斯哈雷市场）对抗。被放置在其中的主体，是预先定义或确定的，而不是相互排斥的主体，包括空间。"所有空间都已经被敌人占领，敌人甚至为自身目的而改变空间的基本法则和几何。"科塔尼和凡尼根这样说（67页）。

根据情境主义者的观点，这种占领的结果一直是，也只能是，主体在这个确定的坐标空间中越来越普遍且日益严重地孤立和异化。通过漂移和其他参与性实践，情境主义者试图对抗现代

156 建筑和城市规划的功利逻辑（以"功能"和"实用"等口号为标志）及其产生的异化。科塔尼和凡尼根在《单一都市主义局的基本方案》中提出对现代主义建筑中"功能"的定义或概念的另一种看法："功能性的就是实用的。唯一可行的是解决我们的根本问题：我们的自我实现（我们从孤立的体系中逃脱）。这一切都是有用和功利性的。"（67 页）"根本问题"的解决是在城市空间和城市主体的相互创造中找到的，情境主义者通过诸如"驱动力"这样的实践创造了一个物质模型。德波认为这是"对一种新行为模式的粗略实验……是一段超乎寻常的充满激情的旅程"（"报告"，24 页）。这种实验对于创造一种新的生活方式是不可或缺的，这种生活方式将把日常现实变成创造性的游戏。

即使人们要质疑情境主义哲学视野的某些方面，正如我所认为的那样，人们仍然必须在漂移本身的游戏中承认一种新型城市空间和一种新的主体性形式的潜在出现。漂移产生了一个多重的、不断变化的可能性空间，"一个人［确实］参与的游戏的疆域"，以及一个革命性的主题，即单一性（homo ludens）（144 页）。[32] 两者都将在彼此不断的相互改造中产生和发展。

作为我对后现代都市流及其相互作用的探索的一部分，我想在本章中讨论的另一种形式的城市运动和戏剧游戏"跑酷"，也面临着类似的、相关的但更为激进的转型。跑酷的发明人大卫·贝尔（David Belle）将"跑酷"定义为"帮助你跨越任何障碍的艺术"，"跑酷"或"自由奔跑"实际上既是一种运动，也是一种与都市环境互动的新形式。跑酷运动是贝尔在 20 世纪 80 年代末与他儿时的朋友塞巴斯蒂安·福肯（Sebastien Foucan）共同在法国发起的。跑酷从业者（被称为"跑酷者"）在都市环境中那些刻意限制运动的物体（路缘、栏杆、栅栏）或无意间对通行构成阻碍的物体（墙壁、灯柱、路牌、长椅)之间蹦跳、跨步和翻越。

《尖峰时刻》是英国广播公司一台(BBC ONE)的一个短片预告片，以大卫·贝尔为主角，这是跑酷最早的媒体报道之一，在英国介绍和推广这一做法方面发挥了重要作用。[33] 随后跑酷通过新闻报道广为传播：耐克和丰田的广告、纪录片《跳吧伦敦》(*Jump London*，2003)和《跳吧不列颠》(*Jump Britain*，2005)，以及一系列故事片，包括吕克·贝松(Luc Besson)的《企业战士》(*Yamakasi-Les Samourais des tempsmodernes*，2001)和《暴力街区13》(*Banlieue* 13，2004)(该片在美国公映时名为《B13 区》[*District B*13]，由大卫·贝尔和西里尔·拉菲利[Cyril Raffaelli]主演)。塞巴斯蒂安·福肯在《皇家赌场》(*Casino Royale*，2006)中饰演莫拉卡(Mollaka)，一个被邦德以跑酷风格追捕，然后被杀死的恐怖分子。麦当娜 2006 年的专辑《自白之旅》(*Confessions Tour*)的一大特色就是伴随主题曲《跳》的跑酷，不过仅限于舞台上搭建的脚手架。然而，在跑酷运动迅速发展成为全球青年运动的过程中，最重要的也许是大量涌现的以业余视频、照片、教程和博客等为特色的跑酷网站。

157

跑酷这个词来源于法语 parcours(这项运动在法国称为 parcours)——线条、行程、跑道、道路、途径或路线；从动词 parcourir 开始——穿越、跑过或通过、横越。作为一种身体训练，跑酷可以说是一种"诗学"——首先，一般来说，在亚里士多德意义上，它通过各种技术(technē)来构建每一个跑酷事件的戏剧。其次，我们可以按照亚里士多德的四因分析模型，通过考虑其特定的材料(身体和城市)、动作形式或词汇(主要取自体操、武术和现代舞)、体裁(比如说体操)和目的，包括对听众和跑酷者本身的影响。现有的关于跑酷的文献(在这一点上，大多是新闻报

图 4.6　大卫·贝尔，吕克·贝松的电影《暴力街区 13》。

道或网站)倾向于强调形式或运动的要素，例如跑酷的各种攀爬、跳跃、跳高和下落，以及类型的问题，尤其是跑者之间有关什么是或者不是真正跑酷(而不是自由跑)的持续激烈的争执。相比之下，我想关注一下跑酷的材料和目的——城市和身体的性质，因为它们与跑酷相关，以及人们看到它重新图绘城市空间和表现对其规训功能的抵制方式，特别是在城市街道网格中的表现。

158　　　如前所述，街道网格(或其上的变化，如奥斯曼的巴黎星型结构)有助于在导航、监视和控制城市空间方面的可理解性。它以确定的方式将人们安置在城市空间中，并设置行人和车辆交通的通道。因此，网格承载了许多规范化和规训功能，实际上创造了德勒兹和瓜塔里意义上的城市空间的"纹理"，如第二章所述。这种纹理构成了"捕捉各种流动、人口、商品或商业、货币或资本等的过程"。在一个确定性的空间坐标范围内，它建立了"在明确方向上的固定路径，这些路径限制速度，调节循环，使运动相对化，并详细测量主体和客体的相对运动"(德勒兹和瓜塔里，《千高原》，386 页)。从《尖峰时刻》视频对都市空间的描绘中，我们可以看到这些纹理的许多方面：在被网格锁定的交通中，闪烁的灯光，"停止"和"等待"的标志，通行方向指示灯，以及繁忙的街道上拥挤不堪、接踵摩肩的行人成群结队地拖着沉重的脚步向家中跋涉。

与这些循规蹈矩、毫无新意、死气沉沉的形象相反，这段视频展示出了跑酷的原创性精神、"范围"、逃离和自由。贝尔赤裸上身，从空中穿越位于他办公室和公寓之间的都市空间——一种快速、即兴的流动，跨过开阔的屋顶（和它们之间的空隙），越过墙壁，最后沿着倾斜的屋顶进入他的公寓窗户——穿过下面井然有序的街道空间，使他超越了当时社会领域及其"具体"表现的束缚。尽管一定会遇到必须克服的障碍，但跑酷的目标是尽可能平稳高效地完成这项运动，或者用跑酷者的话说，就是让跑酷运动"像水一样流动"（Law）。因此，跑酷体验可以说是将都市景观转化为"平滑的空间"，正如德勒兹和瓜塔里所说的"一个没有中转或管道的世界"（《千高原》，371 页），从而转化为一个至少在某些理想时刻自由运动的空间。跑酷似乎在追寻一条欲望之路（即使这种欲望只是为了避开人群，及时回家观看 BBC 一台节目），沿着德勒兹和瓜塔里所说的"飞行路线"前进，这是一条潜在的摆脱条条框框和压制力量的途径。身体被推过或穿过（大多数跑酷运动实际上发生在地面）城市空间的层次，也许是希望，正如德勒兹和瓜塔里所认为的，"一个人将在一条飞行线上直接支撑自己，使他能够爆破纹理、切断根茎，并建立新的联系"（《千高原》，15 页）。在这个过程中，跑酷变成一种"置换的艺术"，以某种方式占据都市空间，暂时打乱控制逻辑，甚至暗示一种平滑欲望空间的可能性。

人们也可以同样将跑酷看作通过身体和物质障碍之间的相互作用对社会空间（及其限制和禁止欲望的不同形式，它的**"停"**和

"等"符号)的跨越。身体成为了自由的工具。这一点在《尖峰时刻》中再一次被生动地表现出来。影片开场，贝尔脱下他的职业套装，随后他那柔韧、裸露的身体与下面僵硬、裹着衣服的行人形象一再成为对比。

通过跑酷实践，身体和空间的关系变得动态，两种现实原则和谐一致，在社会纹理的悬置中相互作用。甚至可以说，都市空间得到重新体现——它刚性的纹理被有效地液化。在《跳吧伦敦》中，跑酷者杰里米·本·伊厄斯(Jerome Ben Aoues)谈到一种近似禅的"你与障碍间的和谐"，一种有时被描述为流动的理想状态，一种在活动中似乎毫不费力并随之忘我的沉浸。它提出一种不同的了解城市的方式，一种与抽象知识相对的经验知识——跑酷，贾克琳·劳尔(Jaclyn Law)认为，"有关好奇心和对可能性的认识——把一个灯柱或公交车站看作人行道的延伸"。"你只需要看，"塞巴斯蒂安·福肯在《跳吧伦敦》中坚称，"你只需要像孩子一样思考。"

然而，对我在这里的分析来说，最关键的是，跑酷重绘甚至再造了城市空间，创造了一个与刚性条纹和网格定义的城市平行的城市：一个顽皮的城市，一个在城市内部自由游戏和对抗城市障碍和抑制的城市。通过这样做，跑酷提醒我们，正如漂移一样，但更为激进和富于戏剧性的是，正如列斐伏尔所说，"游戏空间与交流和流通空间、政治空间和文化空间共存，并且仍然共存"("观点"，172页)。换言之，至少有一个平滑的城市空间始终与城市条状空间共存。跑酷告诉我们，要想进入或重新进入这个流畅的游戏空间，我们只需要做出跳跃。

因此，跑酷证实并肯定了德勒兹和瓜塔里的评估，即有可能"在平滑中生活，即使是在[过度纹理化的]城市里"(《千高原》，

482 页）。不过，在跑酷中，"平滑的远行是一种转变，也是一种困难的、不确定的转变……平滑和纹理、通道、交替和叠加之间的对峙，今天正在进行，朝着最为不同的方向发展"（《千高原》，482 页）。这实际上是对跑酷的一种字面上的预期性描述（对它的预期在 1980 年，仅仅用了几年就反映出平滑和纹理的同一个世界），而跑酷反过来成为这种后现代生成，尤其是都市后现代生成的一种寓言。这种生成同样揭示出不可化约的复杂性——平滑和纹理、异质和互动、地方和全球、现代和后现代——有关我们的都市空间和运动或移动、过去、现在和未来。当然，在我们重新思考和重塑我们的城市以及它们存在和定义的全球地缘政治世界时，尤其关系到我们的未来。

第五章　全球城市与公民

> 对一个聪明人来说，整个地球都是开放的；因为土生土长的善良灵魂就是整个地球。

——阿布提拉·德谟克利特（Democritus）

1967 年，在后现代时代的初期，马歇尔·麦克卢汉（Marshall McLuhan）称赞"全新的安拉顿尼世界。'时间'停止了，'空间'消失了。现在我们居住在一个地球村里……这是一件同时发生的事情"（媒介）。大约 40 年后，麦克卢汉所感知到的全球互联性才随着人、资本、商品、图像和观念的跨国流通达到历史上前所未有的水平。以前从来没有这么多人在流动；以前从来没有这样的全球经济一体化。[1] 这种全球性的循环和一体化的影响是复杂的。在某些方面，它们促进了文化之间的相似性，尤其是，由于西方资本的力量及其传播西方文化的相对更强的能力，使后现代全球景观的一个重要部分变得西方化了。虽然西方商品和文化的全球流通因此促进了某种程度的同质性，但是，它往往也扩大了差异性，并迫使它们具有了空间和时间的相似性。有人可能会说，在这个"全新的世界"里，时间并没有停止，而是缩折了：中世纪的思维方式与现代思维方式相冲突，现代与后现代相冲突，世界似乎有着超过它可能同化或调和的历史。结果，出现了一种非常不同的文化时空形态。

　　然而，正如我们通常认为的"村庄"一样，这一全球景观（或各种景观）与一个友好的村庄相距甚远，或者它可能是一个不同的、更不连续的或异质性的（以及人口极为稠密）村庄类型。麦克卢汉对"地球村"的著名表述，往往意味着一个比实际情况更加乐观的看法。20世纪交通和通信技术的进步所创造的邻近性并不一定是舒适的，正如麦克卢汉所认识到的那样，地球村不太可能是一个和平的场所。他在1967年的一次采访（斯蒂恩，314页）中说："你创造的村庄条件越多，不连续性、分歧、多样性就越多。"麦克卢汉预见到这种自相矛盾的分歧，伴随着全球收缩出现了日益加剧的民族和宗教冲突，他认为"地球村绝对确保了在所有问题上的最大分歧……部落—地球村比任何民族主义都更容易分裂——充满战斗。在深度上，村庄是裂变，不是融合的"（斯蒂恩，314—315页）。 *161*

　　这一表述预示着后现代性的一大悖论：跨国或超国家经济、政治、技术和文化的流动和融合跨越全球，同时，新部落主义以种族、宗教和分裂主义（通常利用民族主义、国家主权和民族自决的话语）的形式爆发——身份政治的裂痕很大。正如皮科·艾尔（Pico Iyer）指出的，到目前为止，"我们很熟悉地在报纸的'商业'和'技术'页面上了解到——关于国际合作生产和虚拟'市政厅'——的故事，与我们的头版（关于部落冲突和'巴尔干化'）的故事相矛盾"（36页）。出现在我们门口的世界让我们面临着我们分享多少，同时又面临着我们不分享多少的问题。

也许，没有什么东西比全球城市能够更好地能帮助我们理解这一后现代全球流动的新景观——那些地方和全球相互交织、重叠和碰撞的城市，以及跨国资本主义和消费社会的影响最为明显的城市。在我们日益亲密的关系中，我们如何能够最好地协商和共同生活，这是一个紧迫的问题。事实上，全球城市就是未来的实验室，在这些场所里，我们可以构想出后现代世界在全球、跨国、国家、区域、都市和个人层面上所需要的新的政治想象。

在这一章里，我想通过不同的"世界主义"观念，从以下几个方面来概念化这些全球和都市想象，（1）支撑和驱动全球城市经济框架和基础的全球化的"自由市场"世界主义；（2）在许多方面与市场世界主义相联系，但也可能提供超越其方式的文化世界主义；（3）至少在某种程度上回应市场世界主义力量的伦理—政治世界主义；（4）最后，所有这些世界主义相互交织的复杂方式，尤其是通过法律、正义和友好的观念和实践。[2] 我认为，所有这些世界主义最终都是彼此必要的：我们需要它们。最后，它们不仅必须在地方、国家和全球层面上共同发挥作用，而且必须在个人、意识和批判层面上发挥作用。换言之，尽管由于他们在我们的世界中无处不在，我们的无意识无法避免这些世界主义，但是，他们必须有意识地生活，并服从我们的批判意识。除了压制他们是不明智的，甚至是危险的，我们还需要积极塑造他们，通过加入到他们之中，让他们成为和我们自己一样的世界公民，成为世界的公民，正如本章将看到的那样，尤其是在最后一节里，这并不容易。尽管这可能很困难，有时几乎不可能，但它仍然是必要的。

162　　　我将在本章开始时概述世界主义观念的一些轨迹。这个概述

的目的不是要提供一个有关这个主题的适当的历史描述，这需要一章的内容，而是在这些轨迹和接合点上追溯与我的主要主题特别有关的两个方面。可以说，第一个接合点引入了这个概念，它是在古希腊哲学中定位的；第二个接合点是在启蒙运动中发现的，特别是在康德对这个主题的沉思中发现的，这对于后来的世界主义观念史和我们对它的理解是必不可少的。在这方面，我的讨论是，用尼采的术语（《道德谱系》中）来说，是谱系的而不是历史的，因为它考虑到了世界主义观念的关键形态。然后，我将通过进一步的谱系联系来讨论前面定义的三种当代或后现代世界主义："自由市场"世界主义、文化世界主义和伦理—政治世界主义，以及它们通过法律、正义和友好的观念联系起来的方式。在这个语境下，我还将考虑，尤其是在第 4 节，后现代主体性的问题，即我标题中的"全球公民"问题，特别是后现代都市主体性问题，就是我标题中的"全球城市"问题。

我在本章中通过对最近几部涉及这些世界公民主题的电影的分析来说明和支持我的论点。用列宁的话说，在所有的艺术中，对我们来说最为重要的可能就是电影，也就是说，对我们理解和实践后现代世界主义来说是最重要的（列宁谈到共产主义）。我通过雅克·德里达对世界主义、对迈克尔·哈内克（Michael Haneke）电影《未知密码》的分析，结束第 5 节以及本章的扩展讨论，在我看来，这部电影描绘了（以一种特别戏剧性的方式）三种类型的世界主义，它们相互交织，它们与我们在全球城市中作为全球公民的后现代主体性相互作用。

1. 简明谱系：古代与现代

　　世界主义理想深深地植根于西方传统。犬儒主义者第欧根尼（Diogenes）（公元前 4 世纪）是已知的第一位真正使用"世界主义"一词的西方哲学家，他在回答有关他的出生问题时声称，"我是世界公民（kosmopolitês）"（63 页），从字面上说，就是世界或宇宙（kosmos）的公民（politês）。然而，世界主义和世界公民身份的观念至少可以追溯到公元前 5 世纪和前 4 世纪初的苏格拉底（Socrates）和柏拉图（Plato）。例如，我们可以在柏拉图的《普罗泰戈拉》（大约写于公元前 380 年）中看到伊利斯的智者希庇亚斯（Hippias）表达了这一概念。这个对话详细叙述了在卡利亚斯宫聚集的客人

163　之间发生的交谈，包括苏格拉底和普罗泰戈拉（Protagoras），随着夜幕降临，他们之间的交流变得越来越有争议。在临近这场对话的中间点时，其他几个客人介入进来，试图调和苏格拉底和普罗泰戈拉，以便使他们进行对话，正如普罗狄克斯（Prodicus）所说，"成为一场讨论，而不是一种争论"（337b 页）。希庇亚斯跟进这个建议，宣布"先生们……我把我所有的亲戚、家人和同胞都算在你的身上——按照自然本性（physis）不是根据风俗习惯（nomos）。按照自然本性，喜欢就是亲朋好友，而根据风俗习惯，人类的暴君，则对自然本性施加许多暴力（337c-d 页；翻译有修改）。[3]

　　与第欧根尼的表达一样，这个表达对于古希腊人对"公民身份"的理解是一种挑衅性的挑战，并隐含对这种理解的拒绝，正如对城邦（polis）的忠诚所定义的那样（polis 一词就是从 politês 这个词衍生出来的）。[4] 尽管希庇亚斯后来声称这些同伴构成了"希腊

的知识分子领袖……现在聚集在雅典，希腊智慧的中心和神殿"（337d 页），这一主张承认泛希腊共同体，呼吁一种共同（"类似"）的人性和一个隐含的"人类（men）家庭"之间的自然亲属关系，而不是习俗的专制，这是一个强大的共同体。

在讨论无知与智慧、邪恶与美德问题的对话中，希庇亚斯的表达似乎暗示了既是一个道德也是一个政治的世界主义概念。就其意味着对一个"他人"、对一个"陌生人"的一种"天然"（对于古希腊人，尤其是对犬儒来说，这一术语意味着一种内在的善）责任而言，它是道德上的，这可能取代或扩展一个人的超越城邦（citystate）的义务，并导向一种相应的道德准则；就其提出一种可能超越城市—国家（city-state）或者希腊或提洛同盟等泛希腊秩序的公民身份形式来说，它是政治上的。[5]

希腊以及后来的罗马斯多葛学派更充分地发展了伦理和政治的世界主义。希腊的斯多葛学派认为宇宙是真正的城邦，一个按照神圣理性的法则秩序化的"宇宙城邦"。他们认为，要成为一个有道德的人，一个人就应该作为一个宇宙的公民与人类本性和谐相处，超越一个人自己的（传统的）城邦（polis）或近邻（patria）的局限，把自己的伦理关怀和帮助扩展到其他人（对于罗马斯多葛学派来说，理性是公民权延伸到每个人身上的基础，而人类作为理性存在的观念对康德的道德世界主义来说也是至关重要的）。然而，正如已经指出的，斯多葛学派的世界主义模式可能会被视为有效地定位了两个潜在的相互竞争的共同体（城邦或爱国主义）。

"严格"的世界主义者，根据他们可能做得最好的地方来决定，并不必然优先帮助那些近在咫尺的人，但是"温和"的世界主义者，承认有一种对他们的同胞的义务，可能（例如，西塞罗和

塞内卡［Seneca］后来的）斯多葛主义就是这样。当然，一个人可能
会遇到一种介于对城邦或近邻与大都会城邦的责任之间的冲
突——这种冲突对现代性以及后现代性来说都太熟悉了，就像对

164　古希腊人一样。然而，在后现代世界中，这种冲突似乎并没有一
种全面的、自然的或普遍的解决办法（例如，在这方面，斯多葛
学派倾向于自然或神灵对宇宙城邦的偏爱），而只有一种特殊的
甚至是单一的解决办法，它每一次出现的时候都有利于城邦或者
宇宙城邦。

　　随着现代性的兴起和发展（"进步"），尤其是在启蒙运动期
间，关于世界主义的话语以各种形式重新出现（可以说，世界主
义实践在整个现代性中更为普遍，大致从 15 世纪到现在）。在 18
世纪的欧洲，"世界主义"和"世界公民身份"这两个术语经常指一
种文化世界主义，正如波琳·克莱因盖尔德（Pauline Kleingeld）
和埃里克·布朗（Eric Brown）所指出的："它们不是作为确定的哲
学理论的标签，而是用来表明一种开明和公正的态度。世界主义
者是指某些不服从某一特定宗教或政治权威的人，某些不因特定
忠诚或文化偏见而产生偏见的人。"（5 页）跨国知识分子共同体的
意义，即一个"文学界（Republic of Letters）"，就是这个时期的文
化世界主义的一部分，然而，由于宗教和国家审查制度，它也具
有政治方面的意义，其中许多更著名的人物（包括大卫·休谟
（David Hume）、丹尼斯·狄德罗（Denis Diderot）、伏尔泰（Vol-
taire）以及后来的约翰·斯图亚特·穆勒（John Stuart Mill）都受
到了审查。[6]

　　当然，18 世纪道德和政治世界主义哲学的关键思想家是康
德，他的著作深刻地影响了后来的思想，如歌德的思想，以及关
于世界主义主题和实践的辩论。康德的道德和伦理学概念，从中

产生了他关于世界主义的观念，并且在他对人类既是理性又是意志的存在的定义中奠定了基础（将他们的地位确立为"以自身为目的"的属性）：人类有能力理性地决定什么是对（即道德）和什么是错，以及与这种决定相一致的行动意志。按照康德的看法，理性本身决定了一种无条件的道德法则，即绝对命令，对此，他在《道德形而上学基础》中提出了三种表述：

> 1. "只有按照这个准则行动，你才能同时通过这个准则愿意它成为一条普遍法则。"(31页)这一禁令实际上消除了我们的道德考虑的主观性（从我们评估的主观而非客观特征来看）和特殊性。
>
> 2. "通过你的意志的行动，你的行为准则仿佛成为一条普遍的自然法则。"(31页)把"自然"添加到不同的本质上是对第一个表述的重述，可以说具有排除道德准则中的矛盾可能性的效果，因为根据定义，自然法则不能是矛盾的。
>
> 3. "因此，你按照人性行动，无论是在你自己身上还是在其他任何人身上，同时总是作为目的，而从来不仅仅是作为一种手段。"(38页)这条对待自己和他人都只能作为目的本身而不是作为达到目的的手段的禁令，是基于康德所认为的人类凭借其理性和意志具有无条件的价值的存在。

165

人类理性决定什么是正确的能力和绝对命令的假定普遍性暗示了一种道德世界主义的形式（因为我们所有的人都受基于理性的道德法则的约束）。这种道德世界主义的形式为康德的政治和法律的世界主义奠定了基础，正如"从世界主义观点看普遍历史观念"和"永久和平"所清晰表达的那样。当然，康德关于人性的基本假设受到了质疑，并且这种质疑也为世界主义的理想提出了问题。我将在下面讨论其中的一些问题。不过，就目前而言，我将继续遵循康德自己的世界主义视野。

康德在他的"普遍历史观念"中提出的人类历史的目的论视野，预示了人类存在"像世界的理性公民一样"行动的未来（12页）。这种世界主义理想需要"实现一个普遍的公民社会，这个社会执行人与人之间的法律"（16页；他的重点），并且在这个社会中人的自然能力能够得到最充分的发展，正如大自然本身所希望的那样。[7] 这一普遍社会的实现取决于各国之间建立一种合法的关系，否则，这种关系将依然彼此敌对，并卷入战争和其他敌对行动。康德认为，正是这种战争的罪恶和代价最终会迫使各国建立这种普遍的公民社会——一个"国家大联盟"（19页）。康德认为，只有在这样一个联盟中，"一种统一的权力才会按照它们的统一意志所达成的决定行动"，"即使是最小的国家……也能期待安全和正义"（19页）。而且，只有在这个"完美建立的国家"中，人类才能找到"人类能力得以充分发展的条件"（21页；他的重点）。

在"永久和平"中，康德阐述了"初步的"和"决定性的""国家间永久和平条款"——应在新的全球公民秩序中管理国际关系的原则。"初步"条款似乎具有双重目标，它确保国家的主权完整性（它们规定"没有任何独立国家……应该处于另一个国家的统治之下"，例如，禁止一国干涉另一国的宪法或政府），并通过呼吁废除常备军等措施防止国家间的摩擦和确保国家间的友好关系（"永久和平"，86页）。"每一个国家的民事宪法都应该属于共和国"

166 （这是第一个"决定性"条款）这条禁令，在很大程度上也是基于确保和平的愿望，共和国宪法通过要求公民同意宣战而促进（"永久和平"，93页）。[8]

在第二个决定性条款中，康德主张，"国家法应建立在自由
国家联盟的基础上"，这是明显的，而不是"合并为一个国家"
（"永久和平"，98 页）。这种联盟或国家联盟对成员国不具有强制
性权力，因为这种权力可能危及个别国家的主权，也可能危及其
公民的权利和自由；相反，它倾向于"仅维护国家本身和与之结
盟的其他国家的安全，除非需要他们服从民法，他们的强制性，
因为处于自然状态的人必须服从"（"永久和平"，100 页）。关于康
德论点的一致性存在一些争论（see Kleingeld and Brown），不需
要在这里做深入的讨论。在这里，重要的是，康德的"国家法"将
有效地创造一个公共法的"第三领域"——即"世界公民法"——
"除了宪法和国际法之外——国家和个人都有权利，个人作为'地
球公民'而不是作为特定国家的公民享有这些权利"（Kleingeld and
Brown 6）。

"永久和平"国家的最后一个条款，"世界公民法应限于普遍
友好的条件"（102 页）。康德坚持认为，"友好不是一个慈善的问
题，而是一个权利的问题"，并且，这种友好的权利对所有人来
说都是共同的，"因为他们共同拥有地球的表面"（102—103 页）。
根据康德的观点，这一权利意味着"当一个陌生人到达另一个国
家时，他不被当作敌人对待的权利"，尽管"当这样做不会造成他
的毁灭时，人们可能会拒绝接受他"（102 页）。它并不构成一种
"成为永久访客的权利"，而只是一种"临时逗留的权利"（102—
103 页）。它保证一种"联系的权利"，并进一步"建立交流"（103
页）。这最后两个是文化世界主义的重要助手，在康德看来也是
政治世界主义的重要助手。他把它们与遥远国家之间的"和平关
系"筹划直接联系起来，并使人类"越来越接近于建立世界公民身
份的宪法"（103 页）。

康德在 1795 年撰写的著作中断言，建立这样一部宪法的时机已经成熟："因为地球人民的更狭隘或更广泛的共同体发展到目前为止，全世界都感到在一个地方权利受到了侵犯，世界公民权法的观念不是高调或夸大的概念。它是对民法和国际法的不成文法典的一种补充，是维护公共人权因此也是维护永久和平不可或缺的一部分。（"永久和平"，105 页）因此，康德定义了走向永久和平进程的地缘政治的"宏大叙事"（在利奥塔的意义上）。尽管其中没有一个可以被认为已经实现了康德的愿景，其中一些可能 *167* 反映了这一愿景的弱点，但是，20 世纪的组织，例如国家联盟及其后继者、联合国、国际刑事法院，甚至欧盟，都可以看作是它的继承者。

然而，同样关键的问题是，尽管当今的世界主义在很大程度上归功于康德或者斯多葛学派和其他先驱，但是，它们也在重要方面超越了他们，正如我在本章其余部分对当代、后现代、世界主义景观的讨论所表明的那样。正如一开始就表达的，我将论述当代世界主义的三种形态——"自由市场世界主义"、文化世界主义和伦理政治世界主义——以及它们相互交织和相互作用的复杂方式，特别是通过法律、正义和友好的观念，它们是如何形成以及如何通过都市空间和主体性来相互塑造的。

2. 自由市场世界主义：后启蒙与后现代

我从市场世界主义开始，它更多地归功于另一位 18 世纪的思想家亚当·斯密（Adaw Smith），而不是康德或刚才讨论过的其他人物。我认为，市场及其世界主义在全球城市和世界范围内对新的文化、政治和道德世界主义形式生产了一种强烈的要求，它们已经为塑造世界城市和世界做了许多的事情。在商品、服务、资本和劳动力市场一体化的经济意义上，市场世界主义可以理解为全球化的概念性和哲学性或意识形态性的基础。在斯密《国富论》首创的古典经济理论的指导下，市场世界主义者普遍主张自由放任的(laissez-faire)资本主义、开放市场和自由贸易。市场世界主义者认为市场是自我调节的，他们试图减少政府在经济中的参与(包括监管法以及对贸易、关税和其他保护主义措施的限制)。他们依赖于那些认识到它们将通过国际自由贸易和相互合作使经济利益最大化的国家，并且他们倾向于忽视资本主义国家可能会发现对石油等自然资源发动战争是有利的可能性。他们认为，在一个全球市场中统一起来的国家间自由贸易会带来互利、繁荣和和平。

自20世纪80年代以来，随着世界各地主要国家产业的私有化和放松管制，全球化进程加快，国家市场对外国竞争和所有权的开放程度日益提高，国际贸易量(在通信和运输技术进步的大力推动下)也有惊人的增长。萨斯基亚·萨森、彼得·J.泰勒(Peter J. Taylor)、曼纽尔·卡斯特尔、大卫·哈维和爱德华·索亚等学者已经表明，这些变化"重新调整"了国际经济体系。在整个20世纪，经济流动的主要动因或"联结者"是民族国家，但现在这种情况越来越少。全球化的力量正在将力量和重要性从民族国家转移到全球市场(包括数字化市场)和贸易集团，向下转移到城市和地区(其中有一些跨越相邻的国家边界)。

168

许多人认为，全球化力量和技术(包括允许"远程交流"和视频会议的通信技术)预示着主要城市的衰落甚至消亡，事实证明，并没有导致这种效果。但是，它们已改变许多城市，特别是第一世界的全球城市(如纽约、伦敦和东京)和大城市的物质、人口、社会、政治和文化特征的方式，重新定位和重组城市经济，以利用日益过时的名称（特别是在当前的语境下）、第三世界（如上海、墨西哥城、开罗、孟买和圣保罗）。然而，为了探讨全球经济发展对城市产生的影响，有助于暂时搁下"大公司对政府和经济的权力的熟悉问题，或者通过关联董事会或组织，如国际货币基金组织（IMF）的超公司权力集中问题"（这些问题在近几十年中已经得到了大量研究），并跟随萨森的重点转移到她所说的"全球控制的实践：生产和复制全球生产体系和全球金融市场的组织化和管理工作"（6 页）。[9]

纽约、伦敦和东京这样的全球城市是这种"新全球控制能力"的主要生产地（以专业服务和融资的形式），这种能力涉及特定的集中化和聚集化形式。另一方面，这种生产形式所涉及的经济活动的去集中化的影响，可以在去工业化城市如底特律和利物浦以及第三世界快速工业化的中心看到：这些影响也是后现代城市的形态。然而，鉴于本研究的具体目标和范围，在这个语境中，我也主要关注全球性的、第一世界城市，城市后现代性的显著特征在那里以其最引人注目的形态呈现出来。

正如萨森所证明的，推动全球城市增长和塑造其特定经济结构的是一个复杂的动力，这种动力来自于参与组织和管理全球化经济的生产的性质。她认为："标志着全球化的经济活动的地理分散，以及这些在地理上分散的活动的同时整合，是促进中央企业职能增长和重要性的一个关键因素"，它包括"管理、协调、服务和为运营网络融资"（xix xx）。只要有可能，许多不涉及直接管理公司运营的这些复杂中心职能都外包给专门从事法律、财务、会计、营销、管理咨询和计算机服务的独立公司。

值得注意的是，全球城市本身并不一定是企业总部的主要场所(尤其是在拥有强大通信和运输基础设施的国家)，尽管仍有许多，特别是银行和其他金融公司的总部。相反，它们是跨国公司所需(往往同时)提供一系列专业服务的公司集中的地方。现在，这些服务构成了全球城市的"经济支柱"或基础。换言之，"全球城市制造的'东西'是高度专业化的服务和金融产品"(萨森，5页)。这种专业公司和它们雇佣的受过高等教育的专业人员的集中化产生了显著的协同效应。"在一个城市里，"萨森说，"就相当于在一个极度密集的信息循环中……作为其增值功能之一，它具有信息、专业知识和人才不可预见和未计划的信息混合的事实，可以产生更高的信息秩序……在这方面，全球城市是我们时代领先信息产业的生产场所。"(xx)因此，对于这些不断增长的服务业来说，它们是创新开发和消费的沃土，例如，对于上海的微软(图 5.1)。

169

图 5.1 上海，2001 年。

(图片由 Corbis 提供。)

170　　　　经济基础从工业向服务业的转变已经深刻地影响了纽约和伦敦等城市的收入分配。美国和英国在战后工业城市中往往工会化的制造业就业岗位培养了大量中产阶级，而全球城市中的服务业就业岗位则促进了经济的两极分化。在收入范围的一端是高薪的服务专业人员——律师、会计师和财务经理、营销和广告专家、顾问和计算机程序员。在相反的一段是文职人员、出租车司机、服务员和公车司机、送货员、商店职员、清洁工、保健和儿童保育员，他们中的许多人以最低工资水平或接近（低于或略高于）最低工资水平工作，他们为高薪专业人员服务，同时还有其他低工资、非工会化的生产计件工人。萨森指出，尽管承认全球城市的低收入工人比例往往低于其他城市，但是，"这一结果仍然可能与全球城市内部日益增长的不平等现象相吻合"（249 页）。中间部分正在缩小，而且越来越失去基础。"纽约是美国收入不平等最严重的地区，"萨森指出，这种不平等有一种继续加剧的趋势，"证据表明，自 1980 年以来，前五分之一家庭平均收入增长了18％，而其余五分之四的平均收入实际上下降了，中间五分之一的家庭下降了 12％，最低五分之一的下降了 13％。"（270 页）

　　　显然，这些发展对斯密观念的追随者们提出了重大的挑战，然而，无论人们如何努力调整这些观念以适应后现代性的经济宇宙或混乱，当然还有资本主义的实际实践，充其量也始终与这些观念分享着共存的不安。斯密意识到并解决了其中的一些复杂性。他的论点比之他的大多数追随者们所想的还要微妙些，尤其是关于他对"自由"市场理解的伦理层面。斯密及其追随者的自由市场世界主义的主体被认为是个人，如果不受政府干预，他们会坚定不移地追求自己的经济利益。在市场这只"看不见的手"的指引下，这种追求可能会导致所有人的共同利益。虽然人们通常认为斯密把人类看作是全然被自私的私利所引导的，但是，他所设想的这种私利事实上是由他所说的"谨慎"所赋予的——即我们彼此之间以及整个社会的相互依赖和责任的一种更广泛的意义，例如，它应该促使一个人在商业交易中举止体面。这种谨慎构成了"开明的自我利益"的"开明"方面。

　　然而，斯密的伦理学视野对资本主义的讨论远远超出了谨慎。《国民财富的性质和原因研究》(1776)之前的《道德情感论》(1759)，以这样的观察开始："任何人都可能被认为是自私自利的，很明显，他的本性中有一些原则使他对他人的命运感兴趣，使他们变得幸福对他来说是必要的，尽管他从中得不到任何东西，除了看到它的乐趣之外。"(1.1.1)这部著作继续考察了诸如怜悯、同情(源自我们天生的移情能力)、自我否定和自我管理以及慷慨和公益精神等美德的重要性。正如经济学家阿玛蒂亚·森(Amartya Sen)所指出的那样，斯密"从公益精神的角度概述了社会福利，但在多大程度上会改变个人行为，特别是富人和有权势的人的行为仍然没有得到探讨。在某种程度上，他的希望是，行为规范可能会出现，它不以每种情况下的自我利益计算为条件，而是依赖于将其视为'适当'的行为规则，反思将要被标准遵守的既有惯例"("什么差异"，5页；他的重点)。那么，一个正确的自我利益计算应该由所有这些美德来赋予，也许最为重要的是，应该敏锐地认识到我们的个人利益如何与他人的利益联系在一起。此外，在所有的计算层面上——从家庭到邻里、到国家、到世界——并且对所有代理人来说，包括公司和国家，这一承认都是必不可少的。

　　当然，仅仅承认并不是这些计算所必需的全部。同样重要的是给予这些利益的权重或优先权，伦理或道德的世界主义在确立它们体现的这些优先权和进行必要的计算方面，可以说尤其重要。我认为，这种计算需要一种在广义上、更为全面的"经济学"意义上，从家庭（经济的词源来自于古希腊的"家庭"[oikonomia]一词）向外延伸到成本和收益方面的计算，而不是西方社会历史上一直存在的规则（有时候，非西方社会更善于以更全面的方式看待经济学）。

例如，在公司层面上，这种成本效益计算包括首先极大地拓展成本和效益的定义。小部件生产的"成本"不仅包括原材料、资本投资（机器、工厂等）和劳动力。它们还包括企业所承担但并不支付的成本——经济学家所称的"负外部性"。这些包括工人和社区承担的费用，不仅是与工作有关的身体或心理伤害（例如，疏离感和压力），还包括当产业重新定位以利用更廉价的劳动力时所产生的突变和流离失所，工人必须把自己和他们的家庭从他们的社区中连根拔掉，到别的地方寻找工作。目前，这些成本以不断上升的社会、医疗保健和失业成本、摇摇欲坠的地方经济和大幅减少的税基的形式转移到个人和社区身上（值得注意的是，企业很少会错过一个机会来兜售——和利用它作为杠杆，以获得减税和其他空间——当它们被安置到一个特定的社区时所产生的就业和税收优惠；当企业离开时，它们很少会急于考虑个人和社区的损失）。最后，小部件生产的环境成本，包括污染和自然资源消耗，也应考虑在内。生产的利益——包括小部件的价值（无论是物品还是服务）、工资和利润——都需要重新计算，同时考虑到这些额外的、更综合界定的成本。

考虑到其中一些未被重视的成本，有时是由于愤愤不平的工人的策略行动所迫，包括放慢生产速度，提供不合格的服务，淘气作梗，偷盗物资或者在工作时间在网上娱乐漫游占用公司上班时间。例如。森认为，"在许多情况下，关注公平可能有助于促进……效率（而不是阻碍效率），因为人们的行为可能取决于他们的公平感和他们对他人行为是否公平的解读"（"什么差异"，6 页；森的重点）。这种成本考虑有时也会从"外部"强加，例如，政府要求企业承担清理有毒生产场所和垃圾场的财务责任。然而，许多此类费用的产生或承担超出了地方、州和国家政府的权限或控制范围：在美国成立的一家矿业公司污染了非洲的河流，中国的燃煤发电厂污染了日本的空气，等等。即使是在"国家企业"的情况下，国家和企业的利益也可能发生冲突，例如，当通用汽车将其工厂转移到劳动力成本更低的国家（墨西哥、泰国、智利、哥伦比亚）时，这些企业决策的"成本"仍由大量失业的美国工人以及经济基础遭到破坏的整个城市和地区来承担。[10]

曾经，大公司的利益通常与其成立和总部所在国的利益一致或重叠，这在众所周知的"对通用汽车有利的就是对国家有利"的表达中得到了体现。正如汽车和其他主要产业随后的发展所证明的那样，然而，这种情况越来越少。跨国公司的利益，其生产、营销和分销可能涉及数十个国家或更多国家的运营（例如，埃克森美孚声称"在近 200 个国家和地区开展业务"，因为世界上只有192 个国家，因此这让人怀疑他们在哪里并不拥有某种业务），这显然超越了国家和地区的利益。[11]正如埃克森美孚等主要跨国公司的企业年度报告中对世界地图的调查所表明的那样，它们可能会认为国家边界越来越无关紧要。[12]事实上，第一世界经济体和全球城市中增长最快的是那些最依赖全球经济，因而与国家利益联系最少的行业（尤其是金融和服务业）。

鉴于大公司巨大的经济实力以及与之相伴的政治力量，国家与公司利益的脱离以及它们之间冲突的可能性越来越受到关注。

173

考虑一下这种情况，根据 2005 年公司销售额和国内生产总值的比较，全球 100 个最大经济体中有 45 个是公司。[13]五大公司(花旗集团、通用电气、美国国际集团、美国银行和汇丰集团)2005 年的销售额均高于全球 192 个国家中 137 个国家的国内生产总值。[14]企业和国家之间的这种权力差异每年都在扩大，使得越来越多的国家容易受到超出或超过(即压倒)国家控制的企业利益对其自然资源和劳动力的剥削。[15]

跨国公司的董事会和管理办公室做出的决定经常会对数百万人的生活和幸福(经济和其他方面)产生巨大影响，这些人远离做出这些决定的控制中心，甚至连最强大的国家的法律和法规也都无法触及。历史上充斥着这样的例子：企业主和管理者优先考虑狭隘的利润，而不是更广泛的利益，即使在那些更广泛的利益与其子女和邻居相距不远的时候也是如此。这是一种常见却又奇特而且任性的短视之见，比如，它会导致一个人污染自己的孩子和邻居(更不用说自己)必须呼吸的空气或他们必须饮用的水。从远处来看，比如说，如果这些决策对地球另一端的某个第三世界国家产生影响，这种短视就只会变得更糟糕：通常来说，距离越大，无论是空间上还是时间上的距离(正如现在所做决定的影响可能直到未来某个时间才会显现出来的情况一样，超出了季度收益报告甚至十年战略规划的概念范围)，这种责任感的衰减就越大。因此，我认为"市场世界主义"需要重新设想和重新建构，其视野尽可能通过这一更广泛的"成本"概念来扩大，包括所有生产决策的影响——无论是有意的还是无意的，无论近期的还是长远的，无论是现在的还是将来的。目前，全球企业对它们自己的——以及我们的利益的看法都往往过于狭窄和狭隘。[16]

有人可能会说，我在这里提出的建议，实际上是让世界主义的道德或伦理形式优先于市场世界主义，或者把它们混为一谈（正如一些人所认为的那样，斯密本人在为"利己"上添加了"开明"）。这样一个的论据是基于(不是不寻常持有的)假设，即两者是或应该是分开的。然而，很明显，它们是密不可分的：我们的经济世界主义的相互依赖超越了特定的共同体和国家。正如克莱因盖尔德所认为的那样，即使对自己不利，"市场世界主义者也确实预先假定了一种很薄弱的道德世界主义形式，只要他们认为宽容很重要，就会把所有人都当作平等的贸易伙伴，并以'自然人权'的概念来引导他们的理想"("六个种类"，520 页)。然而，正如前面已提到的，斯密对开明的利己主义的看法显然超越了这种"薄弱"的道德世界主义形式，并体现了一个更为严格的道德罗盘。当然，接替他的自由放任的资本主义的拥护者们究竟在多大频率以及在何种程度上认识到或使用了这个罗盘，却是一个不同的问题。从斯密的观点出发，森对"理解公平与效率、价值与制度之间的相互依赖"的必要性提出了一个有说服力的论据：

174

> 例如，倘若由于许多人缺乏学校设施而剥夺了基础教育的社会机会，或者因为所有权的巨大不平等(由于缺乏土地改革、小额信贷设施等抵消政策而被加强)，那么，结果将远远超出仅仅存在这种不平等的范围。这种结果往往包括与经济扩张的性质、政治和文化发展的繁荣，甚至死亡率和生育率的预期下降有关的其他抑制作用——所有这些都可能因为教育机会或经济机会的不平等而受到影响。("什么差异"，11 页)

森的文章鼓励企业更广泛地看待它们的决策可能会如何影响

它们自己的长期利益，以及它们不可避免地依赖于社会的长期利益。这样的考虑表明，公司可能会"好好做就做得更好"，这是一个经常被引用的开明的自我利益的表述。在富裕的第一世界，我们可能会指望政府抵消经济转移的部分成本；然而，在第三世界，政府却远远不能做到这一点。美联储主席本·伯南克（Ben Bernanke）认为，"政策制定者面临的挑战就是要确保全球经济一体化的利益得到充分的共享——例如，通过帮助流离失所的工人获得必要的培训以便利用新的机会——这是一个可以实现福利提升改革的共识。无论是在国家层面还是在全球层面上，建立这样一个共识可能远不容易。然而，这项努力是值得付出的，因为全球经济一体化的增加确实带来了巨大的潜在利益"。如果个人或企业伦理缺乏，如果国家实体发现自己无法胜任任务或被包抄，那么，国际组织（包括非政府组织）和法律已被证明就是最好的依靠。公司和国家之间的新的权力差异一直是创建跨国组织、条约和协定（如欧洲联盟和京都议定书）的动力因素，同时，也是在民族国家之间进行限制和裁决的旧尝试，例如联合国。那么，这样一来，企业就会在不经意间促成政治以及我将在下文中讨论的文化世界主义新版本的出现。

因此，通过讨论市场及其世界主义究竟是如何进入文化世界主义的领域来结束这一节的讨论是合适的，我将在下一节讨论文化世界主义。马克思和恩格斯的《共产党宣言》为这一讨论提供了一个合适的出发点。他们对资本膨胀需求的描绘，暗示了市场世界主义为文化世界主义创造条件并积极产生文化世界主义的一些方式：

　　不断扩大其产品市场的需要，驱使资产阶级遍布全球各地。它必须无处不在，到处定居，到处建立联系……资产阶级，由于开拓了世界市场，使每一个国家的生产和消费都具有了世界性……我们发现，旧的、由本国产品来满足的需要，被新的、需要遥远国家和地区的产品来满足的需要所取代。取代过去那种地方的和民族的闭关自守和自给自足，我们在各个方面都有交往，各国普遍相互依赖。物质的生产如此，知识的生产也是如此。各国的知识创造成为共同财产。国家的片面性和狭隘性变得越来越不可能。(212—213页)

焦躁不安的资本在世界各地聚集和生产商品(包括以前未被商品化的东西)，并使它们进入流通之中。它创造了全球网络和回路——物质和数字的——通过这些网络和回路不断地生产商品(包括书籍、电影、电视节目和音乐等文化产品)、信息、图像和观念。这些流动，与各种移民的流动(从旅行者到经济移民再到难民)一道，传播文化，生产无价的和充满活力的组合、结合、聚合、融合、杂糅以及它们之间的转换。[17]"混融，大杂烩"这是萨尔曼·拉什迪(Salman Rushdie)在《想象的家园》中观察到的，"新事物如何进入世界。大规模移民给世界带来了巨大的可能性"(394页)。

纵观历史，在文化异花授粉对人类文明发展的影响上，拉什迪是对的。与此同时，这些文化的迁移和流动也并非没有代价和冲突：全球化的力量传播文化的多样性和有时甚至根除文化的多样性，正如第一章中对同质化的讨论所表明的那样。除了对个人和家庭的巨大成本外，全球资本主义所产生的、看似永恒的流动和流离失所可以根除社区和摧毁传统的生活方式。对经历了全球化的许多人来说，这种损失的威胁或经历就是巨大的焦虑和动荡

176　不安的根源，因为只有最近的经济殖民化版本才利用较弱者。伴随着这种经济殖民也出现了所谓的"可口可乐殖民化"，即西方化（通常是美国化）的消费文化和精神的强加或渗透。[18]对许多人而言，尤其是在"传统"的父权制社会和宗教社会中，更令人反感的是观念和习俗——世俗主义，其中包括妇女平等和性自由——它们通过西方的电视节目、互联网网站、电影、音乐、书籍、杂志和报纸、时尚以及甚至像化妆品这样的消费品体现出来并得以传播（图 5.2）。独裁政权对所谓的西方民主和人权概念也有类似的担忧。各地的文化纯粹主义者都强烈反对拉什迪赞扬的混融和杂糅。

　　这些创造性的组合和破坏性冲突几乎以各种方式到处上演，但是，它们却是全球城市中都市生活的永远在场的特征，全球城市是世界各地的人们聚集最多的地方。那些居住在全球城市中的人们显然不是所有与众多的、跨国的文化有关系的世界主义者；许多是当地人，他们尽可能在紧密的、本质上"封闭"的同质性社

图 5.2　阿拉伯联合酋长国，迪拜，2005 年。

（© Steve Raymer/Corbis.）

区的范围内过着自己的生活。应该强调的是，这里使用的"当地"和"社区"的意义并不一定局限于一个特定的地理区域，比如说，皇后区贝赛德的美籍意大利人、罗马天主教社区，尽管它们可能是。

如今，移民，尤其是"劳工移民"，居住在位于两个地方的社区并不罕见：在原籍社区，例如在墨西哥或印度的一个社区或村庄，以及原籍社区成员定居在一个全球城市里的相对应的社区。社区在两个地理上独立的部分之间的联系是通过频繁的旅行和交流（电话、互联网等）来维持的，而社会纽带则通过与"邻居中的某个人"结婚或返回原社区以寻找配偶等方式而得到加强。在这类社区中，许多能量可以用于维持原来的语言、文化和传统，并在必要时尝试把新的元素吸收到原初形式之中，以保持它们的完整性。对双边社区两方面的依恋程度可能会有所不同：对于第一代移民来说，"家"可能总是在原籍国，而新国家则可能是"远离家乡的家"；对于第二代来说，情况则可能恰恰相反。

难民和流亡者，尽管他们从一种文化流动到另一种文化，也并不一定就是世界主义者，因为不同于世界主义者，他们在文化之间的转换是非自愿的。对他们来说，正如乌尔夫·汉纳兹（Ulf Hannerz）所认为的，"充其量，在另一个国家的生活是家庭加上安全，或者家庭加上自由，但通常它根本就不是家。他[流亡者]被外国文化所包围，但是没有沉浸于其中……他可能不情愿地建立起一种能力，但他并不喜欢它"（243 页）。另一方面，游客可以享受与外国文化的接触，甚至他们自己尽可能地沉浸其中（也就是说，只要他们对语言和当地风俗的了解可以允许），但是，他们并不广泛地参与文化，这是世界主义的主要标志之一。然而，旅游业，取决于与外国文化的交流程度，可以说有助于培养一种

177

世界主义的世界观，通过使一个人意识到——在具体的而不是抽象的意义——存在，从而认识到世界上存在着不同理解和不同生活方式的真正可能性。同样地，一个人在另一种文化中的接受（不管是欢迎还是敌意）及其背后的原因，有时可以提供一个启发性的一瞥，同时从外部来看待这种文化和一个人自己的文化——这是美国人往往特别缺乏的视角。

　　然而，即便在最好的情况下，市场和文化世界主义也并不一定相互协调。正如我已经说过的那样，"市场世界主义"显然为文化世界主义的产生创造了许多必要的条件，并在积极产生文化世界主义中发挥了重要作用。然而，也很明显，全球化的结果可能过于容易被证明主要是一种"消费政治主义"的形式，而不是一种真正的文化世界主义，正如爱德华·斯宾塞（Edward Spence）所说的那样，第一世界的富裕阶层仅仅是继续消费越来越多的世界物品和资源，同时基本上遗忘了产生这些问题的全球体系的经济、文化、政治和伦理影响，在这种体系中，努力奋斗的第三世界居民会发现，全球化带来的经济和文化利益往往要么太难以捉摸，要么太不平等。[19]如果我们要创造一种切实可行的 20 世纪文化世界主义，我们将需要利用全球化（包括互联网）的所有资源，同时考虑到远远超出了文化世界主义的平庸版本——从"如何用 100 种语言进行交易"到"为世界买一杯可乐"——所提供的。[20]

3. 文化世界主义

　　在这里，我将讨论的文化世界主义既涉及一种共同体意识，也涉及一种主体性意识。在历史的这个关键点上，我们都是遍布全球的庞大关系网的一部分，而其中的许多关系，都可以说是最具决定性的关系，都是文化关系，并且，在这种语境下，任何一种关系都可能涉及文化的因素。要设想这个网络如何演变成一个富有成效的世界性共同体，既需要思考当前文化共同体的现有观念（确切地说，文化共同体是什么，它意味着属于一个文化共同体的东西），也需要创造一种新的、世界性的对共同体的理解，一种新的世界性现实可能会从中出现。我认为，这样一个概念必然与当代社群主义者所拥护的共同体所固有的传统和保守的理解相矛盾，而且，在较小但仍然显著的程度上，传统的基于启蒙运动的自由主义——这两者都提供了关于共同体、个人以及他们之间关系的连贯（有时是重叠）的描述。

多数社群主义者所采用的"共同体"的概念是具有广泛民族主义意义的共同体的概念：用杰里米·瓦尔德伦（Jeremy Waldron）的话说，就是"一个特定的民族，在某种无法记忆的真实或想象的意义上，共享着一种习俗、仪式和生活方式的遗产，这种遗产可以追溯到一个共同的历史和共同的起源或者说'故乡'"（"少数民族"，756 页）。[21]在过去的两个世纪里，正是这种民族"共同体"的意识在地方和全球范围内产生了最大的忠诚和最大的破坏。对民族的这种理解常常被宗教、民族、种族和"血脉"的话语所覆盖或支撑——例如，正如在这样一种（极不可靠的）断言中表达的那样，"美国是一个基督教国家"或"印度是一个印度教国家"，而且，相反地，对于种族主义团体来说这很常见，像雅利安民族甚至宗教团体这样的种族主义团体，经常使用"民族"或类似伊斯兰"乌玛"（穆斯林的世界性共同体或国家）这样的粗俗说法。[22]从这个意义上讲，民族主义者和社群主义者一般认为这些共同体（他们自己和他人的共同体）是一种明确的同质性和统一性（即使面对明显的多样性，人们也会听到诸如"我们都是美国人"这样难以辩驳

的说法)。大多数关于共同体的性质和目的的社群主义论据显然
都有这些相同的假设。正如稍后将会看到的,这些共同体理解的
政治和伦理后果是相当大的。然而,首先,我想考虑一下它们的
文化方面,并将它们与一个更具有世界性(在目前意义上)的共同
体理解进行比较。我反对这种共同体和身份概念的有效性,以及
它们对我们的共同生活具有的价值,这是基于涉及它们的三个主
要的关键考虑:它们缺乏准确性(因而缺乏必要性);它们已经陈
旧过时;最后,它们经常(在某些情况下,不可避免)与某些人权
发生冲突,这些人权可能被认为对我们的生产性生存至关重要,
而且可能对我们的全球性世界的生存至关重要。这种本质性的或
"基本的"权利包括生命权(包括不被谋杀、强奸、折磨或奴役的
安全权)和自由权(包括自由行动、信仰和宗教自由、结社和集会
自由、思想和表达自由的权利)、正当程序权(包括人身保护权
[habeas corpus]的保护)和法律面前的平等,最后是政治代表权
和政府参与权。虽然质疑这些权利的绝对和普遍有效性并非完全
不可能,但是,却很难否认这一事实,即大多数权利被视为基本
的(并且不仅在西方社会)权利。事实上,许多社群主义者也认可
这些权利。

　　正如我之前提到的,民族话语和叙述不可避免地涉及对一种
共同历史、语言、宗教、种族和生活方式的特殊要求。[23]这些叙述
往往在其历史描述中具有高度选择性,它们否认或者低估了每一
个"国家"或"民族"具有的不可避免的异质性。对于这些选择性的
历史,以及萨尔曼·拉什迪所说的"纯粹的绝对主义",对于特定
的共同实体以及它们之间的关系来说,这通常都是有害的。特别
是,在社会、经济或政治的紧张时期,对这种纯洁性和同质性
(往往是为了个别政治家或政党的地方政治利益而动员起来的)的

修辞学坚决要求，事实上可能会导致净化或同质化"国家"的暴力企图。在这样的情势下，各个民族的历史亲近性就没有任何友好的保证。在《文明及其不满》中，弗洛伊德分析了他称之为"细微差异的自恋"这种现象，并指出，"这恰恰是与相邻领土的共同体，并且也以其他方式相互联系，它们经常发生争执，互相嘲笑——例如就像西班牙人和葡萄牙人一样"（72 页）。这些冲突一直是"国家"得以建立和维持的主要手段之一。弗洛伊德指出："只要还有其他民族留下来接受它们侵略性的表现，就总是有可能在爱意中把相当多的人捆绑在一起。"（72 页）也可以注意到，民族主义，无论是以什么样的基础或明确的界定（包括以民族、宗教和种族的术语），经常，再而三地明确地宣布或者假设，相应的共同体的价值是或者应该高于所有其他的共同体，甚至高于生命本身，也就是说，为了他的"国家"或"民族"，一个人应该愿意为之去死，去杀戮，即便没有迫切的必要（例如，保卫自己的国家抵御侵略者）这样做。仅在 20 世纪，由于对共同体的这种理解，造成数亿人死亡，这种情况为我们提供了太多的例子——从纳粹对犹太人（包括已是德国公民的犹太人）的种族灭绝，到波斯尼亚-黑塞哥维那的塞族人对穆斯林的种族灭绝，到卢旺达胡图人 20 世纪 90 年代中期对图西族的种族灭绝，到阿拉伯国家对非洲黑人苏丹的种族灭绝，再到逊尼派和什叶派之间在伊拉克的内部战争。还应当承认，在某些情况下，民族主义，有时与宗教有关，可以发挥一种积极作用，例如在殖民地解放运动中，或在苏联集团国家对苏联政权的压迫力量的抵抗中。同样值得注意的是，苏联政权不仅以国际主义的名义行事，而且实际上在某些方面就是国际主义者，尽管它在其他方面也是民族主义者，而且常常（在任何意义上）受到俄罗斯民族主义的隐含统治。当然，应该

180

承认和铭记这些复杂性，因为，否则人们就很容易陷入幼稚、无批判的，因而是成问题的、民族主义或社群主义思想的逆境，而不是发展出一个严格和切实可行的替代方案。正如下面将要讨论的那样，这些复杂性确实为后现代世界主义的思维和实践提出了某些有时是困难的问题。然而，它们并没有帮助社群主义的观点，至少在这里是这样考虑的。

支持者（包括今天的社群主义者，如威尔·金里卡［Will Kymlicka］、迈克尔·J. 桑德尔［Michael J. Sandel］和迈克尔·沃尔泽［Michael Walzer］）以及全世界坚持这些"共同体"版本之必要性的政治和宗教执行者，都声称我们只能在我们出生的共同体内或通过其成员获得我们的身份。此外，正如我前面提到的，他们通常还坚持这样一个共同体的构成性的一致性、唯一性和同质性。毫不奇怪，这些主张以及基于它们的论据都遭到了持续不断的批评，如瓦尔德伦(已被引用)的批评。这些主张基本上是成问题的，原因如下，其中一些几乎是不言而喻的。

个人常常从愿望和认同中获得他们的某些身份，而这些愿望和认同与他们可能属于的任何个体社会（即人种共同体之外）几乎没有或根本没有关系。例如，一个人可能会把自己定义为一名医生，而当成为一名医生时，就不可避免地会使一名医生成为一个或多个共同体里的一员，身份（尤其是以其愿望的形式——"当我长大后，我想成为一名医生"）可能更多地来自职业及其活动，而不是来自一个共同体本身的意义。这并不是要削弱我们所有人被我们的共同体"灌输"的程度（我将在近期进一步讨论我们共同生活的这一方面），而是相反地暗示我们的身份是由许多力量塑造的，包括与"共同体"关系不大的内部力量。

此外，讨论中的社群主义主张被当代世界的现实所证实，在现实世界中，每个人都以某种方式同时是众多的并且往往是高度多样化的"共同体"的一分子，其规模、范围和凝聚力都各不相同。在某种程度上，个人所属共同体的数量和类型取决于诸如年龄、教育以及可以被广泛理解为"接入"的因素，这些因素通过日益增加的出行便利性和速度以及互联网等通信技术得到了极大的扩展，但是，这些因素在很大程度上仍然与财富相关联。值得指出的是，这对共同体的"自我意识"有时也是偶然的：我们与他人之间的联系并不总是有意识的，甚至我们不知道，尽管它们可能以重要的方式影响我们。

这种不可知的联系网络一直是几部有影响力的电影的主题，特别是罗伯特·奥尔特曼（Robert Altman）的《浮世男女》(1993)，它追溯了洛杉矶居民之间的联系，最近，迈克尔·哈内克的《未知密码》(2000)和德尔菲恩·格莱兹（Delphine Gleize）的《大屠杀》(2002)，都探讨了全球化的经济和政治力量，或者更狭隘地说，欧洲化的力量。《大屠杀》是一个由消费产生的错综复杂的跨国关系网的寓言，在这种案例下，讲的是一头公牛的消费。影片以安达卢西亚的斗牛为开场白，在斗牛场上，年轻的斗牛士和公牛都被戳伤。斗牛士被送往医院，而同时公牛被送往屠宰场，救护车和载着公牛尸体的卡车在同一条公路的不同车道上并排行驶。当斗牛士陷入昏迷时，这头公牛的尸体经过了处理，它的各部分被分送到欧洲各地。在平行的、富有节奏的场面调度中，我们见证了公牛的"消费"对 12 个西班牙、法国、比利时和意大利个体的影响，其中包括通过电视观看斗牛比赛的小女孩温妮（Winnie）、她的父母以及他们的大丹犬弗雷德，他们为她买了公牛身上一根骨头；温妮的幼儿园老师和她的老师的母亲，在享用公牛肉和里奥哈葡萄酒，她的肝脏在她死后被移植给了昏睡的斗牛士；一个老妇人为她的标本剥制师儿子买了牛角；一个科学家检查了公牛的眼睛（并在它的半盲性中发现了一种斗牛士灾难性地无法预测其运动的解释）以及他的怀孕的、心烦意乱的妻子。随着叙述的发展，我们看到人物之间远不只是通过这头公牛联系起来的：它各个部分的轨迹不仅是消费的轨迹，而且是肉欲（以许多形式）、饥饿和欲望的轨迹——这些都是支撑人类行为的强大力量，并把我们与共同体中的其他人相互联系在一起，这些共同体远远超出了我们对它们的有限理解。这些力量在塑造我们的共同体方面的重要性简直使对共同体的社群主义理解（无论是基于民族主义、种族还是宗教）在这个技术先进的全球交流和移民时代变得陈旧过时。

　　城市一直构成着瓦尔德伦论点的生动证明，即"我们需要文化意义，但是我们不需要同质性的文化框架，我们需要在它们创造意义的语境中理解我们的选择，但是我们不需要任何单一的语境来构造我们的所有选择。简言之，我们需要文化，但是我们不需要文化的统一性"（"少数民族"，786 页）。从其本质意义上说，都市生活拥抱差异和交流。在其所有的多样性和异质性中，城市总是提供了摆脱过于狭小的共同体局限的可能性，扩大和延伸共同体意识的规模和范围（如果不是凝聚力的话）的可能性，以及在城市居民的巨大多样性中发现共享他们的多重亲缘关系的新的共同体的可能性。事实上，这些可能性一直是城市的主要吸引力之一。个体城市居民所属的"本地"都市共同体的数量、范围和多样性都是巨大的，包括，例如，同事或其他专业联盟；邻居（公寓大楼内和地理上不同的社区内）；政党和行动团体；体育粉丝、联盟以及非正规运动团体；社区餐厅和酒吧常客；教会成员；博物馆、剧院、音乐、电影、书籍和舞蹈团体等文化组织的用户；

以及教育团体，包括大学生，对于公立和私立学校的中小学生来说，也包括他们的父母。虽然表面上是"本地的"，但是，这些共同体中的许多人也可能远远超出城市和国家的地理边界。这些众多的相互交织的共同体的多样性、复杂性和活力，以及它们把来自不同国家、宗教、民族、种族和阶级背景的个人聚集在一起的方式，都比任何一种封闭的单一文化的幻想更准确、更真实地体现了这个世界的几乎无限的相互联系。

　　个人对他们可能属于的每一个共同体的各自价值评价明显不同，这取决于所感知到的依恋的重要性，但是，今天很少有人会将他或她自己同时看作是几个不同共同体的一部分。对这些依恋的图绘可能类似于一个巨大的、不断变化的全球网络，其中个人就处于各种共同体的"节点"或交叉处，而且，这些共同体本身也以各种方式存在着异质性。有时，这些共同体也被认为以相互交叉的目的相互联系（在这种情况下，它们可能被视为反映了主体性本身不断创造的复杂性，有时是矛盾性）。因此，"一致性""统一性"和"同质性"并不是很容易被应用于这些共同体集合的术语，即使个人并没有察觉到他们之间有任何特定的矛盾或冲突。我们不只是各不相同：正如森所说，"多样性的差异"——在不同方面都是差异性的，因为我们每一个人都构成了不同共同体之间联系的独一无二的组合（《身份》，xiv）。"事实上，"他指出，"世界上的许多冲突和野蛮都是通过一种独特的、无可选择的身份错觉来维持的。构建仇恨的艺术形式采用了援引某种据称是淹没其他关系的占主导地位的身份魔力的形式，并且也能够以一种方便交战的形式压倒我们通常拥有的任何人类同情或自然仁慈。其结果可能是朴素的基本暴力，或者全球性的巧妙的暴力和恐怖主义。"（《身份》，xv）

183

　　社群主义者和民族主义者也普遍认为，我们的权利和选择是——并且应该是——由共同体"框定"或决定的。[24]在我看来，这些假设不仅是不必要的限制（而且一旦付诸实践，有时就是真正的压迫），并且在任何情况下都是陈旧过时的，特别是在后现代世界，即使我们的选择有时是由我们的共同体决定或限制的。但是，它们不必要是，并且在大多数情况下，当然也不应该是。而且，再有，我们同时属于共同体凭什么应该受到限制？对于那些无法进入或不了解其他共同体的人来说，个人的权利和选择很可能是由他们出生的某个或多个共同体所决定的。然而，途径和知识是物质性的障碍——考虑到意愿和资源，它们可以并且会越来越得到克服：代表性政府（包括尤其是妇女的参与）、经济发展和教育似乎是消除这些障碍的最重要力量。当然，人们可以思考为什么一个社会或共同体希望受到保护或者与其实践的意识形态挑战隔离开来的原因，例如，当一个共同体或其内部拥有权力的群体从这种隔离中获得利益的时候。当然，至少从长远来看，这种"保护"在互联网、电视和喷气式飞机旅行的当代世界是否切实可行是值得怀疑的。在任何情况下，人们都可能会争论，尤其是反对讨论中的社群主义观点的支持者，但更普遍的是，人权的大部分历史进步都来自这种对传统上主要有利于权力的和现状结构的意识形态挑战。

　　更成问题的是，社群主义者声称权利和选择应该由一个给定的共同体来决定和限制。1979 年一项关于《公民权利和政治权利国际公约》第 27 条的联合国报告似乎表明了这一点（*Capotorti*，40-41，98-99）。报告拒绝认为第 27 条主要是一项反对歧视的规定。[25]相反，报告声称，捍卫少数民族文化的基本人权同时需要非歧视性措施和"肯定性措施"。例如，这些措施可能包括，"承认少数民族文化有权通过限制外来者的入侵和限制他们自己成员对职业、家庭、生活方式、忠诚和退出的选择来保护自己，在更为广泛的自由语境下，这些限制可能是难以接受的"（瓦尔德伦，"少数民族"，758 页）。不管这种解释的好处是什么（它们似乎对我来说，甚至对于"补贴"的少数民族文化来说，是相当有限的），问题似乎很大。例如，它将使签署国不仅能够容忍女性"割礼"等习俗，而且可能有助于共同体强制执行这些做法，例如，把为了逃避这种做法的妇女带回共同体"监护"，或拒绝此类妇女的正式难民和庇护权利。

从这里所理解的世界主义的视角（以及前面给出的限制条件）来看，当基本人权和共同体权利之间存在竞争时，应以基本人权为准。也就是说，即使当某些共同体成员可能愿意接受共同体的授权时，例如对于戴面纱的妇女而言，国家或国际共同体不应处于执行此类授权或限制的地位，在某些情况下，应努力通过非暴力手段实现其变化。[26]此外，他们应尽一切努力确保其他选择的可用性和退出权。不足以假定，由于某些国家加入了控制，某些形式的控制就真的是自愿的或可接受的。这一观点也被利奥塔关于公正的后现代实践的论点所暗示，我之前援引了这一观点，下一节我将回到这一观点。然而，正如 1762 年卢梭在《社会契约》中所言，"没有什么能比每一个以奴隶身份出生的人都是为奴隶制度而生更确定的了。奴隶们在锁链中失去了一切，甚至失去了逃离它们的欲望：他们热爱他们的奴役……因此，如果说有天生的奴隶，那是因为曾经有过违背天性的奴隶。武力造就了第一批奴隶"（2：14；我的重点）。某些权利可能是不可剥夺的，并且从目前的世界主义视角看，无论个人、共同体或国家在历史上的某个特定时刻可能想要什么，可能都是不可剥夺的，即使是通过声称"传统"或"文化完整性"也不能证明对某些基本人权的否认是正当的。[27]

4. 后现代世界主义：共同体和主体性、政治和伦理

> 种族——这个在毁灭的飞机和争斗的人类议会之间的种族——深深地印在我们的脑海中。这个城市最终完美地说明了普遍的困境和一般的解决办法，这个钢铁和石头之谜也同时是非暴力、种族兄弟情谊的完美目标和完美示范，这个崇高的目标划破天空，在半路上遭遇毁灭的飞机，所有人民和所有国家的家园，首都所有的一切，都包含着飞机将被搁置的审议和它们预先安排好的差事。
>
> ——E. B. 怀特（E. B. White）："这里是纽约"

在《多元文化主义与混融》一书中，瓦尔德伦提出了一系列的假设性问题："如果一直以来除了混融之外什么都没有呢？如果文化总是通过贸易、战争、好奇心和其他形式的人际关系相互牵连会如何呢？如果文化交融和文化根源本身一样久远会怎样呢？如果纯洁性和同质性始终是神话又会如何呢？"（107 页）尽管目前关于"文明冲突"的言辞都过于粗暴和简单，但是，对世界历史的仔细审视却可以证实，与在辉煌的孤岛中出现和繁荣的单一文明的理想化前景相比，瓦尔德伦的假设构成了一种更准确简明的人类文化史。纵观人类历史，城市是"文明"的发源地，在很大程度上，这是因为城市作为跨文化相遇和交流的中心发挥着不可估量的作用。都市人口的多样性既是一个原因，也是多种文化影响融合在一起形成"文明"的一种反映。

一个富有自我意识的世界性共同体的建立，可以从放弃文明

同质性和文化纯洁性的神话开始，并且承认每个文明和文化在多大程度上是几个世纪甚至几千年来商品、技术、观念、习俗、叙述和图像等文化交流的产物。这种承认并不意味着否定不同文化的独特性，但是，它确实强调了把它们相互联系在一起的大量联系和共同性，并且它表明了多元文化的杂糅比单一文化隔离（自愿或不自愿）所具有的优势。对人类文化发展的这样一种理解也会有助于断绝文化与遗传（无论是民族、种族还是"血统"）的想象性联系——本质主义是种族主义和其他宗派意识形态的基础。

　　一个世界性的共同体似乎需要其成员具有相当程度的开放意识，接受文化多样性、混合性和异质性，并同时拒绝所有形式的本位主义。换言之，这将是更具有意义的多元文化，它强调互动和交流的重要性。将这种形态的多元文化主义与"多种单一文化"的集合区分开来是很重要的，在这种集合中，群体将自己（或被孤立）隔离在民族、种族或宗教的飞地中，极力把与其他共同体的互动保持在绝对的最低限度。[28]如果要设想一种"世界文化"，正如汉纳兹所说，那么它将是一种"以多样性的组织为标志，而不是以一致性的复制为标志"（237页）的世界文化。

　　这种世界主义将会避免寻求（或坚持）一种单一、主导的文化 *186* 或认知范式。它将不包括放弃对真理的探索，而是认识到没有一种真理（truth）可以是每个人的（"普遍的"）真理（Truth），相反，我们所拥有的是许多真理（truths），因为在不同的语境下，不同的人可能有不同的有效性和价值标准。正如尼采在《查拉图斯特拉如此说》中所认为的那样，"真理从来没有悬挂在无条件的权力上[Niemals noch hängte sich die Wahrheit an den Arm eines Unbedingten]"（52页）。换句话说，"真理"总是有不可化减的条件的，因此总是偶然的，正如尼采所经常指出的那样，真理是透视性的，从来都不是普遍的或绝对的。这种世界主义还包括认识到文化意义必定是语境性的、偶然性的，它们处于永恒过程之中，而且容易超出任何个人或群体的控制而扩散。

文化世界主义所必需的与他者（the Other）的接触可能会采取多种形式，但其中最主要的可能就是愿意参与到对话之中。我在这里所想到的，参与对话的能力（和意愿）将产生于建立沟通的权利以及康德的交往权利所设想的伙伴关系。尽管这与康德在遥远国家之间建立"和平关系"的筹划有关，但是，我并不认为这种对话就是哈贝马斯作为其目的而建立的共识。我并不认为，如果我们只是开始或继续彼此交谈，我们最终都会同意。但是，愿意接受他人的想法和经验将有助于我们发现自己的共同性和差异性。正如夸梅·安东尼·阿皮亚（Kwame Anthory Appiah）所说，"对话不必在任何事情上都达成共识，特别是在价值观上；它足以帮助人们变得相互适应"（《世界主义》，85 页）。在我看来，与其说"任何事"，不如说"对每一件事都达成共识"。然而，阿皮亚确实强调了交谈或对话的价值；世界主义的关键便在于保持交谈或对话的开放性及其可能性。当然，这种对话（语言游戏）的"规则"是一个重要问题，并且有时需要协商。诚然，在某些情境下，沉默可能是最好的选择（而且也是一种必要的权利）。

这些对话的好处可能远远不止于变得彼此习惯。在给定的任何历史时刻，许多人都在寻求解决许多同样问题的办法——从正义、权利和平等的理论和实践问题，到如何抚养孩子和组织家庭，如何组织教育和工作，以及如何照顾病人和老人——并且我们有很多可以互相学习的观点和经验。还有一些全球性的问题无法由单独工作的个人或国家来解决：它们需要全球性的解决方案，这涉及个人、共同体、文化和国家之间的多种互动和对话。

布鲁诺·拉图尔所说的"混融"现象和问题提供了一组很好的例子。例如，全球变暖、森林砍伐和臭氧层侵蚀都不仅仅是科学或环境的问题，它们也是政治、经济和技术的问题，因此，它们的解决方案或构想会需要不同知识领域、不同的小型和大型共同体、国内和国际之间的复杂互动。[29]

我们也可以通过利奥塔（基于维特根斯坦的概念）界定的"语言游戏"——不同话语（如政治、经济、科学、哲学）来考虑这种情境，这些不同的话语使用不同的词汇（或"行话"）和陈述类型（指示性的、规定性的等），因此，对于能被说的内容以及如何确定这些陈述的有效性会有不同的规则。[30]然而，即使语言游戏在大部分世界里（如科学世界）都很普遍，在不同的文化中也可能呈现出一些不同的形式（更像是扑克的不同版本）。不管我们是否有意，我们都会在不同的语言游戏和不同语境的游戏网络中移动。正如利奥塔指出的那样，"社会纽带是语言上的，但不是用一根单一的线编织起来的。它是由至少两个（实际上是不确定数量的）语言游戏交叉而形成的一种结构，它们遵循不同的规则（《后现代状况》，40页）。

同时，语言游戏和它们的规则都是"异质形态的"，因此，它们既不能相互简化，也不能被包含在某种通用的元语言之下。从这　点和目前的角度来看，后现代性所面对的主要问题不是共识的发展、共同的发展或其他的发展，而是共存的发展，并且，在可能的情况下，在没有或者给定的统一共识确实不可能的情况下，就是异质性语言游戏（在这种宽泛意义上）之间的共存和协商。这是一个复杂而困难的问题，正如利奥塔所充分意识到的，也正如他所解释的，特别是在《纷争：争议中的说法》中。但是，与共识不同（似乎没有希望），它实际上可能是一个可以解决的问题。

　　为了航行于后现代世界及其异质性语言游戏之中，人们必须尽可能地教会许多领域的词汇和规则，正如利奥塔所认为的那样，学习使人们能够把那些被传统的（亚里士多德式的）知识组织分离开来的领域联系起来。这些常规和它们所带来的灵活性反过来可能会帮助我们协商不同的文化，有时可能会弥合它们的观点之间的分歧。尽管这样一种"后现代知识"的教育会有其实际用途，但正如利奥塔所言，它并不"仅仅是权威们的工具；它提高我们对差异的敏感性，增强我们宽容不可通约的东西的能力。它的原理不是专家的同源性，而是发明家的谬误推理类比"（《后现代状况》，xxv）。在这种语境下，我们需要新的"动作"和新的"规则"。

188　　很难预测我们的交谈尝试会有多成功。但是，成功又不能用是否可能达成共识来衡量（在许多情况下，这似乎是极不可能的）。相反，我们可能会达成一些协议，在某些情况下，我们也可能"同意不同意"。有些事情需要通过上诉或司法判决来裁决，但是，这需要一个与我们所继承的正义有所不同的版本。我们应该像利奥塔所建议的那样，努力"达成一个公正的观念和实践与共识无关"，因为以前的"共识"常常需要压制少数人的异议（《后现代状况》，66页）。为了实现这一点，我们首先需要认识到语言游戏内在固有的异质性。利奥塔认为，这种承认"显然意味着一种对恐怖的抛弃，认为它们［语言游戏］是同构的，并试图使它们变得如此这般"（《后现代状况》，66页）。此外，这种决定"界定一个游戏的规则和在游戏中可游戏的'动作'必须是地方性的，换句话说，是由它当前的玩家商定的，并最终会取消"（《后现代状况》，66页）。

　　至少在原则上，这种处理我们话语（或语言游戏）异质性的

"后现代"方法似乎为正义的实践提供了一个新的、更好的基础，而不是依靠达成共识。由于后现代性的异质性利益和世界观，即使在没有对这些主张达成多数共识的情况下，后现代性也允许以前被边缘化或被压迫的群体对正义提出他们的主张。因此，我们需要以新的方式来处理正义的问题。毫无疑问，我们将面临目前还没有解决方案的实际问题，但是，对这些问题的不同思考可能会给我们一个开始的机会。

在斯蒂芬·弗雷尔斯 1987 年的电影《萨米和罗西被冷落》中，萨米和罗西两个主要角色在撒切尔时代生活在一个混乱的、多民族的、低收入的伦敦社区里。萨米的父亲拉菲来自巴基斯坦，一位因与军事独裁政权合作而受到调查和报复的政治家。拉菲是英国教育和牛津教育的产物，他怀念大英帝国，对萨米和罗西的"无序"多元文化社区感到震惊。然而，萨米和罗西忠诚于别的东西。"我们不住在英格兰，我们住在伦敦。"他们解释说，但是，伦敦与拉菲记忆和浪漫化的伦敦截然不同。在这个多元文化的伦敦，萨米和罗西并没有从与不同的他者（otherness）的相遇中退缩，而是拥抱着他们。他们拒绝通过他们的祖先、语言或公民身份来定义自己，正如瓦尔德伦所说，世界主义者必须是"现代性的产物，意识到生活在一个混合的世界中，并且有一个混合的自我"（"少数民族"，754 页）。更准确地说，它们是后现代性的产物。

最好通过主体性的后现代概念把今天的世界主义的主体性理解为本质上是碎片化和偶然的，在笛卡尔意义上，与其说是"自我"，不如说是在多重话语、文化和社会结构的交叉点上的一系列波动的主体"状态"。我们都受制于多种社会力量的相互影响，但同时，就像萨米和罗西一样，我们在忠诚和亲密关系上有一定程度的自由和选择，这与传统自由主义所设想的完全自主的个性

189

不同。世界主义者将培养在许多文化中尽可能优雅地行动的能力。这种能力需要掌握超出一个人的母语或甚至以前获得的全部本领的语言游戏。它要求具有管理忠诚多样性的能力，从而对含糊不清和不可避免的矛盾有一定的容忍度。正如汉纳兹所说，这包括"屈服"于"异族"文化的能力，也涉及脱离，包括脱离自己原初文化的能力。

然而，最重要的是，世界主义者必须根据一种参与的基本意愿来界定，并除此之外，必须拓展对他者（Other）的友好态度。在某些方面，这是一个复杂的问题，因为，正如德里达在《政治与友谊》中指出的，"他者不仅仅是来自外部的他者……他者已经在里面了，并且必须以某种方式得到庇护和受到欢迎"。在任何一个特定的时刻，总是至少有两个"他者"——在外面的他者和在里面的他者——它们是不可分割的。人们也可以通过压抑和投射之间的心理联系来理解这种情境。在里面的他者，正如弗洛伊德所认为的，是我们拒绝承认或回绝承认的那些部分（欲望、感觉、倾向和品质）的承载者，因此压抑它们，把它们降到无意识的领域。为了保护自己而被逐出意识的自我，然而，这些被压抑的他者倾向于以外化投射的形式重新出现。我们拒绝在自己身上看到它们，相反，我们在他者（或者如他者那样）看到它们。因此，这种感知到相异性的他者，在很大程度上，是我们自身未被察觉的、内在的他者性的一种反映，一种返回——是我们自身拒绝承认或者我们自身就是的所有事物的反映和返回。

我们对他者的恐惧和憎恨的根源，不仅在于对可能伤害我们的未知陌生人的恐惧，而且在于我们对我们自己压制和投射的辩证法。因此，我们内心的压抑与各个种族、族裔或宗教他者的压迫有关，他们是我们投射的对象。托妮·莫里森（Toni Morrison）

的《至爱》包含了用适当的基本术语呈现的一种沉思，这是关于这种辩证法在我们自己和他者身上造成伤害的沉思：

> 白人相信，不管有什么样的举止，在黑黝黝的皮肤下都是一片丛林。湍急的不可通航的水域，摇摆着发出尖叫声的狒狒，沉睡的蛇，红色的牙龈准备好接受甜蜜的白血球。在某种程度上，他认为他们是对的。有色人种越是花费更多的精力试图让他们相信自己是多么的温柔，多么的聪明和多么的可爱，多么的人性，他们就越是用自己的力量说服白人相信一些黑人认为不可能被质疑的事情，丛林里面就越长越深，越长越错综缠绕。但这不是那些丛林中的黑人从另一个（宜居的）地方带到这里来的。那是白人在他们之中种植的丛林。它长大了。它蔓延了。在生命之中，在生命过程中，在生命之后，它不断蔓延，直到侵入造成它的白人中。每个人都碰到过他们。改变和更改他们。让他们变得残忍、愚蠢，甚至比他们所想的还要糟糕，他们对自己制造的丛林感到如此的恐惧。尖叫的狒狒生活在它们自己的白皮肤下；红色的牙龈就是它们自己的。（198—199页）

190

那些不能与他者和解或者至少不能在内心容忍他者的人，会把他者性和他们的恐惧和侵略向外投射出来，投射外面的他者身上。正如德里达所说，为了对他者友好，首先有必要"在他们自己的内心协商这种友好"，在自己的内心欢迎"已经是一个社会"的东西，"一种异质的奇特性的多样性"（"政治"）。

1996年，德里达在斯特拉斯堡国际作家大会上就难民、寻求庇护者和移民的"世界性权利"问题发表了讲话。在后来发表的

《论世界主义》一文中，他提出了一种新的历史"避难城市"实体化的可能性，一个来自并且需要一种的新的宇宙政治（cosmopolitics）的"开放城市"，这种宇宙政治既包含友好的责任，也包含了友好的权利。在全球城市和全球化的当前语境下，这样一种宇宙政治要求我们考虑国家边界以外的友善、民主和正义——实际上，它需要创造一个新的政治想象。作为通过这种宇宙政治的一种思维方式——它可能涉及什么，为了实现它我们必须克服什么困难，以及我们如何开始——我想讨论迈克尔·哈内克的电影《未知密码：几次旅行的不完整故事》中的友善问题。

　　由一系列支离破碎、相互关联的故事情节组成，《未知密码》的开场从中间夹着一个简短的、无声的场景开始。在这个场景中，一个年轻女孩慢慢地缩到墙上蹲了一会儿。然后，她站了起来。摄像机从她身上切换到另一个孩子的脸上，另一个孩子用手语问道："一个人吗？"女孩摇摇头。另一个孩子用手语问道："藏身之处？"她又摇了摇头。我们意识到，我们在观看耳聋的孩子在玩哑谜游戏。没有任何猜测——"歹徒？良心不好？悲伤？被监禁？"……点点头。屏幕恢复到开始的标题。

　　正如我们所发现的，这个奇怪的序曲流露出了电影提出的一些关键问题。首先，最明显的是，有一个同名的未知密码，通常与一条无法辨认的信息联系在一起，这是影片中描述的许多情境的中心。例如，在影片的许多回音或倒转中，来自罗马尼亚的非法移民玛丽将在几个细节上重复小女孩的手势。孩子们独自提出的问题——一个人、藏身之处、歹徒、良心不好、悲伤和被监禁——都将在整个电影中引起呼应，它描述了孤独、绝望的难民和移民、普遍的暴力、内疚和痛苦。《未知密码》的现场拍摄在巴黎，它被描绘成一个全球性的、异质性的城市，那里的居民的许多语言(电影包括法语、德语、英语、马林卡语、罗马尼亚语、阿拉伯的对话,除了儿童的手语)经常作为彼此的未知密码出现,他们的习俗、价值观和意图也是如此。在哈内克最近的电影《躲藏》中,这个主题是从不同的民族角度发展而来的。然而,这两部电影在不同程度上(在《躲藏》中,它是核心的潜在冲突),都体现了被压迫殖民地的暴力回归。在《未知密码》中,这是"小阿拉比"和安妮之间的对抗。《未知密码》的人物在一系列把他们彼此分开的文化分歧中彼此面对面,并且撕裂这个城市——在整个电影中,把一个场景与另一个场景分开来的简短的黑色剪接从形式上强调了这种分歧。把我们放在这个分裂的城市里,电影反复提出一个问题:我们欠别人什么呢?欠我们的亲戚、朋友和邻居?欠我们中间的路人和外国人?欠我们以前的殖民地臣民?欠在我们中间寻求庇护的那些人?

　　开场后的第一个场景是在繁忙的巴黎十字路口的一次偶然相遇,这个场景把前文提到的来自罗马尼亚的非法移民玛丽、来自外省的法国年轻人让、非洲裔年轻教师阿马杜和巴黎女演员安妮带到一起。题为"一个纸袋"的场景开始于安妮从公寓楼的门口走到一条繁忙的街道上。安妮男朋友乔治的弟弟让正在外面等她。他解释说,他已经离开了父亲和农场,他需要一个住的地方。他本来可以上楼的,但是门上的电子锁的密码已经被更改了,他还不知道新密码——电影里还有另一个"未知密码"。他试着打电话,但安妮在洗澡,没听见电话,所以他拿起了应答机。安妮告诉他,他的哥哥乔治正在科索沃拍摄战争,她正去开会的路上。她和让边走边聊,给他买了一个糕点并且提醒他"家里没有住三个人的地方"后,她给了他密码和钥匙。

　　在他回来的路上,让遇见了玛丽,她正在一条小巷里靠着墙坐着，在乞讨。他把空荡荡的、皱巴巴的糕点袋扔到她膝上，继续走着。但塞内加尔移民的儿子阿马杜看到了这个情景，决定进行干预。他勇敢地面对让，问他："这干的是一件好事吗？你觉得这是对的吗？"并要他向那个女人道歉。他们扭打在一起，安妮回来了，要求知道阿马杜为什么殴打让，此时警察来了。他们要求所有人出示证件，他们逮捕了阿马杜，下一次我们见到玛丽时，她戴着手铐，正被护送到返回罗马尼亚的飞机上。

在多个层面上，这一场景可能被视为一系列友善的失败：让未能向玛丽表现出友善的态度（后来由警方表达了"官方"友好态度），但是安妮未能向让表达友善（这可能是让随后虐待玛丽的原因之一），最后，阿马杜试图通过强迫让道歉和承认她有权得到有尊严的对待来纠正玛丽的处境，并因此恢复友善的态度，但是他失败了。借助于德里达对这个主题的分析，我们可以理解这些失败和友善的本质，我想借助西格蒙德·弗洛伊德对利他主义的评论来进入这个话题。

在《文明及其不满》中，弗洛伊德认为，没有任何一种观念与我们的作为利他主义原始本性如此背道而驰——这个命令是我们像爱自己一样地彼此相爱——因此，我们自然不会倾向于向我们的邻居，更不用说对陌生人，提供太多的友善，更不用说表达爱了。人对人就是狼（Homo homini lupus）。尽管德里达并不会不同意弗洛伊德的论点，但是，他（以一种有限制的方式）遵循康德和列维纳斯的看法，他仍然相信友善的可能性，某种形式的友善，至少在原则上或至少作为一种原则，甚至是对一个完全陌生的人也一样。根据德里达的说法，友善是"一种无条件的禁令——我必须无条件地欢迎他者，无论他或她是谁，而不要求一纸公文、一个姓名、一个语境或一本护照。这是我与他者关系的

192

第一次开启：开放我的空间，开放我的家园——我的房子、我的语言、我的文化、我的国家、我的民族以及我自己（"政治"）。然而，正如他指出的那样，这种（无条件的）友善在实践中没有任何条件却是不可能的。首先，为了表达友善，一个人必须是房屋或国家的"主人"——人们必须在某种意义上控制它，拥有对它的主权——才能"接纳"一切。但是，这种控制并没有到此为止，因为主人也必须对客人有一定程度的控制。如果他们接管了房子，他就不再是主人了。假如是一个不好的客人，热情好客可能就会导致这个房子里，这个热情款待的空间里的所有东西——以及每一个人——都被转移、被破坏或毁坏。因此，德里达认为，主人有责任"挑选、精选、筛选、择选被邀请者、访客或客人，[他]决定给予庇护、探望或款待的那些人"（《论友善》，55 页）。

因此，友善隐含着几种僵局，或者用德里达的术语说几种"悖论"，这是由（无条件的）友善原则和最终不可简化的条件（因为与讨论中所要求的原则相反）之间的冲突来界定的，在这一点上，这些原则是必须贯彻的。所以，尽管在原则上对友善的道德禁令可能是"无条件的"，但在实践中，它确实涉及条件，而这些条件并非没有它们令人不安的含义。德里达说，"在这个经典（的）意义上，没有友善，没有自己对自己家的主权，但是，既然不存在没有限制的友善，那么，主权就只能通过筛选、挑选，因而通过排除和实施暴力来行使。不公正，某种不公正……从友善权利的门槛开始"（《论友善》，55 页）。于是，提供无条件友善的道德要求不可避免地与财产、主权和控制的政治考虑联系在一起。因此，相对于列维纳斯更严格的伦理观和更接近康德的伦理观（然而，也没有完全赞同康德的观点），德里达的友善观必然同时包含伦理和政治领域，这是我们必须始终进行协商的两个领

193

域。德里达认为，"我们将始终面临这种两难境地，一方面是免除法律、义务甚至政治的无条件的（伦理的）友善，另一方面又受法律和义务限制的（政治的）友善。其中一个总是可以腐蚀另一个，这种扭曲的能力仍然是不可减少的"（《论友善》，135页）。

即使不考虑某些心理学或精神分析学的复杂性（我将在下面对此进行评论），德里达的分析也把我们引向了友善的明显不可简化的伦理—政治复杂性，几乎不可能性，同时又仍然坚持实践友善的必要性和不可避免。对于德里达来说，在这一点上，他离开了康德和列维纳斯，友善同时是必要的和不可能的。对于友善，没有任何公式，没有任何可决定的或可译解的运算法则，会确立或保证它一劳永逸。然而，这并不意味着我们不应该建立或实践某些一般的道德、政治或法律的友善法。恰恰相反，这样的法律是必要的，包括并且尤其是那些保障我们权利的法律，例如政治避难权，这也是德里达的观点之一。然而，法律从来就不是充分的，因为每一种情况最终都是单一的、独特的，并且在一种情况下起作用的东西可能会在另一种看似相同的情境下失效。

因此，在《未知密码》中，我们可能会认为阿马杜陷入了友善的一些僵局，陷入了友善的相互冲突的要求中，包括那些属于心理学性质的要求，我们所有人都必须小心翼翼地穿行其间，而且失败的机会要比成功的机会大得多。首先，尽管如此，有必要承认阿马杜自己的目标是有分歧的，因此也是有问题的。他看到玛丽受到了伤害（可以说是本身就是一种冷漠的表现，或者至少是一种友善的失败）。他试图用一种可能被理解为友善的姿态来补救，以肯定她作为一个人的尊严。但他也想给让一个教训：他要他道歉，承认是他自己错了。他希望让在某种意义上承认玛丽的人性，以表示对他的友善。但是阿玛杜不能向她表示别人的友善；他不能主导他不能控制的事情。当然，他可以从一开始就直接把他的注意力、他的友善指向玛丽。例如，他可能会问她需要什么，然后尽他所能地帮助她。但是，当阿马杜占据道德制高点，觉得自己很有正义感（我们大多数人可能都在为他叫好）时，他也让玛丽受到警方的注意，警方将确保她被驱逐出境。警方的介入提醒他（和我们），法律问题——不只是道德问题，也是法律问题——涉及友善，并且友善有其不愉快的排他性方面，有其不可避免的暴力。警方对这种情境的处理也提出了其他的问题。由于他们没有逮捕让，甚至没有带他去审问，他们显然决定，尽管有矛盾的说法，阿马杜，是有礼貌，合乎情理，善于表达，但是，尽管如此，黑人肯定有过错（后来我们得知他被警察殴打，警察还搜查了他家的公寓）。

194

这个场景也是一个关于意外后果危险的客观教训：当我们试图帮助他人时，我们永远不能绝对确定自己是否会伤害他人。然而，这部电影并不是对拒绝介入的道歉。在一些场景中，哈内克向我们表明了不干预、置身事外、认为一些友善的失败与我们无关的后果。在这部电影中，最严重的、大规模的友善失败就是乔治的照片表明的最近巴尔干战争的那种失败。科索沃被残害和杀害的穆斯林居民可能会被视为塞尔维亚人残忍的没有友善的受害者，正如德里达所说，"他者和我们一样"，像南斯拉夫的同胞一样，无论他们的宗教或传统如何，或者就像人类一样。乔治的屠杀照片也有力地证明了国际社会未能以一种及时的方式进行干预，以及这种政治和道德上的忽视所造成的损失。

"陌生人"的范畴，即他者（the Other）当然不限于我们在异国他乡可能遇到的来自其他国家、民族、种族或宗教的人，也不限于我们认为属于我们的地方的这些人：我们的国家、城市和城镇，不管我们可能多么地认为它们是"我们的家"。寻求欢迎的陌生人可能会到来，作为一个邻居，我们相信我们会"认识"他。

　　然而，即使是在邻里之间，近在咫尺似乎也会给我们带来一种特别的紧迫感，我们并不总是进行干预。一天晚上，正在熨衣服的安妮被大厅下面一个孩子的尖叫打断了。她停下来，把电视调到静音，留心听了听，但过了一会儿，她又开始熨衣服了。一张求救的便条出现在她的门下，但她无法对它"解码"，她不能决定这到底是求救还是开玩笑。她也不确定寄件人的身份。穿过大厅的女人拒绝看这张便条，但是向安妮保证不是她写的。安妮怀疑一个十岁的女孩会自己写下"一个无助的孩子"。因为不确定她不愿意采取行动。不久之后，她就静默地站在孩子的墓前。这一事件引发了一个问题，即我们究竟欠那些身份和意图不明或不确定的人什么。正如汉纳兹所认为的，"信任往往是一个分享观点的问题，即'我知道，我知道你知道，我知道你知道我知道'。这种意义社会组织的公式并不一定适用于地方和世界的关系"（248页）。欢迎他者加入我们的行列，我们有权期望他们做什么呢？他们真的告诉我们他们是谁吗？他们懂得他们的和平意图？那些隐瞒自己身份、忠诚和意图的人又怎样呢？再有，他们对我们有伤害吗？显然，我们不必欢迎后者，但是，这与一个更困难的问题有关：我们在何种程度上有义务容忍这种不宽容？这部电影并没有回答这些问题，至少没有明确地回答这些问题，但是，它让我们提出和再次提出这些问题，并寻求可能和必要的答案，无论是在我们的思想中，还是在我们的生活中，最终是在我们的生命中。

　　这部影片表明，有许多心理上和实际上的障碍，会导致我们的友善失败，或者让我们在我们的友善中失败。例如，在玛丽回到巴黎后，在她与一位朋友的故事中，我们看到了这一点。"有一天，在赛特兹，"她开始说，"我给了一个吉卜赛乞丐一些钱。她太脏了，我跑去洗手以免染病。她只是让我感到恶心。"她停顿了一下，然后继续说："去年冬天，在圣日耳曼大道上，一个穿着考究的人要给我二十法郎……但当他看到我伸出的手时，他把钞票扔到我腿上，好像我让他恶心似的。我冲回到这里，躲在阁楼里。我哭了一整天。太尴尬了。你明白了吗?"

可以把这个场景理解为一个与自己内心的他者相遇的一个反向寓言。玛丽首先处在拒绝另一个被鄙视的他者的立场上，后者的"污垢"可能会传染，必须洗掉。玛丽的厌恶，尽管可以理解，但可能是某种更深层次的迹象：即在某种意义上，吉卜赛乞丐也经历过(可能是无意识的)像她自己那样的反应，特别是她自己的被压抑的感情或欲望。她描述的第二件事是第一件事的一面镜子：此时此刻，被揭露出来的堕落、被鄙视的他者就是她自己。因此，她在本质上相同的、两次讲述的叙述中占有两个立场(矛盾的善举者和被鄙视的他者的立场)。尽管在这两个失败或中止的友善例子中存在的逆转都具有讽刺意味，但是，我们可能从中吸取的教训可能更多地与在我们内心协商友善的必要性有关，以便能够把其扩展到他人身上。而且，我们也意识到，这两个场景都在开头场景中得到了呼应，在那个场景中，让把空荡的糕点袋扔到玛丽的大腿上——这是一种不友好的姿态，然而，这颠倒了前两个场景的意图，这至少源自一种友善。

事实上，这部电影只有一个完全积极介入的场景，而且这是以安妮的名义发生的，安妮坐在拥挤的地铁车厢里，被一个年轻人骚扰、跟踪、威胁并最终吐唾沫，这个年轻人嘲弄地称自己是"小阿拉伯人"。一个年长的男人，在片中被称为"老阿拉伯人"，介入其中，并惩罚那个年轻人说："你真丢脸!"当年轻人在肢体

196 上挑战他时，老人静静地把眼镜举过过道递给安妮，站起来面对着他。在一个被种族边界割裂的城市里，老人越过种族边界，坚持一种基本正派的首要性。这个场景也是这种可能性的一个提醒，即使在我们自己的城市里，我们也可能在某一时刻或另一时刻发现自己需要帮助和友善。

在《未知密码》中，几乎没有什么东西可以缓解哈内克对全球城市愿景的暗淡。当电影结束时，它又回到了开场的不同场景中——玛丽回来时发现有人在巷子里占了她的位置；她找到了另一个地方，但受到了威胁并被赶走了。乔治回到家，发现前门的密码被更改了，安妮又一次没有听到电话铃响。一个孩子表演一个精致的、难以辨认的哑剧。无论可能出现什么样的友善空间，现在似乎都消失了。

在这部电影中，许多友善的失败就是伦理上而不是政治上的友善的失败，但是，如果我们要使我们的异质性、全球化的城市发挥作用，如果我们要使城市变得友好，我们就需要伦理上和政治上的友善，需要一种两者的平衡。伦理—政治上的友善实践是困难的，几乎是不可能的，但是这也是绝对必要的。如果我们在这里可以用密码来表达，这种友善的密码是未知的，这可能就是哈内克所用标题的最终含义。然而，为了改善新的国际大都市的这个不友好的世界，我们必须使用未知密码，甚至用可能永远不会被完全了解的密码。因为，正如德里达所认为的以及和哈内克的《未知密码》所表明的那样，友善总是独一无二的，是一个行为、事件或决定的问题，没有一个密码会作为它的支撑或保证。当我们在旅途中彼此相遇时，我们只能给出彼此不完整的故事，我们需要在我们的城市和我们自己之间找到新型的团结，找到想象和实践新的友善的方式。

注　释

第一章注释

1. 许多批评家研究了《嘉莉妹妹》与《曼哈顿中转站》在形式方面的关系以及它们对这个城市的表现。*On Sister Carrie*，see Christophe Den Tandt，Philip Fisher，June Howard，Richard Lehan(1969，Pizer 1991)，and Donald Pizer(1984)．On *Manhattan Transfer*，see Bart Keunen，Todd Gibson，A. C. Goodson，and Pizer(1991)．For more wide-ranging discussions of these relationships，see Robert Alter，Graham Clarke（ed.），Blanche Housman Gelfant（1954)，Lehan（1998)，Diane Wolfe Levy，Raymond Williams(1973)，and William Sharpe and Leonard Wallock(eds.)．

2. 2006 年，根据《福布斯 100》指数排名，全球 20 大公司中有 11 家（销售额、利润、资产和市值综合排名）是银行/投资公司。

3. 有几个优秀的马克思主义和新历史主义者对《嘉莉妹妹》的研究，重点是资本主义、商品拜物教和身份建构。具体见 Rachel Bowlby，Amy Kaplan，Kevin R. McNamara，Walter Benn Michaels，and Robert Shulman。相比之下，我的研究集中在欲望与都市环境变化之间的特殊联系上。关于芝加哥的历史和都市环境从 1871 年的芝加哥大火到 19 世纪 90 年代中期的转变，《嘉莉妹妹》的场景就在其中，见 Carl Smith's *Urban Disorder and the Shape of Belief*。

4. 凯西(Cayce)(在语音上)与凯斯(Case)同名，吉布森的《神经漫游者》(将在下一节中讨论)的主人公，可能是故意暗指品钦的类似性别，他在《拍卖第 49 批》中的主人公奥狄芭·玛斯与索福克勒斯的俄狄浦斯配对。这一组相互作用的影射表明，所有这些作品中的利害关系都是在探索知识，甚至是终极的知识，使用勒克修斯(Lucretius)的宏大标题，也就是探索"事物的本质"，以及把这种探索性别化的问题。近几十年来，在《拍卖第 49 批》中探索知识的本质一直是许多讨论和辩论的主题，包括在当代文学的现代主义与后现代主义关系的语境中进行探讨。如见，Brian McHale's important discussion of the novel in this context in his *Postmodernist Fiction*(21—25 页)。

5. 在 20 世纪头十年，由于百老汇和第五大道业主协会之间的协议施加的限制(Berman 109)，这些电子标志(有时称为"消防标志")仍然集中在百老汇和当时被称为朗克雷广场(现在称为时代广场)周围。关于时代广场的历史，见 Marshall Berman and William R. Taylor。到 1925 年，多斯·帕索斯的《曼哈顿中转站》出版时，据估计在纽约市就有超过 12000 个电子广告标志(Brevda 80)。有关街道照明的历史以及它如何改变都市夜晚，见 David

Nye，Wolfgang Schivelbusch，and David Nasaw。

6. 另一方面，从 19 世纪中叶第一次出现百货公司到现在，这两种零售模式，即手推车和百货公司就一直存在着矛盾。人们也可以看到这场冲突——以及售货亭和百货公司（用其现代商品推销展示）取代流动小贩和小商人，通过吉劳姆·勒加尔（Guillaume Le Gall）所说的"推行固定性"——在尤金·阿杰特 20 世纪早期的巴黎街道照片中（30 页）。On the history of this conflict in New York City，见 Daniel Bluestone。

7. 虽然这主要集中在法国百货公司方面，罗莎琳德·H. 威廉斯（Rosalind H. Williams）的《梦想世界》仍然是消费历史和百货公司发展史的最佳研究之一。

8. 克莱尔·埃比（Clare Eby）借助凡勃仑的金钱的理论和歧视性比较，反过来又借助德莱塞的作品印证凡勃仑的理论，为《嘉莉妹妹》提供了一种富有理解力的解读。她还从事"从生产型经济向消费型经济转变"的"欲望心理学"的研究（109 页）。

9. See Derrida，*Grammatology* 27-73；and Lacan，*Écrits* 412-444.

10. For Saussure's schema of signification，see *Course in General Linguistics*；for Lacan's，see "The Instance of the Letter in the Unconscious."

11. 正如德里达有说服力地认为的那样，所指意义在意义经济中的特殊作用，界定了西方关于意义思考的历史，并在许多方面界定了西方思想本身的历史。这一观点也支配着大多数政治经济学的思考，例如马克思的政治经济学思考，比如马克思在《资本论》中阐述的商品拜物教概念就是由这种支配来界定的。

12. 可以说赫斯特伍德的衣着和举止也是如此。在与赫斯特伍德的交谈中,嘉莉"听到的,不是他说的话,而是他所表现的事物的声音。他外表的策略是多么温文尔雅啊!他的优越地位是多么令人感动啊!"(88 页)。

13. 菲利浦·费舍尔(Philip Fisher)在《客观事实》中对《嘉莉妹妹》所做的分析,追溯了德莱塞的劳动等级制度,这种等级制度是由一种逐步扩大的"自我推销"所决定的(162 页)。

14. For a useful discussion of gender and consumption in Sister Carrie, see Gelfant's "What More Can Carrie Want?" For a broader view of the subject, see Victoria De Grazia and Ellen Furlough's edited collection, *The Sex of Things*.

15. 如果有人认为妮可在性方面受到了她父亲的虐待,丈夫是她的精神病学家,而菲茨杰拉德的小说显然就是在精神分析的背景下写作的,另外,又是在资本主义及其炫耀性消费的背景下书写的,这种情境就变得更加微妙了。妮可的欲望经济(在任何意义上)都是菲茨杰拉德小说中较为复杂且很少得到探讨的方面之一。

16. See in particular *This Sex Which Is Not One*。当然,在这里,我只是提供一个非常一般的伊里加蕾议程的概括性陈述。她的分析本身,以及因为同样的原因,不可避免地,她的思想与弗洛伊德和拉康的思想之间的关系要复杂得多。关于拉康欲望经济的复杂性,无论是在这个语境中还是在一般情况下,见 Jean-Michel Rabaté's chapters, "*Ravishing* Duras, or the Gift of Love" and "Joyce's *Jouissance*, or a New Literary Symptom," in his *Jacques Lacan: Psychoanalysis and the Subject of Literature*。

17. See Irigaray's *Speculum of the Other Woman* and *This*

Sex Which Is Not One.

18. The page number from *Mrs. Dalloway* is from the edition Deleuze and Guattaricite.

19. 在这里，我是在阿尔都塞的主体"招呼"或"召唤"的意义上使用的质询(interpellation)，她因为资本的力量敦促她采取了一个特定的主体立场。这个概念归功于马克思，同样也归功于拉康，包括本章所讨论的他的观点。

20. 在他的自传体作品《黎明》中，德莱塞说，他在芝加哥工作的五金公司的商品同样向他喊道："你需要我！你需要我！你需要我！"(338—339 页)

21. 拉康在"镜像阶段"中，通过孩子对他或她的镜像的认知和识别讨论了促成"观念-I"的第一时刻。拉康强调，这种认知和识别实际上是一种误识(他使用了"méconnaisance"一词)和误认：观念-I是由镜子里的影像和站在它前面的影像混淆而促成的。这种自我与镜像的最初融合是主体随后许多次要确认(例如"角色模型"和广告呈现的理想化图像)的来源或原型。

22. 在对《曼哈顿中转站》的解构主义解读中，沃尔特·布雷夫达(Walter Brevda)认为，"对于多斯·帕索斯来说，1925 年时代广场的潜在意义预示着它将成为后现代时代的表征、自我指涉和怀疑主义的第一个标志。事实上，在《曼哈顿中转站》中，有很多我们今天称之为后现代主义的东西"(89 页)。

23. 弗洛伊德确实区分了事物(有时发挥象征或符号功能的物体)和词语(也可以用作精神分裂症的某些案例中的征兆)并考虑了两者在整体欲望经济中的作用。然而，对于弗洛伊德来说，这种经济最终会受到与事物的联系的支配，或者，按照前面已经讨论过的索绪尔的思路，会受到所指和事物本身之间的主要关系的支配。因此，恋物癖的最终原型总是阴茎的物质性。相反，对于拉康来说，欲望经济是由能指支配的，更具体地说，是由能指的形式所控制的，比如阉割本身的缺乏或俄狄浦斯三角形（三角关系）。这样，能指就脱离了最终的物质性参照物，甚至脱离了所指。这是我们在多斯·帕索斯对城市主体性的描写中发现的超然类型。弗洛伊德和拉康的欲望经济体之间的这种差异具有重要意义，尽管两种经济都在需要缺乏或缺席方面分享欲望的测定，因而都受到了德勒兹和瓜塔里的批评。

24. For studies of the interrelationship between early twentieth-century New York skyscrapers and corporate identity, see also Gail Fenske and Deryck Holdsworth's "Corporate Identity and the New York Office Building: 1895—1915" and Olivier Zunz's "Inside the Skyscraper" in *Making America Corporate: 1870-1920*.

25. 定义"全球城市"的标准及其在第一、第二和第三级中的排名是众多研究的主题。特别参阅 Saskia Sassen's *The Global City*, John Friedmann's "The World City Hypothesis," and Mark Abrahamson's *Global Cities*。我在本书最后一章"全球城市与公民"中思考了后现代全球城市的现象。

26. 纽约和其他城市的电子游戏复制品也反映了这一符号景观，无论街道多么整洁。例如，在"大亨之城：纽约"中，"真实的企业标识充斥着广告牌和大帐篷——鳄鱼牌服装、诺基亚、玩具反斗城——但是，街道本身一尘不染，环境优美洁净"(Morgan 4)。

27. Figures from the United Nations "Human Development Report"(1998) and Robert Coen/Universal McCann's "Insiders Report."

28. 资本拉拢和中和批评的能力是巨大的。梅赛德斯-奔驰(Mercedes-Benz)在 1995 年的一次电视广告宣传活动中使用了詹尼斯·乔普林(Janis Joplin)讽刺性地模仿"梅赛德斯-奔驰"(1971年)，这种情境就是一个典型例子，通过怀旧和心照不宣的反讽的混合方式吸引了婴儿潮一代(现在可能已经富裕得足以买一辆车了)。

29. 摇滚乐和说唱音乐的"节录"和"混音"也一直是一个特别有争议的领域，例如，《灰色专辑》、杰伊—Z 的《黑色专辑》和披头士的《白色专辑》中的危险鼠标混音，百代公司(拥有控制《白色专辑》的权利)对此做出了停止令的回应。尽管有危险鼠标的服从，但盗版仍然在网络上传播。

30. For a survey of the tactics of antibrand campaigns, see Naomi Klein's *No Logo*, particularly the chapter entitled "The Brand Boomerang."

31. 在品钦的《拍卖第 49 批》中，凯西与镜头的遭遇唤起了在夜间穿越旧金山奥狄芭·玛斯的情景。奥狄芭·玛斯穿越"被感染的城市"(1986 年)的旅程，变成了一条穿越风景的通道，在这里到处都是无声喇叭的图像。无声喇叭同时是特雷斯特罗的不祥迹象，是一个巨大而邪恶的阴谋，是一种被称为 WASTE 的秘密邮件系统的不祥迹象，这个系统被一些顽固的地下组织所使用(这些地下组织可能由或可能不由除这个信号本身以外的任何东西连接)，这也许是更一般的意义本身的模糊性，这种模糊性渗透到了奥狄芭的探索中。正如托马斯·夏柏(Thomas Schaub)在《品钦：含糊的声音》中所认为的那样。

32. 根据市场研究公司扬克洛维奇(Yankelovich)的数据，30年前住在一个城市的人每天大约看到 2000 条广告信息，而今天则有 5000 条。在接受调查的 4110 人中，大约有一半的人说"今天的营销和广告已经失控"(Story)。

33. 个人的消费模式可以通过从信用卡（包括药店和超市的"首选客户卡"）、目录和在线销售、消费者调查和对消费者行为的隐蔽观察等来源获得的数据进行跟踪。然后，这些数据通过邮政编码进行聚合。

34. 在《观看之道》中，伯格认为广告"把消费变成了民主的替代品。人们选择吃什么（穿什么或开什么车）取代了重大的政治选择。[广告]有助于掩盖和补偿社会中所有不民主的东西。它还掩盖了世界其他地方发生的事情"(149 页)。

35. 在《后现代主义，或晚期资本主义的文化逻辑》中，弗雷德里克·詹姆逊把空间的易读性或者可图绘性问题作为他对后现代文化更广泛讨论的一部分。詹姆逊认为，"我们的日常生活，我们的精神体验，我们的文化语言，今天都受到空间范畴的支配"(16 页)，他视洛杉矶的博纳旺蒂尔威斯汀酒店，作为构成了"类似于建成空间本身中一种变异的东西"(38 页)，用作后现代世界难以读解或无法图绘的一个范例。博纳旺蒂尔的内部设计，有其对称的塔，多个阳台，悬挂的帷幕，掩盖了它的形式，詹姆逊认为，"使我们不可能再使用体量或体量的语言，因为这些都是无法把握的"(43 页)。空间产生了一种感官的超负荷，"一种持续的忙乱在这里给人以空无一物的感觉，它是你自己沉浸于其中的一个元素，没有任何一种能够让人感知到透视或体量的距离"(43 页)。对于詹姆逊来说，一个人在图绘这个空间、把它组织成一个连贯的精神形象以及定位自己在其中的位置时所经历的困难，就是我们作为后现代主体在创造全球资本主义社会、经济和政治结构中我们所处位置的"认知地图"时所经历的困难的一个寓言。

36. 参见马尔科姆·格拉德威尔（Malcolm Gladwell）2004 年《纽约客》中有关购物中心的历史，"水磨石丛林"，维克多·格伦（Victor Gruer）的迷人肖像。格拉德威尔观察到，"格伦很可能是 20 世纪最有影响力的建筑师。他发明了购物中心"。格伦还设计了沃思堡，得克萨斯州的免费车市中心——这一方案实际上把城市本身变成了一个巨大的购物中心。

37. 静态广告牌形式的广告与前面讨论过的骆驼和吉列的广告风格相同。

38. 在汉斯·伯滕斯（Hans Bertens）和约瑟夫·纳托利（Joseph Natoli）的《后现代主义：关键人物》一书关于珍妮·霍尔泽和芭芭拉·克鲁格的论文中，我更详细地考虑了珍妮·霍尔泽和芭芭拉·克鲁格的作品，在那篇文章中我还提供了关于她们的艺术的其他学术著作的参考书目。见 reproductions of Kruger's work in Kruger，*Love for Sale*，and of Holzer's work in Diane Waldman，*Jenny Holzer*。

39. 2003 年，克鲁格为英国百货连锁店塞尔福里奇制作了正面横幅、广告牌、地铁海报和巴士包装（该连锁店经常委托当代艺术家进行季节性展示）。艺术家们参与百货公司的商业活动并不是什么新鲜事：安迪·沃霍尔是邦维特·泰勒的橱窗设计师，蒂芙尼委托贾斯珀·约翰（Jaspen Johns）和罗伯特·劳森伯格（Robert Rauschenberg）也做橱窗展示。然而，考虑到克鲁格艺术的批判性，她接受这样的委托有点令人不安。虽然目前还不清楚克鲁格是否打算让这些作品在本质上仍然是某种对立性的或具有破坏性的东西，但是，似乎对她的作品的这种使用构成了对它的一种商业上的复原或挪用（détournement），并具有中和批评的不愉快效果，正如之前讨论过的詹尼斯·乔普林的"梅赛德斯-奔驰"

广告一样。在 2006 年夏天，克鲁格的标志成为了整个伦敦塞尔福里奇的特征。其中包括"买下我。我会改变你生活。""我买故我在。"和"看它。想它。买它吧。算了吧。"

40. For more on "culture jamming," see *Adbusters* magazine，the website of the Billboard Liberation Front，Mark Dery's "Culture Jamming：Hacking，Slashing，and Sniping the Empire of Signs," Robert Goldman and Stephen Papson's *Sign Wars：The Cluttered Landscape of Advertising*，and Klein's No Logo.

第二章注释

1. "赛博空间"也有许多其他名称，最常见的是"web"和"net"，还有"metaverse""matrix""terminal"。

2. Stills of depictions of cyberspace from *Tron*（1982），*Johnny Mnemonic*（1995），*Hackers*（1995）*and The Matrix*（1999）may be viewed at *An Atlas of Cyberspaces*. The *Atlas* is also an excellent source for conceptual，historic，and other maps of cyberspaces.

3. 在《网络朋克的教训》一书中，彼得·费汀提供了这个术语的如下词源："当然，赛博(cyber)暗示着'电子人'和'控制论'，以及计算机在我们生活中的日益增多，而朋克(punk)则试图从其边缘和结构来确认这种新的写作"，并且使它"在社会抵抗与朋克审美反叛方面的价值观"联系起来(296 页)。

4. The phrase "Newton's sleep" occurs in Blake's "Letter to Thomas Butts，22 November 1802"(693 页)。

5. 在这里不可能追溯笛卡尔思想(广义上是随着现代性的发

展而获得)的丰富而复杂的历史,但是在学术文献上已经对这一领域进行了很好的探索,包括对后现代性及其历史的探索。

6. For more detailed studies of Le Corbusier, see William J. R. Curtis's *Le Corbusier: Ideas and Forms*; Kenneth Frampton's *Le Corbusier: Architect of the Twentieth Century*; Peter Blake's *The Master Builders: Le Corbusier, Mies Van Der Rohe, and Frank Lloyd Wright*; and Stephen V. Ward's *Planning the Twentieth-Century City: The Advanced Capitalist World*.

7. 勒·柯布西耶的修辞和思想的权威性和权威主义稳定进程既不是意外的,也不是偶然的。在《光明城市》的扉页顶部,在勒·柯布西耶的名字和书名上方,有一句铭文:"此书献给权威(AUTHORITY)。"

8. "哲学家们只是用不同的方式解释世界;问题在于改变世界"("论费尔巴哈"23页)。引文来自《马克思恩格斯全集》三卷,8页,北京,人民出版社,1960。

9. 参见彼得·马库斯的《网格作为城市规划:19世纪的纽约市和自由放任计划》,包括对1811年计划的一些批评,其中包括对弗雷德里克·劳·奥尔姆斯特德(Frederick Law Olmstead)(后来他为1870年被拒绝的扩建设计了一个更具竞争力的郊区规划)的批评,以及对两个计划涉及的竞争利益的解释。

10. See Elizabeth A. T. Smith's "Re-Examining Architecture and Its History at the End of the Century"(Ferguson 22-99) and Zeynep Çelik's "Cultural Intersections: Re-Visioning Architecture and the City in the Twentieth Century"(Ferguson 190-228) for more on this and other features of modernist colonial city design.

11. 海森堡的不确定性原理指出，我们可以测量或精确预测量子物体比如电子的位置或动量，但决不能像在经典物理学中那样同时测量或精确预测两者，同样，经典物理学也允许我们将现实性和因果性归为经典物理物体。这种不确定性关系使这样一种分配在量子物理中变得不可能。

12. For a detailed analysis of these connections，see Arkady Plotnitsky's *The Knowable and the Unknowable*：*Modern Science*，*Nonclassical Thought*，*and the "Two Cultures."*

13. 哥德尔的不完全性定理从不允许我们在数学上严格地保证所有数学命题的真实性或虚假性以及数学本身的非矛盾性，前提是所考虑的数学领域的丰富性足以包括算术。

14. 萨伏伊别墅也许是勒·柯布西耶"住宅机器(machine à habiter)"概念的最伟大的实现。

15. 在我看来，罗莎琳德·克劳斯(Rosalind Krauss)的《先锋派和其他现代主义神话的独创性》同样误读了蒙德里安。

16. "Bedwin" is a re-spelling of "Bedouine," the feminine form of Bedouin.

17. See the interview with Gibson and Timothy Leary，"High Tech High Life."

18. 在这里，费汀提到的"认知图绘"暗指詹姆逊的著名文章"Cognitive Mapping"。

19. 斯蒂芬森对赛博空间和南加利福尼亚州未来地理的看法，可能不仅仅是因为想象：他本科时在波士顿大学就读地理专业。

203 20. Tomas made this observation in reference to Tim McFadden's "The Structure of Cyberspace and the Ballistic Actors Model—an Extended Abstract," presented at the conference and later published in Benedikt's *Cyberspace：First Steps* under a slightly different title.

21. Benedikt does note that "this fully developed kind of cyberspace does not yet exist outside of science fiction and the imagination of a few thousand people"(123). He cites(in the note to this assertion) the works of Gibson，Brunner，and Vinge.

22. For more on Google Earth's capabilities and origins，see John Hanke's speech at the 2005 O'Reilly Media *Where 2. 0 Conference*.

23. The complete Metaverse Roadmap Summit Report is available on-line(Acceleration Studies Foundation). For a summary of the draft report，see Terdiman.

第三章注释

1. 在这些城市想象中，更重要的是我们对城市的赛博模拟，例如由城市规划者使用的相关程序 ArcMap 和 ArcGlobe 创建的那些赛博模拟。For further analysis of the underlying assumptions built into SimCity，see Kenneth Kolson's "The Politics of SimCity" and Mark Schone's "Building Rome in a Day. "

2. 例如，许多这样的地图已经存在，它们通过 NFSNET/ANSNET 主干网跟踪互联网流量。See Terry Harpold's article，"Dark Continents：Critique of Internet Metageographies," and also the *Atlas of Cyberspaces*.

3. 在美国，也有两个主要的都市高科技研究中心或萨斯基娅·萨森称之为"区域性"的全球城市：旧金山—圣何塞轴线，包括硅谷和波士顿—路线 128 区。硅谷（以圣何塞为中心）是一个特别快速发展的地区。2008 年，圣何塞的人口超过了底特律。

4. For a detailed analysis of these relations，see Stephen Graham and Simon Marvin's *Telecommunications and the City*: *Electronic Spaces*，*Urban Places*. Graham's edited collection，*The Cybercities Reader*，also contains useful essays on these issues.

5. See also Soja's more recent work on postmodern cities and on their relations to cyberspace in *Thirdspace and Postmetropolis*.

6. 然而，郊区化的现象本身并不新鲜。古罗马人有一个术语，指罗马郊区富人的地产所在地：郊区（suburbium）。

7. See Lawrence Mishel，Jared Bernstein，and Sylvia Allegretto's *The State of Working America*.

8. See Teresa Tritch，"The Rise of the Super-Rich. "

9. See Boddy's analysis in "Underground and Overhead: Building the Analogous City. "

10. See especially the chapter "Fortress L. A. " in *City of Quartz*.

11. For an analysis of how structural features of plazas and other public spaces affect their uses，see William H. Whyte's landmark study，*The Social Life of Small Urban Spaces*.

12. See Peter Marcuse's "Not Chaos，But Walls" and "The Partitioned City in History"；Peter Marcuse and Ronald Van Kempen，eds. ，*Of States and Cities*；and Steven Flusty's

Building Paranoia.

13. 最近有几项关于封闭社区的重要研究。See in particular Susan Bickford's excellent "Constructing Inequality：City Spaces and the Architecture of Citizenship"；Edward J. Blakely's study for the Brookings Institution，*Fortress America：Gated Communities in the United States*；Margaret Kohn's *Brave New Neighborhoods：the Privatization of Public Space*；Setha Low's *Behind the Gates：Life，Security，and the Pursuit of Happiness in Fortress America* and also her essay "How Private Interests Take Over Public Space：Zoning，Taxes，and Incorporation of Gated Communities"；Steve Macek's "Gated Communities"；and Evan McKenzie's *Privatopia：Homeowner Associations and the Rise of Residential Private Government*.

14. Cited in Clemence.

15. 许多研究发现，种族和民族多样性"往往会削弱政府对各种'公共物品'支出的支持，无论是医疗保健、道路还是为弱势群体提供的福利计划"(Porter 4)。

16. 在大多数封闭的社区，犯罪率确实有所下降。然而，似乎这一特定的预防犯罪策略并不能很好地预防犯罪，因为把它（与交通一起）转移到其他不怎么受保护的环境中。这在很大程度上取决于社区的安全。例如，在南加州的一些社区，封闭"适得其反"，使他们"更有利于帮派活动"(Owens)。正如一位前警官解释的那样，"如果一个社区已经被帮派控制了，那么创造死胡同（cul-de-sacs）只会给他们更多的控制权"(Owens)。

17. See Virilio，*Speed & Politics*.

18. 布兰德在 1984 年的第一次计算机迷大会上以稍微不同

的形式发表了这一声明(通常是错误的),随后这一声明以如下形式出现在 1987 年出版的《媒体实验室:麻省理工学院的未来发明》一书中:"信息想要免费。信息也想要昂贵。信息之所以想要免费,是因为它的传播、复制和重组——成本太低,无法计量。信息想要昂贵,因为它对接受者的价值是不可估量的。这种张力不会消失。"(202 页)值得注意的是,他的表达中只有第一部分被无休止地传阅;他第二个主张可能更准确些。

19. 威廉·J. 米切尔的《比特之城》是对赛博空间可能对城市空间及其概念产生深远影响的最早探索之一,尤其是"全球计算机网络——电子广场——颠覆、取代并从根本上重新界定了我们的聚集场所、社区和都市生活的观念"(8 页)。米切尔预言赛博空间将"在 21 世纪的都市化进程中扮演关键的角色,就像著名的阿果拉(agora)在希腊城邦的生活中……中心位置、空间界限、建筑上著名的广场所发挥的作用"(8 页)。虽然米切尔可能过分强调了赛博空间取代城市空间的程度,但是,他对于赛博空间会变得像城市空间的许多方式的看法则是正确的。同时,正如前面已经提到的那样,历史上第一次,世界上大多数人口现在都生活在城市里。

20. 对于全球资本如何在广告中体现自身、技术和全球化的最全面的研究,见 Robert Goldman,Stephen Papson,and Noah Kersey's multimedia, Web-based book, *Landscapes of Global Capital*。The website features downloads of the ads that are analyzed in the study.

21. 关于互联网治理和控制互联网根目录的斗争历史,大部分来自如下描述,见 Goldsmith and Wu,and also Milton L. Mueller's *Ruling the Root*。

22. 域名(通常称为 URL)是互联网计算机和网站易于记忆的名称，例如 www. amazon. com。这些地址连接到作为特定计算机的路由方向的 Internet Protocol(IP)地址。域名系统(DNS)将Internet名称转换为在 Internet 上传输信息所需的 IP 号码。

23. See Internet World Stats，"Top Ten Languages Used on the Web."

24. Internet Growth for Language（2000-2007）：English（139％），Chinese(392％)(Internet World Stats，"Top Ten Languages")．

25. For a detailed "mapping" of the vast holdings of media conglomerates Sony，Newscorp（Rupert Murdoch），Viacom，Walt Disney，AOL Time Warner，Bertelsmann，and Vivendi Universal，see the web page for the PBS Frontline documentary，"The Merchants of Cool：Media Giants."

26. See，for example，C. Edwin Baker，*Media*，*Markets and Democracy*；William M. Kunz，*Culture Conglomerates*：*Consolidation in the Motion Picture and Television Industries*；and Peter Wilkin，*The Political Economy of Global Communication*：*An Introduction*.

27. 例如，世界上最大的照片档案馆现在掌握在两家公司手中，分别是盖蒂图像公司(Getty Images)和科比斯(Corbis)(由比尔·盖茨所有)，后者最近收购了 UPI、Sygma 和 Bettmann 档案馆的历史照片档案。

28. 版权期限以前延长到个人作者的寿命加上 50 年，或"公司作者"(如迪士尼)为 75 年。现在，它们分别延长至 70 年和 95 年。值得记住的是，很少有作品再由个人拥有版权：出版商通常

205

要求作者在他们出版的作品上签字放弃他们的版权。

29．See the "Estimated Quarterly U.S. Retail Sales(Adjusted)：Total and E-commerce," Table 3 of the U.S. Department of Commerce，U.S. Census Bureau's survey of "Quarterly Retail e-Commerce Sales" for the first quarter of 2006(United States).

30．在《游戏是虚拟的》一文中，马克·华莱士(Mark Wallace)写道："对于许多人来说，所谓的大规模多人在线游戏已经成为重要的收入来源。允许玩家使用真正的货币购买物品——像物质和房地产——他们的游戏可能想要或需要的东西。"(7 页)在《喷气背包多少钱?》中，布拉德·斯通(Brad Stone)报告说："第二人生已变成……网络发展最快的虚拟世界，拥有一个强劲的市场，其动态模拟了真实国民经济的变迁。"

31．On the new forms of community emerging in cyberspace，see in particular Steven G. Jones's two edited collections，*CyberSociety：Computer-Mediated Communication and Community* and *CyberSociety 2.0：Revisiting Computer-Mediated Communication and Community*；Howard Rheingold's *The Virtual Community：Homesteading on the Virtual Frontier*；and Donna Haraway's "A Cyborg Manifesto：Science，Technology and Socialist-Feminism in the Late Twentieth Century."

206   32．在《激烈争论》中，马克·德里(Mark Dery)认为，在互联网上，"无形互动的好处"是一种"技术上激活的、后多元文化的身份观，它脱离了性别、种族和其他有问题的结构。在线上，用户可以不受生物和社会文化决定因素的影响"(2—3 页)。正如戴维·J. 贡克尔(David J. Gnnke)和安·黑泽尔·贡克尔(Ann

Hetzel Gunkel)指出的："根据这一逻辑，赛博空间会优于多元文化主义的不和谐，把身份从表现在生物和社会文化差异中的成问题的结构中解放出来。"（130 页）他们认为，"正是为了超越身体的肉身，西方思想才建立并完成了对其他身体和他者身体的暴力抹杀。因此，赛博空间研究人员预测并赞成一个'没有种族、没有性别、没有阶级'的乌托邦共同体，这样做的代价是牺牲那些因为性别、种族和阶级而一直被排除在参与这项伟大技术之外的人。赛博空间远不能解决多元文化社会的危机，它将使当前的统治体系永存并得到加强"（131 页）。当然，它们是正确的。然而，许多用户也确实认同超越的逻辑，并以这种方式在互联网上体验他们的存在。有许多关于虚拟主体性的优秀研究：见 especially Scott Bukatman's *Terminal Identity*: *The Virtual Subject in Postmodern Science Fiction* (which also discusses " terminal spaces," including cybercities); Katie Hafner and John Markoff's *Cyberpunk*: *Outlaws and Hackers on the Computer Frontier*; N. Katherine Hayles's *How We Became Posthuman*: *Virtual Bodies in Cybernetics*, *Literature*, *and Informatics*; Tsugio Makimoto and David Manners's *Digital Nomad*; Andrew Ross's "Hacking Away at the Counterculture"; Vivian Sobchak's "The Scene of the Screen: Towards a Phenomenology of Cinematic and Electronic Presence"; Allucquere Rosanne Stone's "Will the Real Body Please Stand Up?: Boundary Stories about Virtual Cultures"; and Sherry Turkle's *Life on the Screen*。

　　33. 一些评论家已经注意到了购物中心空间和赛博空间在物理和概念上的相似性。特里普·加布里埃尔（Trip Gabriel）在对早期网络空间环境即"虚拟市中心"普遍平淡无奇的批评中指出，

"在美国在线拨号的用户发现自己处于最熟悉的环境中，通过一个看起来像购物中心的计算机界面导航。但对一些人来说，任何一个美国城市都给人以这种感觉，一种体现大众趣味的毫无特色的环境正是赛博空间的问题所在"。

34. 参见多洛蕾丝·海登（Dolores Hayden）关于郊区扩张（由联邦政策和税收补贴共同资助）如何减少郊区建设的公共空间以及"建设美国方式：公共补贴，私人空间"的研究。

35. 最近在美国许多城市中的类似安全策略（在大楼大厅内外设置闭路电视监控和保安）的激增也被视为企图夺回自 20 世纪 60 年代以来一直逃离城市商业区的零售客户的一部分。

36. 这并不是说，通过收集和分析我们所有的个人数据创建的配置文件是一个准确的配置文件。See Jeffrey Rosen's "The Eroded Self" for a detailed consideration of the problems inherent in these constructions of our identities.

37. 除了这两部电影之间的叙述和主题的互文性之外，还有一些视觉上的互文性，例如在影片《全民公敌》中，在爱德华·布里尔·莱尔的国家安全局档案中，《对话》中重新把哈克曼的照片作为哈里·考尔的照片来使用，两个角色都把相同的废弃仓库用作他们的工作地点。

207   38. 正如纳恩指出的："这些技术正在城市之间传播，得到诸如国防高级研究项目局、美国国家航空航天局、美国军方、国家研究实验室、国家司法研究所执法技术商业化办公室等组织的帮助。"（1 页）

39. 巴伦（Barron）："公民自由组织担心城市的电子眼会增多。"有关完整的调查报告，请参阅纽约公民自由联盟的"监控摄像头项目"。2006 年隐私国际的一项调查报告称，据估计有 420

万台摄像头在监视英国(路透社，"英国的监视排名令隐私权倡导者感到担忧")。

40. 事实证明，通过谷歌地球(GoogleEarth)和其他商业服务广泛地提供卫星图像，这对世界各国政府都有一定的影响。See Katie Hafner and Saritha Rai，"Governments Tremble at Google's Bird's-Eye View."

41. 参见克里斯托弗·考德威尔(Christopher Caldwell)的《隐私权的通行证?》关于广泛使用 e-z 通行证技术的含义，这些技术"为您提供了一种选择，即为了方便起见而交易一点隐私权"(13 页)。

42. 参见努恩，关于城市警察部门目前普遍部署的复杂防御技术的广泛调查和"分类"，包括生物特征、监测、成像、通信、决策支持、记录保存和武器。

43. See Bryan Appleyard，"No Hiding Place：The Surveillance Trap/Your Whole Life Laid Bare."

44. I say "particularly prevalent" because Russia，China，and other regimes are not conducting popular polls on the matter.

45. For an extended discussion of urban communities，see Sharon Zukin.

46. On Athenian concepts of democracy and citizenship，see G. E. M. de Ste. Croix's *Athenian Democratic Origins：And Other Essays*.

47. 虽然古希腊的公民阶级包括妇女(公民的女儿，她们有资格在这个阶级内结婚)，但在任何政治或经济意义上，她们都不是"公民"，因为她们生活在男性监护人的统治下，不能拥有财产、投票或签订法律合同。"可敬的"妇女几乎完全生活在家庭的范围内。

48. 自 20 世纪 60 年代初贝蒂·弗里丹（Betty Friedan）出版
《女性的神秘感》以来，郊区家庭主妇的孤立一直是备受批评的话
题。多洛蕾丝·海登曾写过一篇关于"非性别主义城市"设计的文
章，她指出，"郊区的私人住宅是有效的性别分工的舞台"。它是
卓越的商品，是男性有偿劳动的推动力，也是女性无偿劳动的容
器。它使性别的自我定义变得比阶级更为重要，而消费则比生产
更为重要（《一个非性别城市会怎样》，169 页）。

49. 在《驱逐》一文中，罗莎琳·多伊奇告诫人们不要把民主
公民生活看作是一个"有机整体"，例如，在对古希腊城邦的一些
怀旧的召唤中找到这种整体。

50. See "The Uses of Sidewalks: Safety" in Jacobs's *The
Death and Life of Great American Cities*(31-32).

51. 值得记住的是，资本也需要城邦（或它的某些特殊版本）
接入和交换才能正常运行。从长远来看，对互联网的审查和限制
只能抑制那些不仅驱动一个重要社会，而且驱动商业本身的创造
力和创新。

52. See Stephen Labaton's "Congress to Take Up Net's Fu-
ture" and "Protecting Internet Democracy"(*New York Times* edi-
torials), and Adam Cohen's "Why the Democratic Ethic of the
World Wide Web May Be about to End."

　　　　　　　　第四章注释

1. 汽车在 20 世纪经济和文化生活（特别是在城市）中的作用
已在如下作者的作品中得到了深入的研究，如，Peter E. S. Fre-

und and George Martin，Jane Holtz Kay，J. Abbott Miller，Lewis Mumford（especially in *The Highway and the City*），Wolfgang Sachs，Mitchell Schwarzer，Richard Sennett，John Urry，Martin Wachs and Margaret Crawford，and Peter Wollen and Joe Kerr。

2.《纽约时报》记者阿兰·芬德（Alan Finder）采访的大多数行人都大声反对市长的计划。"在城市里应该优先考虑汽车的想法是疯狂的。"纽约本地人格雷厄姆·怀亚特（Graham Wyatt）坚持说。他的妻子乔伊（Joy）评论说："这对纽约人来说几乎就是个笑话，这个想法是有人可以告诉他们不要过马路。"另一位纽约人桑尼·奥尼尔（Sunny O'Neill），想知道"我们是否正在变成一个警察国家，制定规章制度等等"。然而，司机们的热情是可以预见的。

3. 事实上，机动车比马有了很大的改进，不仅因为它们速度更快、承载重量更大，而且因为它们产生的噪声更小（铁蹄和木制或金属车轮在鹅卵石上的碰撞声在历史上一直是臭名昭著的），污染也更小（一匹马每天产生 35 到 50 磅的湿粪肥，每匹马每年积累超过 9 吨的粪肥）（Westendorf and Krogmann）。

4. 在某种程度上，雅各布斯的城市芭蕾和城市意识（本质上是把城市想象为城邦）可能与古希腊的阿果拉（agorazein）活动有关，雅各布·布克哈特（Jacob Burckhardt）在《希腊人和希腊文明》中描述了这一点："在这里，全貌尽收眼底，周围有许多寺庙、市政建筑、纪念碑、商店和钱商的货摊，只要有足够的空间，希腊人就可以用阿果拉占领它们，这是任何一个北方人难以一句话来表达的活动。字典上写着'在市场上闲逛、购物、聊天、咨询'，但是却永远不能传达出一起做生意、交谈、站着、漫步的愉悦和悠闲。大家都知道早晨的时间是这样描述的：这是每个人都在广场上的时间。"(52页)再有，我们应该记住，布克哈特的重建古希腊文化的理想化性质，以及任何诸如此类重建的特征所具有的不可避免的假设性质。然而，这里的关键问题是一些概念，例如 agorazein，它们从那时起就塑造了我们的思想和文化，即使是通过这样的重构。

5. 在这里，厄里诉诸"非场所(non-places)"来界定以汽车为主导的物质和文化城市拓扑结构，无疑参考了马克·欧杰(Marc Augé)的《非场所：超现代性的人类学导论》，该书认为交通路线、车辆、机场和火车站的"非场所"及其连锁酒店这样的附属设施"是我们的时间的真实尺度"(79页)。

6. Le Corbusier's plans for the "Ville Contemporaine" (1922)，the "Plan Voisin"(1925)，the "Ville Cartésienne" (1930s)，and the "Ville Radieuse"(1930—1936) are all variations on this theme，as are the cities envisioned in CIAM's famous "Athens Charter" of 1933(published in 1943 and edited by Le Corbusier). 正如许多批评家，包括芒福德、雅各布斯和情境主义者所指出的那样，这些在郊区蔓延的高层建筑从本质上说许多是反都市的。实际上，它们构成了城市本身的郊区化。

7. 今天，在世界各地的城市里都能找到少数城市模式的成功案例(例如，纽约的斯泰弗森镇)和许多失败案例(大多数是这个时代建造的低收入住房项目)。

209   8. 雅各布斯在《美国大城市的生与死》中对城市更新、勒·柯布西耶的"光明城市"以及罗伯特·摩西的公路工程(包括布朗克斯交叉口、曼哈顿下城和中曼哈顿高速路)做了非常有影响力的批评，虽然在大多数方面都是正确的，但也并非没有弱点。例

如，参见芒福德在《纽约客》上发表的题为《大妈雅各布斯的都市癌症家庭疗法》中的综合（有时是尖刻的）评论中所做的回应。关于雅各布斯遗产的更积极（我认为更平衡）的观点，参阅保罗·戈德伯格的《不寻常的感觉：怀念 20 世纪最具影响力的城市评论家简·雅各布斯》。

9. 在说服加布里埃尔·伏瓦辛担任赞助商之前，勒·柯布西耶首先与法国两大汽车制造商的首席执行官安德烈·雪铁龙和路易斯·雷诺进行了接触。出于感激，勒·柯布西耶在他早期的"当代城市"中命名了这一变化，即"伏瓦辛计划"（Shaw 44）。更多关于"未来"的信息，通常被认为这是第一次把高速公路的概念引入美国，see Norman Bel Geddes's *Magic Motorways* and Paul Mason Fotsch's "The Building of a Superhighway Future at the New York World's Fair."

10. 德·塞尔托从曼哈顿世贸中心（南塔）110 层的"世界之巅"观测区的有利位置拍摄这个场景。

11. 勒·柯布西耶认为，矛盾的是，现有城市拥挤的解决办法在于增加人口密度。"这就是解决办法，"他写道，"通过对大城市商业中心问题的计算：超密度：每公顷 3200 人。"（《光明城市》，131 页）他认为，他的摩天大楼的"超密度"将使他有可能在地面上为草坪和行人的其他便利设施腾出更多的空间。

12. 有人可能会把这一方案与第三章讨论的品钦所描述的作为抵抗地点的加利福尼亚高速公路下的空间（在那里可以发现秘密邮件）进行对比。在这里，勒·柯布西耶规划的公路下的空间是合法和有序流通的场所。

13. 罗伯特·摩西留下了一笔巨大的遗产，包括仅在纽约州就修建了一个巨大的城市公路和公园道路网络（约 416 英里）；哈莱姆和曼哈顿下东区、莫里森尼亚（布朗克斯）和布朗斯维尔（布鲁克林）的许多公共住房项目；琼斯海滩、果园海滩和雅各布·里斯公园；林肯表演艺术中心；658 个操场；1964—1965 年纽约世界博览会。他还参与了联合国、谢伊体育场、Co-Op City 和曼哈顿东区 35 栋斯图文森镇综合大楼的建设（他利用自己的政治影响力为开发商、都市生活安排税收减免和贫民窟清理权）。他的高速公路、贫民窟清理和超级街区住宅项目的模式在美国和国外都被广泛模仿。对于他的复杂遗产的历史和分析，see Hilary Ballon and Kenneth T. Jackson's edited collection *Robert Moses and the Modern City：The Transformation of New York*；Robert Caro's *The Power Broker：Robert Moses and the Fall of New York*；and Joel Schwartz's *The New York Approach：Robert Moses，Urban Liberals，and Redevelopment of the Inner City*。

14. 雅各布斯在成功组织反对下曼哈顿高速公路方面发挥了关键作用。

15. 与文化、政治、教育、收入甚至气候不同，决定城市中汽车依赖性的两个关键因素是糟糕的城市设计加上人口和就业密度的缺乏（而汽车反过来又会减少）。See Peter W. G. Newman and Jeffrey R. Kenworthy 1989，1999，and especially their 2006 study，"Urban Design to Reduce Automobile Dependency."

16. 世界各地涌现出了许多这样的运动。20 世纪 90 年代中期，一个自称"无组织"的英国团体"收复街道"，在卡姆登、曼彻斯特、布莱顿、剑桥、利兹和伦敦的主要公路和街道上举办了一系列即兴街头派对。See Jay Griffiths，"Life in the Fast Lane on the M41" for a detailed account. 在哥伦比亚的波哥大，有一个名为"ciclovia"（自行车道）的长期运行机构，其中有 70 英里的城市街道"每个星期天都不对汽车开放，但允许慢跑、骑自行车、跳舞、打球、遛狗以及和婴儿一起散步，除了开车之外什么都可以"（Wood）。极受欢迎的"ciclovia"（估计每周有 150 万人参加）已经成为了拉丁美洲其他城市的典范，这些城市已经把公园甚至整个城市区变成了无车区。截至 2007 年年底，美国、旧金山、纽约、亚特兰大、费城、克利夫兰、芝加哥和埃尔帕索等 20 多个城市也开始在某些天关闭停车场（Wood）。

17．这部电影的结尾标题分别是"电影的终结"（Fin du Film）和"电影院的终结"（Fin du Cinéma），也可能包括"汽车的终结"（Fin de l'Automobile），从而结束了 19 世纪末出现的以及主要由现代主义界定的速度、空间和时间的美学和文化，如前所述。关于 19 世纪末和 20 世纪初出现的这种空间、时间和速度文化，see Stephen Kern's *The Culture of Time and Space：1880-1918*，which，historically，brings us to the time of Le Corbusier，where this chapter began。

18．See，for example，the very different David Cronenberg 1996 film *Crash*（based on the J. G. Ballard novel）and Paul Haggis's 2005 *Crash*（which won the 2006 Academy Award for Best Film），Brian DePalma's 1990 *Bonfire of the Vanities*（based on the Tom Wolfe novel），and Joel Schumacher's 1993 *Falling Down*．Commercials for cars，which still portray travel by automobile as a form of liberation，are（unsurprisingly）among the few exceptions to this shift.

19．国际情境主义（SI）源于居伊·德波的国际莱特主义者（LI）、阿斯杰·乔恩（Asger Jorn）和康斯坦特·纽文华（Constant Nieuwenhuy)的包豪斯印象国际运动（IMIB），后者是眼镜蛇

(CoBrA)的继承者。在其早期(1957—1962)，国际情境主义从本质上说是 LI 和 IMIB 一种连续，并且它反映了它们对艺术和城市化、建筑和设计问题的关注。有关情境主义城市理论和实践的详细分析，请参阅西蒙·萨德勒的《情境主义城市》，这是关于这一主题的决定性文本。

20. 根据情境主义者的说法，在隐藏的"现实性"方面，这将是我们与真实生活状况的实际(而不是想象的)关系。值得一提的是，在壮观性与意识形态之间联系的语境下，阿尔都塞把意识形态定义为"个人与真实存在条件之间的想象性关系"(162 页)。虽然这些意识形态或"世界观"基本上是虚构的，即"不符合现实"，

211

因此"构成一种错觉"，但是，他指出，它们也"暗示现实，它们只需要'被解释'就可以发现在它们对这个世界的想象性表象背后的世界的现实性(意识形态＝错觉/影射)"(162 页)。

21. 从最早的时代起，电影就被机械运动的魅力所束缚(爱迪生[Edison]最早的电影放映机之一是在移动的地铁列车前方拍摄的)。

22. 关于汽车风挡玻璃的认识论的哲学(有时是诗意的)分析，see Paul Virilio's "Dromoscopy, or The Ecstasy of Enormities." For a more scientific and technical analysis, see Stephen Carr and Dale Schissler's "The City as a Trip" and Donald Appleyard, Kevin Lynch, and John R. Myer's *The View from the Road*.

23. 正如戈德伯格在他的讣告中所说的那样，显然摩西也分享了这一实践："他保留了几处办公室，其中一处是在他的大型豪华轿车里；他如此渴望地利用每一分钟，以至于他经常在车里开会，带着他的客人朝着摩西先生碰巧要去的任何方向走。当摩

西先生和他的客人谈完话后，跟随他的第二辆豪华轿车便把客人接上并把他带回到他的办公室里，因为摩西先生继续乘坐第一辆车前往他的目的地……他是美国第一位伟大的高速公路建设者，但具有讽刺意味的是，他从来没有学会自己开车，他雇了24小时值班的司机。"("Robert Moses")

24．或者，人们可以说，"nul"，这个计算机的十六进制（以16为基数）00字符被用来指示缺失的打印或显示的字符。"nul"也是零值字符的ASCII术语。

25．正如我在第一章中提到的，都市空间的这些转变，就像给它们带来经济基础的转变一样，是复杂和不均匀的。即使在今天，在事物、符号、品牌以及资本这种新的"纯粹"能指之间也存在着一种复杂的平衡。因此，埃里克把站在时代广场排队购买廉价戏票的游客们，看作是"在内裤之神的阴影下装饰着高耸广告牌的发育不良的人类"（83页）。除了内裤，这种描述同样适用于古代亚述、埃及、希腊或罗马的主题，在他们的神像和国王的巨石雕像面前相形见绌。

26．这行字，也作为小说的题词，来自波兰诗人兹比格涅夫·赫伯特（Zbigniew Herbert）的《来自被围困城市的报告》。这首诗（除了那一行之外没有被引用）的作用就像对德里罗的项目和小说的主要主题的评论一样。

27．On these tropes and phenomena, see Freud's "Character and Anal Eroticism," and Peter Stallybrass and Allon White's *The Politics and Poetics of Transgression*, especially Chapter 3, "The City: the Sewer, the Gaze, and the Contaminating Touch."

28．列斐伏尔在《现代世界的日常生活》中注意到汽车的孤立性以及与城市生产的生活之间的脱节。他认为："机动化交通使人们和物体可以在没有汇合的情况下聚集和混合……每一个元素都被封闭在自己的隔间里，藏在自己的外壳里。"(qtd. in Friedman 240)

29. 汽车作为一种政治颠覆的手段所具有的潜力有多大是一个有趣的问题。在《历史上的城市》中，芒福德描述了这样一种用法："在最近推翻委内瑞拉残酷独裁的加拉加斯革命中，一位目击者告诉我，开始的信号就是汽车喇叭的鸣响。那声音越来越大，越来越近，从城市的每一个角落汇聚到宫殿里，把统治者的心都吓了一跳。这也是一种都市现象。"(513页)

212 　　30. 本章研究的许多想法最初是由德波、乔恩、康斯坦特和伊万·切格洛夫在成立 SI(据公布持续于 1957—1972 年)之前提出来的，但后来成为 SI 早期计划的一个重要特征。在这里，我将遵循萨德勒的引导，把这些关键人物称为"情境主义者"。

31. "功能主义者忽视了周围环境的心理学功能，"阿斯杰·乔恩在《夸富宴》中指出，"建筑物和我们使用的物体以及构成我们环境的物体的外观都具有一个独立于它们的实际用途的功能。"

32. *Homo Ludens*，"Man the Player"或"the playing man"(游戏的人)，是 *Homo Faber*，"Man the Maker"或"the working man"(劳动的人)一种替代或者可能是一个伙伴——人类的概念有着漫长而复杂的历史。在现代性中，"劳动的人"与马克思(他在《资本论》中提到它)、亨利·柏格森(Herri Bergson)(他在《创造进化论》中使用过它)以及 20 世纪中叶伟大小说《劳动的人：一份报告》的作者马克斯·弗里希(Max Frisch)和汉娜·阿伦特(Hannah Arendt)，特别是在《人的境况》中最密切相关的概念。然而，在这个潮流以及其他的颠覆性运动和游戏的城市实践的语境下，最相关的是荷兰历史学家约翰·赫伊津哈(Johan Huizinga)的著作，《游戏的人：文化中的游戏元素研究》，这对情境主义者的理论和实践产生了很大的影响。"游戏"的概念是赫伊津哈理解人类历史的核心，他认为"文明是在游戏中并且作为游戏而产生和发展起来的"（前言）。

33. 这个视频可在 YouTube 和 Google 视频的多个版本中获取。

第五章注释

1. 根据国际移民组织的数据，"现在大约有 1.92 亿人生活在他们出生地以外的地方，约占世界人口的 3％。这意味着世界上大约每 35 个人中就有一个是移民。1965 年至 1990 年期间，国际移民人数增加了 4500 万人，年增长率约为 2.1％。目前的年增长率约为 2.9％"（"关于移民"）。全球经济一体化程度的一个主要标志是，全球商品出口占全球国内生产总值的比例比人类历史上任何时候都增长得更快。1913 年，约占 8％。到 1990 年，它已经上升到略低于 15％。自 2000 年以来，全球商品出口占全球 GDP 的 20％以上（cited in Bernanke）。

2. 应当指出，"伦理的"和"政治的"通常是不同的指称，因此，在我们的论述中，无论是在我们的话语、理论还是实践中都可能并且往往发挥着不同的作用。特别是，人们可以根据列维纳斯的观点来区分它们，正如我在这里或多或少所做的那样，通过将"伦理的"看作是指个体存在之间的关系，而"政治的"则是指群体之间的关系。然而，两种指称在概念上和实践上都密不可分地交织在一起，在它们作为术语使用的整个历史过程中，其他指称（尤其是在同一组语境中使用的"道德的"）就进一步增加了这一困难，而且，所有这些用法在不同语言中都存在差异。当然，这种相互交织并不令人惊讶，考虑到这些概念在许多实际语境中所具有的联系，以及关于这两个问题意识的大多数主要思想家，例如列维纳斯（或康德、黑格尔、海德格尔，以及列维纳斯之前的其他人），探讨了这两种指称之间的关系，比如说，它们是沿着刚刚界定的列维纳斯路线来使用的。因为我这里的讨论主要是在世界主义的语境下处理这些以及相关的相互联系，我将像这里的阐述那样用"伦理—政治"术语来表达。

3. 这个段落，特别是术语自然本性（physis）［自然］和风俗习惯（nomos）在解释上造成了一定的困难，因此，翻译的问题无法在这里得到恰当的解决，尽管它们也不能完全避免。然而，可以说，自然本性在这里承载着我们的基本性质的意义，通过这种共同的基本性质，我们作为人类都是亲属。这种"本性"也可能与善、德等基本的或理想的形式有关，这也是对话总体框架内的一种自然假设，"当地"习俗或"法律"（nomos 的另一个含义）把我们分成群体——社区、城市、州，最终是国家等，这些都不可能是必要的或理想的。这一论点在本章中受到了某种程度的质疑。因为，"后现代"世界主义意味着差异的"和平共存"，这是由地方性的风俗习惯（地方性的"规范性宇宙"，在最近的文学中有时用"nomos"这个词来表示）来界定的，而不是仅仅以共享的共同性，无论文化的或"自然的"（来自后现代视角的一个有问题的概念）共同性来确立自身。

4. 相比之下，我们从拉丁文衍生而来的"城市"源自 civitas，即公民团体。

5. 当涉及古希腊世界主义的实际实践，甚至是柏拉图对话中出现的一系列，有时是模棱两可的态度时，在这种对话中，

"陌生人"有时以消极的方式出现，如智者，就存在着相当复杂的情况。然而，我将绕过这些复杂性，因为它们并不影响我的主要观点，即关于世界主义的观念和理想，在这里，在某种程度上是那些犬儒主义者和斯多葛主义者的观念和理想。

6. 在许多方面，诸如国际笔会和国际文学协会等倡导组织都是当代文学界的更加政治化继承人。

7. 康德的目的论援引了一种有目的地赋予人类理性和意志自由的造物，以便它们能够及时认识到"完美地创建国家的秘密计划"（21；emphasis in original）。

8. 当然，这种对共和国宪法的坚持在很大程度上符合时代的革命精神，而且美国和法国革命的言辞都有其世界性的一面，尤其是在《美国独立宣言》和 1789 年法国《人权宣言》中，它们都宣称上帝或天赋的不容废弃和不可剥夺的权利，后者成为了 1791年法国大革命第一部宪法的序言。

9. 萨森的全球城市经济模型建立在一系列假设之上，自1991 年她出版了《全球城市》的第一版以来，这些假设基本上得到了证实。See the section entitled "The Global City Model：Organizing Hypotheses" in the "Preface to the Second Edition," xix-xxii.

10. 当然，利益是这个计算的一部分，包括墨西哥、泰国等国家工人的就业利益。这些利益也可能包括公平的考虑，例如第三世界工人有权获得与第一世界工人经常享有的同样的好工作和发展机会。

11. See ExxonMobil，"Why ExxonMobil?"

12. See Crystal Bartolovich's analysis in "Boundary Dis-putes：Textuality and the Flows of Transnational Capital" and

"Mapping the New World Order."

13. 根据国际货币基金组织 2005 年按名义国内生产总值的世界各国排名和 2005 年《福布斯全球 2000 年》基于销售额的上市公司（全球）排名。

14. 这里的 2005 年"福布斯 2000"的上市公司排名，基于"四个指标的综合排名：销售、利润、资产和市场价值"，而不只是根据销售（同上）。名义国内生产总值的国家排名同样来自国际货币基金组织的统计数据。

15. 事实上，这种情境是资本主义最早的影响之一，至少从 1600 年成立的东印度公司开始。该公司的历史提供了许多关于在全球范围内肆无忌惮的企业和国家（帝国主义）权力掠夺的警示性故事。以过度控制国家经济为形式的肆无忌惮的国家权力也是令人担忧的，尽管随着苏联和东方集团的解体，这似乎已经大大减弱了，而企业权力却在迅速发展。这两者相互牵扯也是可能的，例如，菲律宾的费迪南德·马科斯（Ferdinand Marcos）、扎伊尔的莫布图·塞斯·塞科（Mobutu Sese Sek）和海地的让·克劳德·杜瓦利埃（Jean-Claude Duvalier）的强盗独裁统治一样。

16. 在 2006 年一次关于全球经济一体化历史的演讲中，本·伯南克承认，对全球经济一体化的大部分反对意见"是因为生产方式的改变可能会威胁到一些工人的生计和一些公司的利润，即使这些改变会导致更高的生产力和更高的利润"。伯南克似乎认为，应对全球化负面影响的责任属于政府，而不是企业。

17. 正如雷蒙·威廉斯（Raymond Williams）在《关键词》一书中所认为的，"文化"一词是"英语中最复杂的两三个词之一"，它的含义和用法因不同的学科和流行的方言而异。威廉斯认为，它有三个主要的当代用法：（1）一个"独立的抽象名词，它描述智力、精神和审美发展的一般过程"；（2）一个"独立名词……它表示一种特定的生活方式，无论是一个人、一个时期、一个群体还是整个人类的生活方式"；以及（3）"一个名词，用来描述智力，特别是艺术和文化的作品和实践"（90页）。我的讨论在所有三种意义上使用它，有时是独立地使用，取决于论点的语境，有时是交互地使用。当然，这个概念需要进一步的批判性分析，这在我的篇幅内是不可能实现的。

18. For a compelling argument on globalization "from below," see Steven Flusty's *De-Coca-Colonization*： *Making the Globe from the Inside Out*.

19. 我认为，消费是否可以成为创造"抵抗身份"的一部分，仍然是一个有待探讨的问题。的确，正如厄里所说，"人们可以通过购买、穿 T 恤、听 CD、上网浏览网页、购买偶像人物的视频等方式，把自己想象成抵抗组织的成员（或支持者），但是，这种'支持'的影响是有争议的"（"Global Media" 6 页）。同时，毫无疑问，企业正越来越多地试图把自己塑造成世界上的好公民（比如，星巴克的"公平交易"咖啡、沃尔玛的"有机"产品等），这至少是一个受欢迎的符号。当然，当我们以消费者的身份而行事时，"全球思考，本地行动"却不会受到伤害。

20. 这里参考的历史上最受欢迎的广告活动之一，是 1971 年著名的"山顶"可口可乐广告，在广告中，来自世界各地的几十名青少年合唱团唱道："我想用完美的和声教世界歌唱。我想给全世界买一杯可乐，并与之相伴。"

21. 更有问题的是，目前普遍地倾向于用更大、更单一的术语把共同体定义为相互冲突的文化"文明"，正如塞缪尔·P. 亨廷顿（Samuel P. Huntington）在《文明的冲突》中所做的那样，他"可能"把当代世界分为中国、日本、印度、伊斯兰、东正教、西方、拉丁美洲和非洲(45—47页)。

22．语言也是一种较小但具有高度象征意义的共同体身份标志，例如，这可以在建立——和执行——"民族语言"的政治尝试中看到。

23．"如果民族国家被广泛承认是'新的'和'历史的'，那么它们给予政治表达的国家总是从远古的过去中浮现出来，而且，更重要的是，它们滑入了一个无限的未来，"本尼迪克特·安德森(Benedikt Anderson)在《想象的共同体》中写道，"把机会变成命运正是民族主义的魔力。"(11—12页)

24．For detailed critiques of such views，see both Waldron's "Minority Cultures and the Cosmopolitan Alternative" and Amartya Sen's *Identity and Violence：The Illusion of Destiny*，both of which inform my treatment of the subject here.

25．《公民权利和政治权利国际公约》(1966)第 27 条规定："在那些存在着人种的、宗教的或语言的少数民族的国家中，不得否认这种少数民族的人与他们的共同体中的其他成员共同享有自己的文化、信奉和实行自己的宗教或使用自己的语言的权利。"

26．在这些授权是强加给那些没有同意权的人(如对儿童实施女性割礼)或没有选择权的人的情况下，这些授权可以被看作是本质上不合法的。

27．正如阿皮亚、森和其他批评家所指出的那样，这些主张倾向于建立在这些高度选择性的和靠不住的共同体"传统"版本上。事实上，这很可能是所有传统的霸权意义的真实写照，正如雷蒙·威廉斯所说，这些意义构成了"一个有意识的、有选择性的、相互联系的过程，它提供了对一种当代秩序的历史和文化认可（*Marxism and Literature*，115）。

28．Cf．also Appiah's critique of "counter-cosmopolitanism" in his *Cosmopolitanism：Ethics in a World of Strangers and The Ethics of Identity*.

29．For a detailed analysis of hybrid phenomena and the challenges they present，see Latour's *We Have Never Been Modern*.

30．在《后现代状况》中，利奥塔区分了"指示性"游戏（其陈述具有"认知价值"，强调实证事实的真实性或虚假性[36，40，46]）和"技术性"游戏（强调效率或无效率，这种区别把事实和通常价值[44]结合起来），以及"规定性"游戏（强调正义与不正义、对与错、善与恶的道德/伦理考量[36，40]）。不同的共同体使用这些不同的版本和组合来构成它们自己的"游戏"；因此，例如，科学家可能主要是在指示性（通过"科学方法"确定）领域内工作，而政治家则在技术和规定范围内工作，等等。

参考文献

Abrahamson, Mark. *Global Cities*. New York: Oxford UP, 2004.

Acceleration Studies Foundation. "Metaverse Roadmap Summit Report." Accessed on 11 July 2007. <http://metaverseroadmap. org>.

Alphaville. Dir. Jean-Luc Goddard. Athos Films et al. , 1965.

Alter, Robert. *Imagined Cities: Urban Experience and the Language of the Novel*. New Haven: Yale UP, 2005.

Althusser, Louis. "Ideology and Ideological State Apparatuses(Notes towards an Investigation)." *Lenin and Philosophy and Other Essays*. Trans. Ben Brewster. New York: Monthly Review P, 1971. 127-186.

Anders, Peter. *Envisioning Cyberspace: Designing 3D Electronic Spaces*. New York: McGraw, 1999.

Anderson, Benedikt. *Imagined Communities: Reflections on the Origin and Spread of Nationalism*. Rev. ed. New York: Verso, 1991.

Appiah, Kwame Anthony. *Cosmopolitanism: Ethics in a World of Strangers*. Issues of Our Times. New York: Norton, 2006.

——. *The Ethics of Identity*. Princeton: Princeton UP, 2005.

Appleyard, Bryan. "No Hiding Place: The Surveillance Trap/Your Whole Life Laid Bare." *Sunday (London) Times Magazine* 15 April 2001. Accessed on 6 November 2008. <http://cryptome.info/no-hiding.htm>.

Appleyard, Donald, Kevin Lynch, and John R. Myers. *The View from the Road*. Cambridge: MIT P, 1964.

Arendt, Hannah. *The Human Condition*. 2nd ed. Chicago: U of Chicago P, 1998.

Aristotle. "Politics." *The Collected Works of Aristotle*. Vol. 2. Bollingen Ser. LXXI. 2. Ed. Jonathan Barnes. Princeton: Princeton UP, 1984. 1986-2129.

Atlas of Cyberspaces. Ed. Martin Dodge. Accessed on 8 November 2008. < http://personalpages.manchester.ac.uk/staff/m.dodge/cybergeography/atlas/wireless.html>.

Augé, Marc. *Non-Places: Introduction to an Anthropology of Supermodernity*. Trans. John Howe. London and New York: Verso, 1995.

Aurigi, Alessandro, and Stephen Graham. "Cyberspace and the City: The 'Virtual City' in Europe." *A Companion to the City.* Ed. Gary Bridge and Sophie Watson. Blackwell Companions to Geography. Oxford: Blackwell, 2000. 489-502.

Bacharach, Burt, and Hal David. "Do You Know the Way to San Jose?" Perf. Dionne Warwick. Scepter Records, 1968.

Baker, C. Edwin. *Media, Markets and Democracy.* New York: Cambridge UP, 2002.

Ballon, Hilary, and Kenneth T. Jackson, eds. *Robert Moses and the Modern City: The Transformation of New York.* New York: Norton, 2007.

Banham, Reyner. *Los Angeles: The Architecture of Four Ecologies.* New York: Harper, 1971.

218   Banlieue 13 (U. S. rel. *District B13*). Dir. Pierre Morel. Europa Corp. et al. , 2004.

Barron, James. "Civil Liberties Group Worries as City's Electronic Eyes Multiply." *New York Times* 14 December 2006. Accessed on 1 August 2007. < http://select. nytimes. com/ search/restricted/article? res=F40E14F63E550C778DDDAB0994 DE404482>.

Bartolovich, Crystal. "Boundary Disputes: Textuality and the Flows of Transnational Capital." *Mediations* 17. 1(December 1992): 21-33.

——. "Mapping the New World Order." Invited lecture, Humanities Institute, SUNY Stony Brook. March 1995.

Baudrillard, Jean. *For a Critique of the Political Economy of the Sign.* Trans. Charles Levin. New York: Telos P, 1981.

The Beatles. *The Beatles (The White Album)*. Capitol,
1968.

Bedwin Hacker. Dir. Nadia El Fani. Canal ＋ Horizons et
al., 2003.

Benedikt, Michael, ed. *Cyberspace: First Steps*. Cam-
bridge: MIT P, 1991.

Berger, John. *Ways of Seeing*. London: BBC and Pen-
guin, 1972.

Berman, Marshall. *On the Town: One Hundred Years of
Spectacle in Times Square*. New York: Random, 2006.

Bernanke, Ben S. "Global Economic Integration: What's
New and What's Not?" Address. Federal Reserve Bank of Kan-
sas City's Thirtieth Annual Economic Symposium, Jackson
Hole, Wyoming. 25 August 2006. Accessed on 11 July 2007.
＜ http://www. federalreserve. gov/boarddocs/speeches/2006/
20060825/default. htm＞.

Bertens, Hans, and Joseph Natoli, eds. *Postmodernism:
Key Figures*. Oxford: Blackwell, 2002.

Bettig, Ronald V. "The Enclosure of Cyberspace." *Critical
Studies in Mass Communication* 14(1997): 138-157.

Bickford, Susan. "Constructing Inequality: City Spaces and
the Architecture of Citizenship." *Political Theory* 28: 3(2000):
355-376.

Billboard Liberation Front. Accessed on 8 November 2008.
＜http://www. billboardliberation. com/＞.

Blade Runner. Dir. Ridley Scott. Ladd Company et al., 1982.

Blake, Peter. *The Master Builders: Le Corbusier, Mies Van Der Rohe, and Frank Lloyd Wright*. New York: Norton, 1996.

Blake, William. *The Complete Poetry and Prose of William Blake*. Ed. David V. Erdman. Berkeley: U of California P, 1982.

Blakely, Edward J., and Mary Gail Snyder. *Fortress America: Gated Communities in the United States*. Washington, DC: Brookings Institution P, 1997.

Bluestone, Daniel. "The Pushcart Evil." Ward and Zunz 287-312.

Boddy, Trevor. "Underground and Overhead: Building the Analogous City." Sorkin 123-153.

The Bonfire of the Vanities. Dir. Brian De Palma. Warner Bros., 1990.

Bowlby, Rachel. *Just Looking: Consumer Culture in Dreiser, Gissing and Zola*. New York: Methuen, 1985.

Brand, Stewart. *The Media Lab: Inventing the Future at MIT*. New York: Viking Penguin, 1987.

Brevda, William. "How Do I Get to Broadway? Reading Dos Passos's *Manhattan Transfer* Sign." *Texas Studies in Literature and Language* 38: 1(1996): 79-114.

Bridge, Gary, and Sophie Watson, eds. *The Blackwell City Reader*. Oxford: Blackwell, 2002.

"Britain's Ranking on Surveillance Worries Privacy Advocate." *New York Times* 3 November 2006. Accessed on 1 August

2007. ＜ http：//select. nytimes. com/search/restricted/article?
res＝FA0A11FF3B5B0C708CDDA80994DE404482＞.

Bukatman，Scott. *Terminal Identity*：*The Virtual Subject in Postmodern Science Fiction*. Durham：Duke UP，1993.

Burckhardt，Jacob. *The Greeks and Greek Civilization*. Ed. Oswyn Murray. Trans. Sheila Stern. New York：St. Martin's P，1998.

Caché. Dir. Michael Haneke. Les Films du Losange et al.，2005.

Caldwell，Christopher. "A Pass on Privacy?" *New York Times Magazine* 17 July 2005：13-14. Accessed on 1August 2007. ＜ http：//www. nytimes. com/2005/07/17/magazine/17WWLN. html? ex＝1187150400&en＝97aa3e48e4 14aa0f&ei＝5070＞.

Calvino，Italo. *Invisible Cities*. Trans. William Weaver. New York：Harcourt，1974.

Campanella，Tommaso. *City of the Sun*. Lenox：Hard P，2006.

Campbell，Colin. *The Romantic Ethic and the Spirit of Modern Consumerism*. Oxford and New York：Blackwell，1987.

Capotorti，Francesco. *Study on the Rights of Persons Belonging to Ethnic*，*Religious and Linguistic Minorities*. U. N. Doc. E/CN. 4Sub. 2/384/Rev. 1(1979).

Carnage (Carnages). Dir. Delphine Gleize. Balthazar Productions et al.，2002.

Caro，Robert A. *The Power Broker*：*Robert Moses and the*

219

Fall of New York. New York: Knopf, 1974.

Carr, Stephen, and Dale Schissler. "The City as a Trip: Perceptual Selection and Memory in the View from the Road." *Environment and Behavior* 1: 1(1969): 7-35.

Casino Royale. Dir. Martin Campbell. MGM, 2006.

Castells, Manuel. *The Urban Question: A Marxist Approach*. London: Edward Arnold, 1977.

Çelik, Zeynep. "Cultural Intersections: Re-Visioning Architecture and the City in the Twentieth Century." Ferguson 190-228.

Certeau, Michel de. *The Practice of Everyday Life*. Trans. Steven Rendall. Berkeley: U of California P, 1984.

Chtcheglov, Ivan. "Formulary for a New Urbanism." Knabb 1-4.

Clarke, Graham, ed. *The American City: Literary and Cultural Perspectives*. New York: St. Martin's P, 1988.

Clemence, Sara. "Most Expensive Gated Communities 2005." *Forbes. com* 18 November 2005. Accessed on 1 July 2007. <http://www. forbes. com/realestate/2005/11/17/expensive-gated-communities-cx_sc_1118home_ls. html>.

Clines, Francis X. "The City Life: Unbearable Memories of Marketing." *New York Times* 2 June 2004. Accessed on 1 August 2007. <http://select. nytimes. com/search/restricted/article? res=F20616FE3F550C718CDDAF0894DC404482>.

Code Unknown: Incomplete Tales of Several Journeys (Code inconnu: Récit incomplet de divers voyages). Dir. Michael Haneke.

Bavaria Film et al., 2000.

Coen, Robert, and Universal McCann. "Insiders Report." December 2005. Accessed on 10 July 2007. <www. universalmccann. com/pdf/Insiders1205. pdf>.

Cohen, Adam. *"Why the Democratic Ethic of the World Wide Web May Be about to End."* Editorial. New York Times 28 May 2006. Accessed on 10 November 2008. <http://www. nytimes. com/2006/05/28/opinion/28sun3. html>.

The Conversation. Dir. Francis Ford Coppola. American Zoetrope et al., 1974.

Cortázar, Julio. *Hopscotch.* Trans. Gregory Rabassa. London: Collins, Harvill P, 1967.

Cose, Ellis. "Drawing Up Safer Cities." *Newsweek* 11 July 1994. Accessed on 10 November 2008. <http://www. newsweek. com/id/134193>.

Crash. Dir. David Cronenberg. Alliance Communications et al., 1996.

Crash. Dir. Paul Haggis. Bob Yari Productions et al., 2004.

Crawford, Margaret. "The World in a Shopping Mall." Sorkin 3-30.

Cross, Andrew. "Driving the American Landscape." Wollen and Kerr 249-258.

Curtis, William J. R. *Le Corbusier: Ideas and Forms.* New York: Rizzoli, 1986.

Danger Mouse. *The Grey Album.* (Mash-up), 2004.

Davis, Mike. *City of Quartz: Excavating the Future in*

220

Los Angeles. New York: Vintage, 1992.

Dear, Michael, and Steven Flusty. "Postmodern Urbanism." *Annals of the Association of American Geographers* 88: 1 (1998): 50-72.

Debord, Guy. "Introduction to a Critique of Urban Geography." Knabb 5-8.

——. Perspectives for Conscious Alterations in Everyday Life." Knabb 68-75.

——. "Report on the Construction of Situations and on the International Situationist Tendency's Conditions of Organization and Action." Knabb 17-25.

——. *Society of the Spectacle*. Detroit: Black & Red, 1983.

——. "Theory of the Dérive." Knabb 50-54.

De Grazia, Victoria, and Ellen Furlough, eds. *The Sex of Things: Gender and Consumption*. Berkeley: U of California P, 1996.

Deleuze, Gilles. "Postscript on the Societies of Control." Leach 309-313.

Deleuze, Gilles, and Félix Guattari. *Anti-Oedipus: Capitalism and Schizophrenia*. Trans. Robert Hurley, Mark Seem, and Helen R. Lane. Minneapolis: U of Minnesota P, 1983.

——. *Kafka: Toward a Minor Literature*. Trans. Dana Polan. Minneapolis: U of Minnesota P, 1986.

——. *A Thousand Plateaus: Capitalism and Schizophrenia*. Trans. Brian Massumi. Minneapolis: U of Minnesota P, 1987.

——. *What Is Philosophy?* Trans. Hugh Tomlinson and

Graham Burckell. New York: Columbia UP, 1994.

DeLillo, Don. *Cosmopolis*. New York: Scribner's, 2003.

——. *White Noise*. New York: Penguin, 1984.

Den Tandt, Christophe. *The Urban Sublime in American Literary Naturalism*. Urbana: U of Illinois P, 1998.

Derrida, Jacques. *Of Grammatology*. Trans. Gayatri Chakravorty Spivak. Baltimore: Johns Hopkins UP, 1974.

——. "On Cosmopolitanism." Trans. Mark Dooley. *On Cosmopolitanism and Forgiveness*. Trans. Mark Dooley and Michael Hughes. London and New York: Routledge, 2001. 3-24.

——. "Politics and Friendship: A Discussion with Jacques Derrida." Centre for Modern French Thought, University of Sussex, 1 December 1997. Accessed on 10 July 2007. <http://www. hydra. umn. edu/derrida/pol+fr. html>.

Derrida, Jacques, and Anne Dufourmantelle. *Of Hospitality: Anne Dufourmantelle Invites Jacques Derrida to Respond*. Trans. Rachel Bowlby. Stanford: Stanford UP, 2000.

Dery, Mark. *Culture Jamming: Hacking, Slashing, and Sniping in the Empire of the Signs*. Np. : Open Magazine Pamphlet Series, 1993.

Dery, Mark, ed. *Flame Wars: The Discourse of Cyberculture*. Durham: Duke UP 1994.

De Ste. Croix, G. E. M. *Athenian Democratic Origins and Other Essays*. Ed. David Harvey and Robert Parker. Oxford: Oxford University P, 1994.

Deutsche, Rosalyn. "Evictions: Art and Spatial Politics."

Bridge and Watson, *Reader* 401-409.

Diogenes Laertius. *Lives of Eminent Philosophers*. Vol. 2, Book 6. Trans. R. D Hicks. New York: Putnam, 1925. 224-247.

Dodge, Martin, and Rob Kitchin. *Atlas of Cyberspace*. Harlow, UK: Pearson, 2001.

Dos Passos, John. *Manhattan Transfer*. Boston: Houghton, 1925.

Dreiser, Theodore. *Dawn*. New York: Horace Liveright, 1931.

——. "Reflections." *Ev'ry Month* 3(October 1896). Reprinted in *Sister Carrie* 409-413.

——. *Sister Carrie*. 1900. Ed. Donald Pizer. 2nd ed. New York: Norton Critical Editions, 1991.

Eby, Clare Virginia. *Dreiser and Veblen: Saboteurs of the Status Quo*. Columbia: U of Missouri P, 1998.

Ehrlich, Dimitri, and Gregor Ehrlich. "Graffi ti in Its Own Words," *New York Magazine* July 3-10, 2006: 48-54, 124.

Elmer, Greg. "Spaces of Surveillance: Indexicality and Solicitation on the Internet." *Critical Studies in Mass Communication* 14(1997): 182-191.

Enemy of the State. Dir. Tony Scott. Touchstone et al. , 1998.

Ewen, Stuart, and Elizabeth Ewen. *Channels of Desire: Mass Images and the Shaping of American Consciousness*. New York: McGraw, 1982.

ExxonMobil. "Why ExxonMobil?" Accessed on 10 November 2008. < http://www. exxonmobil. com/Australia-English/

HR/About/AU_HR_why. asp>.

Falling Down. Dir. Joel Schumacher. Alcor Films et al. , 1993.

Fenske, Gail, and Deryck Holdsworth. "Corporate Identity and the New York Office Building: 1895-1915." Ward and Zunz 129-159.

Ferguson, Russell, ed. *At the End of the Century: One Hundred Years of Architecture*. Los Angeles: The Museum of Contemporary Art, 1998.

Finder, Alan. "Footloose Pedestrians Are Just about in Lock Step: They Hate Traffic Plan." *New York Times* 27 December 1997. Accessed on 1 August 2007. <http://select. nytimes. com/search/restricted/article? res = F00914FC3D550C748 EDDAB0994DF494D81>.

Fisher, Philip. *Hard Facts: Setting and Form in the American Novel*. New York: Oxford UP, 1985.

Fitting, Peter. "The Lessons of Cyberpunk." Penley and Ross 295-315.

Fitzgerald, F. Scott. *Tender Is the Night*. New York: Scribner's, 1982.

Flusty, Steven. *Building Paranoia: The Proliferation of Interdictory Space and the Erosion of Spatial Justice*. West Hollywood: Los Angeles Forum for Architecture and Urban Design, 1994.

——. *De-Coca-Colonization: Making the Globe from the Inside Out*. New York: Routledge, 2004.

"The Forbes Global 2000" (2005). *Forbes*. com. 31 March 2005. Accessed on 11 July 2007. ＜http；//www. forbes. com/ 2005/03/30/05f2000land. html＞.

"The Forbes 2000" (2006). *Forbes*. com. 30 March 30, 2006. Accessed on 11 July 2007. ＜http；//www. forbes. com/ lists/2006/18/06f2k_The-Forbes-2000_Rank. html＞.

——. "Of Other Spaces： Utopias and Heterotopias. " Leach 348-356.

Fotsch, Paul Mason. "The Building of a Superhighway Future at the New York World's Fair. *Cultural Critique* 48(Spring 2001)： 65-97.

Foucault, Michel. *Discipline and Punish： The Birth of the Prison*. Trans. Alan Sheridan. New York： Vintage, 1979.

Frampton, Kenneth. *Le Corbusier： Architect of the Twentieth Century*. New York： Harry N. Abrams, 2002.

Freud, Sigmund. "Character and Anal Eroticism. " *Character and Culture*. New York： Macmillan, 1963. 27-33.

——. *Civilization and Its Discontents*. Ed. and trans. James Strachey. New York： Norton, 1961.

Freund, Peter E. S. , and George Martin. *The Ecology of the Automobile*. Montreal and New York： Black Rose, 1993.

Friedman, Stephen. *City Moves： A User's Guide to the Way Cities Work*. New York： McGraw, 1989.

Friedmann, John. "The World City Hypothesis. " *Development and Change* 4(1986)： 12-50.

Frisch, Max. *Homo Faber*. Trans. Michael Bullock. New

York: Harvest, 1994.

Gabriel, Trip. "Virtual Downtown." *New York Times* 22 January 1995. Accessed on 8 November 2008. <http://query. nytimes. com/gst/fullpage. html? res = 990CE2DD103AF931A15752 C0A963958260&scp = 1&sq = Virtual% 20 Downtown&st = cse>.

Garfield, Deborah. "Taking a Part: Actor and Audience in *Sister Carrie.*" *American Literary Realism* 16: 2 (1983): 223-239.

Geddes, Norman Bel. *Magic Motorways.* New York: Random, 1941.

Gelernter, David. *Mirror Worlds: or, the Day Software Puts the Universe in a Shoebox...How It Will Happen and What It Will Mean.* New York: Oxford UP, 1991.

Gelfant, Blanche Housman. *The American City Novel.* Norman: U of Oklahoma P, 1954.

——. "What More Can Carrie Want? Naturalistic Ways of Consuming Women." *The Cambridge Companion to American Realism and Naturalism.* Ed. Donald Pizer. Cambridge: Cambridge UP, 1995. 178-210.

Geyh, Paula. "Jenny Holzer." Bertens and Natoli 173-179.

——. "Barbara Kruger." Bertens and Natoli 195-200.

Gibson, Todd. "*Manhattan Transfer* and the International Style: The Architectural Basis of Dos Passos's Modernism." *West Virginia University Philological Papers* 41(1995): 65-70.

Gibson, William. *Burning Chrome.* New York: Ace, 1987.

——. *Neuromancer*. New York: Ace Books，1984.

——. *Pattern Recognition*. New York: Putnam，2003.

Gibson，William，and Timothy Leary. "'High Tech High Life': William Gibson and Timothy Leary in Conversation." *Mondo 2000*. Vol. 7(Fall 1989). 58-64.

Gladwell，Malcolm. "The Terrazzo Jungle." *The New Yorker* March 15，2004. 102-127.

Goldberger，Paul. "Architecture View: When Your Own Initials Aren't Enough." *New York Times* 7 August 1994. Accessed on 1August 2007. <http://query. nytimes. com/gst/fullpage. html? res＝9E00E6D71531F934A3575BC0A962958260>.

——. "Robert Moses，Master Builder，is Dead at 92." *New York Times* (Obituary) 30 July 1981. Accessed on 1 August 2007. < http://select. nytimes. com/search/restricted/article? res＝F20715FC3C5F0C738FDDAE0894D9484D81>.

——. "Uncommon Sense: Remembering Jane Jacobs，the 20th-Century's Most Influential City Critic." *The American Scholar* (Autumn 2006). Accessed on 10 July 2007. <www. theamericanscholar. org/archives/au06/uncommonsensegoldberger. html>.

Goldman，Robert，and Stephen Papson. *Sign Wars: The Cluttered Landscape of Advertising*. New York: Guilford P，1996.

Goldman，Robert，Stephen Papson，and Noah Kersey. *Landscapes of Capital*. 1998-2003. Accessed on 30 June 2007. <http://it. stlawu. edu/~global/>.

Goldsmith, Jack, and Tim Wu. *Who Controls the Internet? Illusions of a Borderless World*. New York: Oxford UP, 2006.

Goodson, A. C. "*Manhattan Transfer* and the Metropolitan Subject." *Arizona Quarterly* 56.1(Spring 2000): 89-103.

Google. "Company Overview." Accessed on 20 July 2008. <http://www.google.com/corporate/>.

——. "Our Philosophy." Accessed on 20 July 2008. <http://www.google.com/corporate/tenthings.html>.

Goss, Jon. "'We Know Who You Are and We Know Where You Live': The Instrumental Rationality of Geodemographic Systems." *The Consumption Reader*. Ed. David B. Clarke, Marcus A. Doel, and Kate M. L. Housiaux. London and New York: Routledge, 2003. 211-215.

Graham, Stephen, ed. *The Cybercities Reader*. Routledge Urban Reader Ser. London and New York: Routledge, 2004.

Graham, Stephen, and Simon Marvin. *Telecommunications and the City: Electronic Spaces, Urban Places*. New York: Routledge, 1996.

Grant, Jill. "The Dark Side of the Grid: Power and Urban Design." *Planning Perspectives* 16(2001): 219-241.

Griffiths, Jay. "Life in the Fast Lane on the M41: Jay Griffiths Parties without Reservation at the Invitation of Reclaim The Streets." *The Guardian*(London). 17 July 1996. Accessed on 10 July 2007. <http://rts.gn.apc.org/sp'96/newsp.htm>.

Gunkel, David J., and Ann Hetzel Gunkel. "Virtual Geographies: The New Worlds of Cyberspace." *Critical Studies in*

223

Mass Communication 14(1997): 123-137.

Hackers. Dir. Iain Softley. United Artists et al., 1995.

Hafner, Katie. "After Subpoenas, Internet Searches Give Some Pause." *New York Times* 25 January 2006. Accessed on 1 August 2007. <http://www.nytimes.com/2006/01/25/national/25privacy. html? ex = 1187150400&en = 354ec5a05281 2db2&ei=5070>.

Hafner, Katie, and John Markoff. *Cyberpunk: Outlaws and Hackers on the Computer Frontier*. New York: Simon & Schuster, 1991.

Hafner, Katie, and Saritha Rai. "Governments Tremble at Google's Bird's Eye View." *New York Times* 20 December 2005. Accessed on 1 August 2007. <http://www.nytimes.com/2005/12/20/technology/20image. html? ex = 1187150 400&en = ae015217e0a37dc3&ei=5070>.

Hanke, John. Address. 2005 O'Reilly Media *Where 2.0 Conference*. 30 June 2005. Accessed on 11 July 2007. <http://www.itconversations.com/shows/detail803. html>.

Hannerz, Ulf. "Cosmopolitans and Locals in World Culture." *Theory, Culture and Society* 7(1990): 237-251.

Haraway, Donna J. "A Cyborg Manifesto: Science, Technology and Socialist-Feminism in the Late Twentieth Century." *Simians, Cyborgs, and Women: The Reinvention of Nature*. New York: Routledge, 1989. 149-181.

Harmon, Amy. "A Real-Life Debate on Free Expression in a Cyberspace City." *New York Times* 15 January 2004. Accessed on 1 August 2007. <http://www.nytimes.com/2005/12/20/ technology/20image.html? ex = 1187150400&en = ae0 15217e0a37dc3&ei=5070>.

Harpold, Terry. "Dark Continents: Critique of Internet Metageographies." *Postmodern Culture* 9.2(1999).

Harvey, David. *The Condition of Postmodernity: An Enquiry into the Origins of Cultural Change*. Cambridge: Basil Blackwell, 1989.

——. *Spaces of Capital: Towards a Critical Geography*. New York: Routledge, 2001.

——. *Spaces of Global Capitalism: A Theory of Uneven Geographical Development*. New York: Verso, 2006.

Hayden, Dolores. *Building Suburbia: Green Fields and Urban Growth, 1820-2000*. New York: Vintage, 2004.

——. "Building the American Way: Public Subsidy, Private Space." Low and Smith 35-48.

——. "What Would a Non-Sexist City Be Like? Speculations on Housing, Urban Design, and Human Work." Stimpson 167-184.

Hayles, N. Katherine. *How We Became Posthuman: Virtual Bodies in Cybernetics, Literature, and Informatics*. Chicago: U of Chicago P, 1999.

Hegel, Georg Wilhelm Friedrich. *Phenomenology of Spirit*. Trans. A. V. Miller. Oxford: Oxford UP, 1979.

Herbert, Zbigniew. *Report from the Besieged City & Other Poems*. Trans. John Carpenter and Bogdana Carpenter. New

York: Ecco P, 1985.

224   Higgins, Andrew, and Azeem Azhar, "China Begins to Erect Second Great Wall in Cyberspace." *The Guardian* (London). 5 February 1996.

Howard, June. *Form and History in American Literary Naturalism*. Chapel Hill: U of North Carolina P, 1985.

Huizinga, Johan. *Homo Ludens: A Study of the Play-Element in Culture*. 1938. Boston: Beacon P, 1955.

Huntington, Samuel P. *The Clash of Civilizations*. New ed. New York: Free P, 2002.

IBM. "The Future of Computing." Accessed on 1 July 2007. <http://www.ibm.com/IBM/ar95/sv_static/index.html>.

"International Covenant on Civil and Political Rights." Office of the High Commissioner for Human Rights. Adopted 16 December 1966. Accessed on 12 July 2007. <http://www.unhchr.ch/html/menu3/b/a_ccpr.htm>.

International Organization for Migration. "About Migration." Accessed on 11 July 2007. <http://www.iomdublin.org/about_us_facts_fi g.htm>.

Internet Society of China. "Public Pledge on Self-Discipline for the Chinese Internet Industry." Accessed on 1 July 2007. <http://www.isc.org.cn/20020417/ca102762.htm>.

Internet World Stats. "Top Ten Languages Used on the Web." Accessed on 1 July 2007. <http://www.internetworldstats.com/stats7.htm>.

Irigaray, Luce. *Speculum of the Other Woman*. Trans.

Gillian C. Gill. Ithaca: Cornell UP, 1985.

——. *This Sex Which Is Not One*. Trans. Catherine Porter. Ithaca: Cornell UP, 1985.

Iyer, Pico. *The Global Soul: Jet Lag, Shopping Malls, and the Search for Home*. New York: Vintage, 2001.

Jacobs, Jane. *The Death and Life of Great American Cities*. New York: Vintage, 1961.

Jameson, Fredric. "Cognitive Mapping." *Marxism and the Interpretation of Literature*. Ed. Cary Nelson and Lawrence Grossberg. Urbana: U of Illinois P, 1988. 347-357.

——. *Postmodernism Or, The Cultural Logic of Late Capitalism*. Durham: Duke UP, 1991.

Jay-Z. *The Black Album*. Def Jam, 2003.

Johnny Mnemonic. Dir. Robert Longo. TriStar et al., 1995.

Jones, Steven G., ed. *CyberSociety: Computer-Mediated Communication and Community*. Thousand Oaks: Sage, 1995.

——, ed. *CyberSociety 2.0: Revisiting Computer-Mediated Communication and Community*. Thousand Oaks: Sage, 1998.

Jorn, Asger. Excerpt from *Image and Form*. Potlatch # 15(22 December 1954). Accessed on 11 July 2007. <http://www.notbored.org/SI-texts.html>.

Jump Britain. Dir. Mike Christie. Carbon Media, 2005.

Jump London. Dir. Mike Christie. Carbon Media, 2003.

Kant, Immanuel. *Groundwork of the Metaphysics of Morals*. Ed. and trans. Mary Gregor. Cambridge: Cambridge UP,

1998.

————. "Idea for a Universal History from a Cosmopolitan Point of View. " *On History*. Ed. Lewis White Beck. Trans. Lewis White Beck, Robert E. Anchor, and Emil L. Fackenheim. New York: Bobbs-Merrill, 1963. 11-26.

————. "Perpetual Peace. " *On History* 85-132.

Kaplan, Amy. *The Social Construction of American Realism*. Chicago: U of Chicago P, 1988.

Kay, Jane Holtz. *Asphalt Nation: How the Automobile Took Over America and How We Can Take It Back*. New York: Crown, 1997.

Kern, Stephen. *The Culture of Time and Space: 1880-1918*. Cambridge: Harvard UP, 1983.

Kerouac, Jack. *On the Road*. New York: Penguin, 1991.

Keunen, Bart. "The Plurality of Chronotopes in the Modernist City Novel: The Case of *Manhattan Transfer*. " *English Studies* 5(2001): 420-436.

Kitto, H. D. F. *The Greeks*. Chicago: Aldine, 1965.

Klein, Naomi. *No Logo*. New York: Picador, 2000.

Kleingeld, Pauline. "Six Varieties of Cosmopolitanism in Late Eighteenth-Century Germany. " *Journal of the History of Ideas* 60: 3(1999): 505-524.

Kleingeld, Pauline, and Eric Brown. "Cosmopolitanism. " The Stanford Encyclopedia of Philosophy (Fall 2002 ed.). Ed. Edward N. Zalta. Accessed on 11 July 2007. ＜http://plato. stanford. edu/archives/fall2002/entries/cosmopolitanism/＞.

225

Knabb, Ken, ed. and trans. *Situationist International Anthology*. Berkeley: Bureau of Public Secrets. 1981.

Kohn, Margaret. *Brave New Neighborhoods: The Privatization of Public Space*. New York: Routledge, 2004.

Kolson, Kenneth. "The Politics of SimCity." PS: Political Science and Politics 29: 1(1996): 43-46.

Kotányi, Attila, and Raoul Vaneigem. "Elementary Program of the Bureau of Unitary Urbanism." Knabb 65-67.

Krauss, Rosalind E. *The Originality of the Avant-Garde and Other Modernist Myths*. Cambridge: MIT P, 1985.

Kruger, Barbara. "An Interview with Barbara Kruger." By W. J. T. Mitchell. *Critical Inquiry* 17: 2(1991): 434-438.

——. *Love for Sale: The Words and Pictures of Barbara Kruger/Text by Kate Linker*. New York: Harry N. Abrams, 1990.

Kunz, William M. *Culture Conglomerates: Consolidation in the Motion Picture and Television Industries*. Lanham: Rowman, 2007.

Labaton, Stephen. "Congress to Take Up Net's Future." *New York Times* 10 January 2007. Accessed on 8 November 2008. <http://query. nytimes. com/gst/fullpage. html? res = 9F0CE1DD1230F933A25752C0A9619C8B63&scp = 1&sq = Congress%20to%20take%20up%20Net's%20Future&st=cse>.

——. "Protecting Internet Democracy." Editorial. *New York Times* 3 January 2007. Accessed on 10 November 2008. <http://www. nytimes. com/2007/01/03/opinion/03wed1. ht-

ml? scp＝1＆sq＝Protecting％20Internet％20 Democracy＆st＝cse＞.

Lacan, Jacques. *Écrits: The First Complete Translation in English*. Trans. Bruce Fink. New York: Norton, 2005.

——. "The Instance of the Letter in the Unconscious, or Reason Since Freud." *Écrits* 412-441.

——. "The Mirror Stage as Formative of the *I* Function as Revealed in Psychoanalytic Experience." *Écrits* 75-81.

LaFerla, Ruth. "Nests Imperial or Fashionably Feathered." *New York Times* 2 February 2006. Accessed on 1 August 2007. ＜http://www. nytimes. com/2006/02/02/garden/02fash. html? ex＝1187150400＆en＝cbd93a0dc6ff0463＆ei＝5070＞.

Latour, Bruno. *We Have Never Been Modern*. Trans. Catherine Porter. Cambridge: Harvard UP, 1993.

Law, Jaclyn. "PK and Fly." *This Magazine* May/June 2005. Accessed on 11 July 2007. ＜http://www. thismagazine. ca/issues/2005/05/＞.

Leach, Neil, ed. *Rethinking Architecture: A Reader in Cultural Theory*. London and New York: Routledge, 1997.

Le Corbusier. *The Radiant City: Elements of a Doctrine of Urbanism to Be Used as the Basis of Our Machine-Age Civilization*. 1935. New York: Orion, 1967.

Le Corbusier, ed. *The Athens Charter*. 1943. Trans. Anthony Eardley. Introduction by Jean Giraudoux. Foreword by Josep Lluis Sert. New York: Grossman P, 1973.

226　　Lefebvre, Henri. *Everyday Life in the Modern World*.

Trans. Sacha Rabinovitch. New Brunswick: Transaction, 1984.

——. "Henri Lefebvre on the Situationist International. " Interview with Kristen Ross. Trans. Kristen Ross. 1983. Accessed on 11 July 2007. <http://www. notbore org/lefebvre-interview. html>.

——. *The Production of Space*. Trans. Donald Nicholson-Smith. Cambridge: Blackwell, 1991.

——. "The Right to the City. " *Writings on Cities*. Trans. Eleonore Kofman and Elizabeth Lebas. Cambridge: Blackwell, 1996.

Le Gall, Guillaume. *Atget, Life in Paris*. Trans. Brian Holmes. Paris: Éditions Hazan, 1998.

LeGates, Richard T. , and Frederic Stout, eds. *The City Reader*. London and New York: Routledge, 1996.

Lehan, Richard. *The City in Literature: An Intellectual and Cultural History*. Berkeley: U of California P, 1998.

——. "The City, the Self, and Narrative Discourse. " Pizer, ed. 65-85.

——. *Theodore Dreiser: His World and His Novels*. Carbondale: Southern Illinois UP, 1969.

Levy, Diane Wolfe. "City Signs: Toward a Definition of Urban Literature. " *Modern Fiction Studies* 24: 1(1978): 65-73.

Lichtblau, Eric, and James Risen. "Spy Agency Mined Vast Data Trove, Officials Report. " *New York Times* 24 December 2005. Accessed on 1 August 2007. <http://select. nytimes.

com/search/restricted/article? res = FA0714F63E540C778 ED-DAB0994DD404482>.

　　Lost in Translation. Dir. Sofi a Coppola. Focus Features et al. , 2003.

　　Low, Setha. *Behind the Gates : Life, Security, and the Pursuit of Happiness in Fortress America.* New York: Routledge, 2004.

　　——. "How Private Interests Take Over Public Space: Zoning, Taxes, and Incorporation of Gated Communities. " Low and Smith 81-104.

　　Low, Setha, and Neil Smith, eds. *The Politics of Public Space.* New York: Routledge, 2006.

　　Lynch, Kevin. *The Image of the City.* Cambridge: MIT P, 1960.

　　Lyotard, Jean-François. "Answering the Question: What Is Postmodernism?" Trans. Régis Durand. *The Postmodern Condition* 71-82.

　　——. *The Differend : Phrases in Dispute.* Trans. Georges Van Den Abbeele. Theory and History of Literature 46. Minneapolis: U of Minnesota P, 1988.

　　——. *The Postmodern Condition : A Report on Knowledge.* Trans. Geoff Bennington and Brian Massumi. Theory and History of Literature 10. Minneapolis: U of Minnesota P, 1984.

　　Macek, Steve. "Gated Communities. " *St. James Encyclopedia of Pop Culture.* Accessed on 10 July 2007. <http://findarticles. com/p/articles/mi_g1epc/is_tov/ai_2419100492>.

MacKinnon, Rebecca, and John Palfrey. "Opinion: Censorship Inc." *Newsweek International Edition* 27 February 2006. Accessed on 1 July 2007. <http://www.msnbc.msn.com/id/11437139/site/newsweek>.

Makimoto, Tsugio and David Manners. *Digital Nomad*. New York: Wiley, 1997.

Marchand, Roland. *Advertising the American Dream: Making Way for Modernity, 1920-1940*. Berkeley: U of California P, 1985.

Marcuse, Peter. "The Grid as City Plan: New York City and Laissez-Faire Planning in the Nineteenth Century." *Planning Perspectives* 2(1987): 287-310.

——. "Not Chaos, but Walls: Postmodernism and the Partitioned City." Watson and Gibson 243-253.

——. "The Partitioned City in History." Of States and Cities: The Partitioning of Urban Space. Ed. Peter Marcuse and Ronald van Kempen. New York: Oxford UP, 2002. 11-34.

Marx, Karl. *Capital*. Vol. 1. Trans. Ben Fowkes. London: Penguin, 1990.

——. *Economic and Philosophic Manuscripts of 1844 and the Communist Manifesto*. Trans. Martin Milligan. New York: Prometheus, 1988.

——. "Theses on Feuerbach." *Karl Marx: A Reader*. Ed. Jon Elster. New York: Cambridge UP, 1986. 20-23.

Massey, Doreen. "Politics and Space/Time." *New Left Review* 196(1992): 65-84.

227

The Matrix. Dirs. Andy and Larry Wachowski. Groucho II et al. , 1999.

The Matrix Reloaded. Dirs. Andy and Larry Wachowski. Warner Bros. et al. 2003.

The Matrix Revolutions. Dirs. Andy and Larry Wachowski. Warner Bros. et al. , 2003.

Max Headroom. Television series. Dirs. Janet Greek and Victor Lobl. ABC, 1987-1988.

McFadden, Tim. "Notes on the Structure of Cyberspace and the Ballistic Actors Model. " Benedikt 335-362.

McHale, Brian. *Postmodernist Fiction*. London and New York: Routledge, 1987.

McKenzie, Evan. *Privatopia: Homeowner Associations and the Rise of Residential Private Government*. New Haven: Yale UP, 1994.

McLuhan, Marshall, and Quentin Fiore. *The Medium is the Massage: An Inventory of Effects*. New York: Bantam, 1967.

McNamara, Kevin R. *Urban Verbs: Arts and Discourses of American Cities*. Stanford: Stanford UP, 1996.

"The Merchants of Cool: Media Giants. " *Frontline*. PBS. WGBH, Boston. Accessed on 1 July 2007. < http://www. pbs. org/wgbh/pages/frontline/shows/cool/giants/>.

Michaels, Walter Benn. *The Gold Standard and the Logic of Naturalism*. Berkeley: U of California P, 1987.

Miles, Steven, and Malcolm Miles. *Consuming Cities*.

New York: Palgrave Macmillan, 2004.

Miller, J. Abbott. *Inside Cars*. New York: Princeton Architectural P, 2001.

Milton S. Eisenhower Foundation. '*To Establish Justice, to Insure Domestic Tranquility*': *A Thirty-Year Update of the National Commission on the Causes and Prevention of Violence*. Washington, DC: Milton S. Eisenhower Foundation, 1999. Accessed on 1 July 2007. ＜http://www. eisenhowerfoundation. org/aboutus/publications/justice. html＞.

Mishel, Lawrence, Jared Bernstein, and Sylvia Allegretto. *The State of Working America 2004—5*. Ithaca: Cornell UP, 2005. Accessed on 1 July 2007. ＜http://www. stateofworkingamerica. org＞.

Mitchell, William J. *City of Bits: Space, Place, and the Infobahn*. Cambridge: MIT P, 1995.

Morgan, Richard. "Urban Tactics: Thread Counts, Yo." *New York Times* 13 November 2005. Accessed on 10 November 2008. ＜http://query. nytimes. com/gst/fullpage. html? res = 9C01E6DF133EF930A25752C1A9639C8B63&sec = &s pon = &.&scp = 1&sq = Urban％20Tactics: ％20Thread％20Counts&st = cse＞.

Morrison, Toni. *Beloved*. New York: Knopf, 1987.

Mueller, Milton L. *Ruling the Root*. Cambridge: MIT P, 2002.

Mumford, Lewis. *The City in History: Its Origins, Its Transformations, and Its Prospects*. New York: Harcourt, 1961.

——. *The Highway and the City*. New York: Harcourt, 1963.

——. "Mother Jacobs' Home Remedies for Urban Cancer. " *The New Yorker* December 1, 1962. Repr. as "Home Remedies for Urban Cancer. " *The Urban Prospect* 182-207.

——. *The Urban Prospect*. New York: Harcourt, 1968.

——. "What Is a City?" LeGates and Stout 183-188.

228   Munt, Sally R. , ed. *Technospaces: Inside the New Media*. London: Continuum, 2001.

Muschamp, Herbert. "If the Cityscape Is Only a Dream. " *New York Times* 2 May 1999. Accessed on 10 November 2008. ＜＜ http://query. nytimes. com/gst/fullpage. html? res ＝ 9804E3D6143DF931A35756C0A96F958260&scp ＝ 1&sq ＝ I f％20the％20Cityscape％20Is％20Only％20a％20Dream&st＝cse＞.

——. "Service Not Included. " Rothstein, Muschamp, and Marty 29-48.

Musil, Robert. *The Man Without Qualities*. Trans. Sophie Wilkins. New York: Vintage, 1996.

Nasaw, David. "Cities of Light, Landscapes of Pleasure. " Ward and Zunz 273-286.

Negroponte, Nicholas. *Being Digital*. New York: Random, 1995.

Newman, Oscar. *Creating Defensible Space*. Washington, DC: Dept. of Housing and Urban Development, 1996.

——. *Defensible Space: Crime Prevention through Urban Design*. New York: Collier, 1973.

Newman, Peter W. G. , and Jeffrey R. Kenworthy. *Cities and Automobile Dependency: An International Sourcebook*. Aldershot, UK: Gower, 1989.

——. *Sustainability and Cities: Overcoming Automobile Dependence*. Washington, DC: Island P, 1999.

——. "Urban Design to Reduce Automobile Dependence." *Opolis* 2: 1(2006): 35-52.

Nietzsche, Friedrich. *On the Genealogy of Morals and Ecce Homo*. Trans. Walter Kaufmann and R. J. Hollingdale. New York: Vintage, 1989.

——. *Thus Spoke Zarathustra: A Book for All and None*. Modern Library Ed. Trans. Walter Kaufmann. New York: Random, 1995.

Nunn, Samuel. "Cities, Space, and the New World of Urban Law Enforcement Technologies." *Journal of Urban Affairs*, Vol. 23. 3-4: 259-278.

Nye, David E. *Electrifying America: Social Meanings of New Technology, 1880-1900*. Cambridge: MIT P, 1990.

Ogilvy, David. *Confessions of an Advertising Man*. New York: Atheneum, 1963.

OpenNet Initiative. Accessed on 1 July 2007. < http://www. opennetinitiative. org/modules. php? op = modload&name = Archive&fi le=index&req=viewarticl e&artid=5>.

Owens, Mitchell. "Saving Neighborhoods One Gate at a Time." *New York Times* 25 August 1994. Accessed on 1 August 2007. < http://query. nytimes. com/gst/fullpage. html? res =

9F06E3DA1339F936A1575BC0A962958260>.

Penley, Constance and Andrew Ross, eds. *Technoculture*. Minneapolis: U of Minnesota P, 1991.

Piranesi, Giovanni Battista. *The Prisons (Le Carceri)*. New York: Dover, 1973.

Pizer, Donald. *Dos Passos's U. S. A.: A Critical Study*. Charlottesville: U of Virginia P, 1988.

———. *Realism and Naturalism in Nineteenth-Century American Literature*. Carbondale: Southern Illinois UP, 1984.

Pizer, Donald, ed. *New Essays on Sister Carrie*. Cambridge: Cambridge UP, 1991.

Plato. *Protagoras*. Trans. W. K. C. Guthrie. *Plato: The Collected Dialogues*. Ed. Edith Hamilton and Huntington Cairns. Bollingen Series LXXI. Princeton: Princeton UP, 1961. 308-352.

Plotnitsky, Arkady. *The Knowable and the Unknowable: Modern Science, Nonclassical Thought, and the "Two Cultures."* Ann Arbor: U of Michigan P, 2002.

Porter, Eduardo. "The Divisions that Tighten the Purse Strings." *New York Times* 29 April 2007. Accessed on 1 November 2008. < http://www. nytimes. com/2007/04/29/business/yourmoney/29view. html? sq = DivisionsthatTightenPurseStrings& st= cse&adxnnl = 1&scp = 1&adxnnlx = 1225584209-mNfl 8cr3kuGirDiZg7ttbw>.

Pynchon, Thomas. *The Crying of Lot 49*. 1965. New York: Bantam, 1966.

——. *Mason & Dixon*: *A Novel*. New York: Picador, 2004.

Raban, Jonathan. *Soft City*. London: Harvill, 1974.

Rabaté, Jean-Michel. *Jacques Lacan*: *Psychoanalysis and the Subject of Literature*. New York: Palgrave, 2001.

Reporters Without Borders. "China." Accessed on 1 July 2007. < http://www. rsf. org/article. php3? id _ article = 10749>.

——. "'Living Dangerously on the Net': Censorship and Surveillance of Internet Forums." 12 May 2003. Accessed on 1 July 2007. <http://www. rsf. org/article. php3? id _ article = 6793>.

Rheingold, Howard. *The Virtual Community*: *Home-steading on the Electronic Frontier*. Rev. ed. Cambridge: MIT P, 2000.

Rosen, Jeffrey. "The Eroded Self." *New York Times Magazine* 30 April 2000. Accessed on 1 August 2007. <http://query. nytimes. com/gst/fullpage. html? sec = technology&res = 990CE0DD1530F933A05757C0A9669C8B63>.

Ross, Andrew. "Hacking Away at the Counterculture." Penley and Ross 107-134.

Rothstein, Edward, Herbert Muschamp, and Martin E. Marty. *Visions of Utopia*. New York: Oxford UP, 2003.

Rousseau, Jean-Jacques. *Of the Social Contract or Principles of Political Right*. 1762. Trans. Charles M. Sherover. New York: Harper, 1984.

"Rush Hour." BBC One trailer. Dir. Tom Carty. BBC,

2002. Accessed on 10 November 2008. ＜http://www. youtube. com/watch? v＝SAMAr8y-Vtw＞.

Rushdie, Salman. *Imaginary Homelands*. New York: Penguin, 1992.

Sachs, Wolfgang. *For the Love of the Automobile: Looking Back into the History of Our Desires*. Trans. Don Reneau. Berkeley: U of California P, 1992.

Sadler, Simon. *The Situationist City*. Cambridge: MIT P, 1998.

Sammy and Rosie Get Laid. Dir. Stephen Frears. Channel Four Films et al. , 1987.

Sassen, Saskia. *The Global City: New York, London, Tokyo*. 2nd ed. Princeton: Princeton UP, 2001.

Saussure, Ferdinand de. *Course in General Linguistics*. New York: McGraw, 1966.

Schaub, Thomas H. *Pynchon: The Voice of Ambiguity*. Urbana: U of Illinois P, 1981.

Schivelbusch, Wolfgang. *Disenchanted Night: The Industrialization of Light in the Nineteenth Century*. Trans. Angela Davis. Berkeley: U of California P, 1988.

Schone, Mark. "Building Rome in a Day." *The Village Voice*. May 31, 1994: 50-51.

Schwarzer, Mitchell. *Zoomscape: Architecture in Motion and Media*. New York: Princeton Architectural P, 2004.

Schwartz, Joel. *The New York Approach: Robert Moses, Urban Liberals, and Redevelopment of the Inner City*. Columbus： Ohio State UP，1993.

Scuri，Piera. *Late-Twentieth-Century Skyscrapers*. New York： Van Nostrand，1990.

Sen，Amartya. *Identity and Violence： The Illusion of Destiny*. New York： Norton，2006.

———. "What Difference Can Ethics Make?" Address. Intl. Meeting on "Ethics and Development." Inter American Development Bank in Collaboration with the Norwegian Government. Accessed on 10 November 2008. ＜http：//www. iadb. org/Etica/ Documentos/dc_sen_queimp-i. pdf＞.

Sennett，Richard. *The Fall of Public Man*. London and Boston： Faber，1977.

Sex and the City. Television series. HBO，1998-2004.

Sharpe，William，and Leonard Wallock，eds. *Visions of the Modern City： Essays in History，Art，and Literature*. New York： Columbia Univ. ，Heyman Center for the Humanities，1983.

Shaw，Marybeth. "Promoting an Urban Vision： Le Corbusier and the Plan Voisin." Master's Thesis，MIT 1991. Accessed on 10 July 2007. ＜ http：//dspace. mit. edu/bitstream/ 1721. 1/36421/1/25571430. pdf＞.

Short Cuts. Dir. Robert Altman. Avenue Pictures et al. ，1993.

Shulman，Robert. *Social Criticism & Nineteenth-Century American Fictions*. Columbia： U of Missouri P，1987.

Smith，Adam. *An Inquiry into the Nature and Causes of*

230

the Wealth of Nations. 1776. Ed. Edwin Canaan. New York:
Modern Lib. , 1994.

——. *The Theory of Moral Sentiments*. 1759. New York:
Garland, 1971.

Smith, Carl. *Urban Disorder and the Shape of Belief*:
*The Great Chicago Fire, the Haymarket Bomb, and the Model
Town of Pullman*. Chicago: U of Chicago P, 1995.

Smith, Elizabeth A. T. "Re-examining Architecture and Its
History at the End of the Century." Ferguson 22-99.

Sobchak, Vivian. "The Scene of the Screen: Towards a
Phenomenology of Cinematic and Electronic Presence." *Post-
Script* 10(1990): 50-59.

Soja, Edward W. *Postmetropolis*. Critical Studies of Cities
and Regions. Oxford: Blackwell, 2000.

——. *Postmodern Geographies: The Reassertion of Space in
Critical Social Theory*. London and New York: Verso, 1989.

——. "Postmodern Urbanization: The Six Restructurings of
Los Angeles." Watson and Gibson 125-137.

——. *Thirdspace: Journeys to Los Angeles and Other Real-
and-Imagined Places*. Oxford: Blackwell, 1996.

Sorkin, Michael, ed. *Variations on a Theme Park: The
New American City and the End of Public Space*. New York:
Noonday P and HarperCollins, 1992.

Spence, Edward. "Cosmopolitanism and the Internet." Pa-
per delivered at the Second International Conference of the Aus-
tralian Institute of Computer Ethics. November 2000. Accessed on 1

August 2007. < http://crpit. com/confpapers/CRPITV1Spence. pdf >.

Squiers, Carol. "Diversionary(Syn)tactics—Barbara Kruger Has Her Way with Words." *Art News* 86: 2(1987): 77-85.

St. John, Warren. "A Store Lures Guys Who Are Graduating from Chinos." *New York Times* July 14, 2002: Sections 9: 1 and 9: 6 Sunday Styles.

Stallybrass, Peter, and Allon White. *The Politics and Poetics of Transgression*. Ithaca: Cornell UP, 1986.

Stearn, Gerald Emanuel, ed. *McLuhan Hot & Cool*. New York: Penguin, 1968.

Steinhauer, Jennifer. "For $82 a Day, Booking a Cell in a 5-Star Jail." *New York Times* 29 April 2007. Accessed on 1 August 2007. <http://select. nytimes. com/search/restricted/article? res=F10E15FC385A0C7A8EDDAD0894DF404482>.

Stephenson, Neal. *Snow Crash*. New York: Bantam, 1992.

Sterling, Bruce. Preface. *Burning Chrome*. By William Gibson. New York: Ace, 1986.

Stevens, Mark. "California Dreaming." *New York Magazine* 9 August 2004. Accessed on 10 November 2008. <http://nymag. com/nymetro/arts/art/reviews/9565/>.

Stewart, Rory. *The Places in Between*. New York: Harcourt, 2004.

Stimpson, Catherine R., ed. *Women and the American City*. Chicago: U of Chicago P, 1981.

Stone, Allucquere Rosanne. "Will the Real Body Please

Stand Up?: Boundary Stories about Virtual Cultures." Benedikt 81-118.

Stone, Brad. "How Much for a Jetpack?" *Newsweek* 17 October 2005. Accessed on 10 November 2008. <http://services. newsweek. com//search. aspx? offset ＝ 0&pageSize ＝ 10&sortField ＝ pubdatetime&sortDirection ＝ descending&mode ＝ summary&q ＝ How ＋ Much ＋ for ＋ a ＋ Jetpack&site-search-submit. x＝27&site-searchsubmit. y＝3>.

231 ——. "New Flights of Fancy: Google and Microsoft Aim to Give You a 3-D World." *Newsweek* November 20, 2006: 82-89.

Story, Louise. "Anywhere the Eye Can See, It's Now Likely to See an Ad." *New York Times* 15 January 2007. Accessed on 1 August 2007. <http://select. nytimes. com/search/restricted/article? res＝F30E1EFD3B540C768DDDA80894DF404482>.

"Surveillance Camera Project." New York Civil Liberties Union. Accessed on 1 July 2007. < http://www. mediaeater. com/cameras/summary. html>.

Sussman, Elizabeth, ed. *On the Passage of a Few People through a Rather Brief Moment in Time: The Situationist International, 1957-1972*. Cambridge: MIT P and Institute of Contemporary Arts, Boston, 1989.

Taylor, Chris. "Google Moves into Virtual Worlds." *Business 2. 0 Magazine* on CNNMoney. com. 14 December 2006. Accessed on 11 July 2007. <money. cnn. com/2006/05/11/technology/business2_futureboy_0511>.

Taylor, Peter J. *World City Network: A Global Urban A-*

nalysis. London: Routledge, 2004.

Taylor, William R. , ed. *Inventing Times Square: Commerce and Culture at the Crossroads of the World*. New York: Russell Sage Foundation, 1991.

The Tenth Victim (*La Decima Vittima*). Dir. Elio Petri. Compagnia Cinematografica Champion et al. , 1965.

Terdiman, Daniel. "Meet the Metaverse, Your New Digital Home. " *CNET News* 13 April 2007. Accessed on 1 July 2007. <http://news. com. com/2100-1025_3-6175973. html>.

Things to Come. Dir. William Cameron Menzies. London Film Productions, 1936.

Tomas, David. "Old Rituals for New Space: Rites de Passage and William Gibson's Cultural Model of Cyberspace. " Benedikt 31-48.

Tritch, Teresa. "The Rise of the Super-Rich. " *New York Times* 19 July 2006. Accessed on 1 August 2007. <http://select. nytimes. com/2006/07/19/opinion/19talkingpoints. html>.

Tron. Dir. Steven Lisberger. Lisberger/Kushner and Walt Disney Productions, 1982.

Turkle, Sherry. *Life on the Screen: Identity in the Age of the Internet*. New York: Simon & Schuster, 1995.

"Unitary Urbanism at the End of the 1950s. " Sussman. (Orig. publ. in *Internationale Situationniste* ♯ 3, December 1959; also avail. in a slightly diff. transl. at < http://www. notbored. org/UU. html>.)

United Nations. "Human Development Report 1998. " Accessed on 10 July 2007. ＜http://hdr. undp. org/reports/global/1998/en/＞.

United States. Dept. of Commerce, Census Bureau News. "Quarterly Retail e-Commerce Sales, First Quarter, 2006." Table 3. "Estimated Quarterly U. S. Retail Sales(Adjusted): Total and E-commerce." Accessed on 20 July 2008. ＜http://www. census. gov/mrts/www/data/html/06Q1. html＞.

——. *National Commission on the Causes and Prevention of Violence*. Washington, DC: GPO, 1969.

Urry, John. "The Global Media and Cosmopolitanism." Lancaster UK: Department of Sociology, Lancaster University, 2003. Accessed on 11 July 2007. ＜http://www. comp. lancs. ac. uk/sociology/papers/Urry-Global-Media. pdf＞.

232 ——. "Inhabiting the Car." Lancaster, UK: Department of Sociology, University of Lancaster, 2003. Accessed on 10 July 2007. ＜http://www. comp. lancs. ac. uk/sociology/papers/Ur-ry-Inhabiting-the-Car. pdf＞.

Veblen, Thorstein. *The Theory of the Leisure Class*. 1899. Mineola: Dover, 1994.

Venturi, Robert, Denise Scott Brown, and Steven Izenour. *Learning from Las Vegas: The Forgotten Symbolism of Architectural Form*. Cambridge: MIT P, 1977.

Virilio, Paul. "Dromoscopy, or the Ecstasy of Enormities." *Wide Angle* 20: 3(1998). 11-22.

——. *Speed and Politics: An Essay on Dromology*. Trans. Mark Olizzotti. New York: Semiotext(e), 1987.

Wachs, Martin, and Margaret Crawford. *The Car and the City: The Automobile, the Built Environment, and Daily Urban Life*. Ann Arbor: U of Michigan P, 1991.

Waldman, Diane. Jenny Holzer. New York: The Solmon R. Guggenheim Foundation, 1989.

Waldron, Jeremy. "Minority Cultures and the Cosmopolitan Alternative." *University of Michigan Journal of Law Reform* 25(1992): 751-793.

——. "Multiculturalism and Mélange." *Public Education in a Multicultural Society*. Ed. Robert Fullinwider. Cambridge: Cambridge UP, 1996.

Wallace, Mark. "The Game Is Virtual. The Profit Is Real." *New York Times* May 29, 2005: Sect. 7 Business.

Ward, David, and Olivier Zunz, eds. *The Landscape of Modernity: Essays on New York City*. New York: Russell Sage Foundation, 1992.

Ward, Stephen V. *Planning the Twentieth-Century City: The Advanced Capitalist World*. Chichester: Wiley, 2002.

Watson, Sophie, and Katharine Gibson, eds. *Postmodern Cities and Spaces*. Oxford: Blackwell, 1995.

Le Week-end. Dir. Jean-Luc Godard. Cinecidi et al., 1967.

Wells, H. G. *Shape of Things to Come*. New York: Penguin Classics, 2006.

Westendorf, Michael, and Uta Krogmann. "Horses and Manure." *Fact Sheet* ♯ 36. New Brunswick: Equine Science Center at Rutgers University, 2004. Accessed on 30 June 2007.

<http://www. esc. rutgers. edu/publications/stablemgt/FS036. htm>.

Wetmore, Alex. "The Poetics of *Pattern Recognition*: William Gibson's Shifting Technological Subject." *Bulletin of Science, Technology & Society* 27: 1(2007): 71-80.

Wexelblat, Alan, ed. *Virtual Reality: Applications and Explorations*. Cambridge: Academic P Professional, 1993.

White, E. B. "Here Is New York." *Essays of E. B. White*. New York: Harper, 1934. 118-133.

Whyte, William H. *The Social Life of Small Urban Spaces*. Washington, DC: The Conservation Foundation, 1980.

Wiener, Jon. "Free Speech on the Internet." *The Nation* June 13, 1994: 825-828.

The Wild One. Dir. Laslo Benedek. Stanley Kramer Productions, 1953.

Wilkin, Peter. *The Political Economy of Global Communication: An Introduction*. London: Pluto P, 2001.

Williams, Raymond. *The Country and the City*. New York: Oxford UP, 1973.

——. *Keywords: A Vocabulary of Culture and Society*. 1976. Rev. ed. New York: Oxford UP, 1983.

——. *Marxism and Literature*. New York: Oxford UP, 1977.

Williams, Rosalind H. *Dream Worlds: Mass Consumption in Late Nineteenth-Century France*. Berkeley: U of California P, 1982.

Wirth, Louis. "Urbanism as a Way of Life." LeGates and Stout 189-197.

Wollen, Peter, and Joe Kerr, eds. *Autotopia: Cars and Culture*. London: Reaktion, 2002.

Wood, Daniel B. "On the Rise in American Cities: The Car-Free Zone." *The Christian Science Monitor* 2 May 2007. Accessed on 8 November 2008. < http://www. csmonitor. com/2007/0502/p01s03-ussc. html>.

Woolf, Virginia. *Jacob's Room & The Waves*. New York: Harcourt, 1931.

Yamakasi: Les Samouraïs des temps modernes. Dirs. Ariel Zeitoun and Julian Serin. Europa Corp. et al. , 2001.

Yates, Frances A. *The Art of Memory*. Chicago: U of Chicago P, 1966.

Young, Iris Marion. "The Ideal of Community and the Politics of Difference." Bridge and Watson, Reader 430-439.

Zukin, Sharon. *The Cultures of Cities*. Cambridge: Blackwell, 1995.

Zunz, Olivier. "Inside the Skyscraper." *Making America Corporate: 1870-1920*. Chicago: U of Chicago P, 1990. 103-124.

索 引

C

consumption，消费，17-28，34-35，42，44，47-48，53，114，124，144，149-150，175，181，198n7，198n14，200n33，200n34，207n50，214n19；cities as centers of，作为～中心的城市，17-18，53，124，169；conspicuous，炫耀～，18，20-22，26，149，198n8，198n15

Conversation，The(Francis Ford Coppola)，《对话》(弗朗西斯·福特·科波拉)，118，206n39

Cool，酷儿，19，44-46

coordinate system(Cartesian)，坐标系(笛卡尔)，69，71-72

coordination，坐标，64，69-72，80

Copernicus，Nicolaus，尼古拉·哥白尼，3

Coppola，Francis Ford，弗朗西斯·福特·科波拉，118. See also The Conversation

Coppola，Sofia，苏菲娅·柯波拉，19，57. See also Lost in Translation

Copyright，版权，107，112，205n30. See also property：intellectual

Corporations，公司，1，19，37，39，43-44，52，62，93-94，102-104，106-118，121，128，168-169，171-174，197n2，199n24，200n26，205n26，205n29，205n30，214n13，214n14，214n19；transnational and global，跨国和全球～，5，38，43，67，94，96，103-104，106-110，147，168-169，172-175，197n2，214n13，214n14，214n15，214n16

Cortázar，Julio，胡里奥·科塔萨尔，50

Cose，Ellis，埃利斯·科斯，98

Cosmopolis，国际都市，51，150，163-164，196

Cosmopolis(De Lillo)，《大都会》(德里罗)，130-131，142-152，211n26

cosmopolitanism：ancient Greek，世界主义：古希腊，162-164，213n3，213n5；cultural，文化～，103，161-162，164，166-167，175-184，186-188；Enlightenment(including Kantian)，启蒙运动(包括康德的)～，162-167，178，186，192-193，213n7，213n8；ethical/political and moral，伦理/政治和道德～，161-167，184-196，13n2，213n3，213n8，238，214n24，

D

利，9-10，13，126，131，134，153，199n18；on capitalism and Oedipalized desire，～论资本主义和俄狄浦斯欲望，24-27，34，37，40，50-51，70，73，84，199n23；on narrative，～论叙事，50-51，82-84；on smooth and striated spaces，～论平滑和纹理空间，70-71，73，80-84，152，155，158-159；on "society of control"，～论"社会控制"，69-70，73，79，84，92，117-18

E

F

J

N

181-182，204n19；social，社交～，12，48，85，94，181，187

Neuromancer(Gibson)，《神经漫游者》(吉布森)，14，48，65，67-68，78-79，86-89，93，102，110，114，121，129，197n4，202n17，203n21

Newman，Oscar，奥斯卡·纽曼，98-99

Newman，Peter WDG.，彼得·W.G.纽曼，210n15

Newton，Sir Isaac，艾萨克·牛顿爵士，10，71-72，202n4；and abso-lute space，～和绝对空间，10，71-72，155. See also physics：classical or Newtonian

New York City(and Manhattan)，纽约城(和曼哈顿)，11，16，18-23，26，30-43，49-62，68，74，76，83，86-87，92-94，96，119，126-127，132-152，168，170，185，197n1，198n5，198n6，199n22，199n24，199-200n26，202n9，207n41，208n2，208n7，209n8，209n9，209n10，209n13，209n14，210n16. See also Broadway；Times Square

Niemeyer，Oscar，奥斯卡·尼迈耶，78，135，139

Nietzsche，Friedrich，弗雷德里希·尼采，6，9，80，162，186

Nike，耐克，19，48，156；and Niketown，～和耐克镇，54

Notre-Dame-du-Haut，朗香教堂，82. See also Le Corbusier

NSA(U.S. National Security Agency)，美国国家安全局，118，122，206n39

Nunn，Samuel，塞缪尔·努恩，100，119-120，207n40，207n44

Nye，David E.，大卫·E.奈，198n5

O

Ogilvy，David，大卫·奥美，40

Oracle，甲骨文，103

Organization，组织；spatial，空间～. See spatial logics.

Other(and otherness)，他者(和他者性)，34，46-47，84，96，98-100，124，128，134，151，163-167，171-172，178-183，185-196，206n34，

赛博空间，91，95，104，106，108-110，128-129；diversity in，～多样性，127-129；justice in，～正义，124-126；as urban model，～作为都市模式，92，94，110，123-129．See also cosmopolis

politics：ancient Greek，政治学：古希腊，125；postmodern，后现代～，5，7，85，127，129，161，184-196

Porter，Eduardo，爱德华多·波特，127，204n15

postmodernism，后现代主义，1-15，34，78，85-87，143，197n4，200n35；juxtaposed to postmodernity，～与后现代性并置，1-2

postmodernity，后现代性，1-15，18-19，41，46，51，62-64，69-70，74，78，80，83-84，86，142-143，161，163，168，170，187-188，202n5

power，权力，28，34，38-39，58-60，64，70，72，74，79-80，83，85-86，88，91-92，97，102，118，127，136，146-149，168，183，215n26；of capital（and corporate），资本（和公司）的～，11，14，38-40，52，59，86，93，102-104，112，160，168，173-174，176，214n15；Foucault on，福柯论～，11，13，69，72，77，79，84，109，117；state（governmental），国家（治理）～，14，59，76-77，79，100，102，104-105，111，117，121-122，154，165-166，168，173-174，180，214n15；technolo-gies（and mechanisms）of，～技术（和机制），11，13，69-72，76-77，79-80，109，117-118，121

privacy，隐私，117，121-124，207n41，207n43

privatization，私人化，96，111，134，167；of cyberspace，赛博空间～，112；of public spaces，公共空间～，12，76，96-97，100-102，116，128，134，203n13

property，产权，60，97，101，111-112，116，149，193，207n49；intellectual，知识～，84，107，110-112，175

Proust，Marcel，马塞尔·普鲁斯特，6，146

psychoanalysis，精神分析，193，198n15；Freudian，弗洛伊德～，13，198n16，211n27；Lacanian，拉康～，13，198n16

S

W

译 后 记

本书导论和第一、二、三、四章由许苗苗翻译；第五章、致谢、参考文献、索引由李建盛翻译，参考文献由李建盛整理，全书由李建盛校译和统稿。在校译和统稿过程中，王淑娇博士做了不少工作，在此致以谢意。需要说明的是，原著第三章的几个段落经慎重考虑未能译出，为使索引页码与原著边页相一致，便于读者查找，该章边页仍照原著标出。

李建盛

图书在版编目(CIP)数据

城市·公民与技术：都市生活与后现代性/(美)索菲·沃丹恩(Sophy Watson) 著；许思明，李雅娟译.
—北京：北京师范大学出版社，2022.1
（文化与城市研究译丛/李雅娟主编）
ISBN 978-7-303-26150-5

Ⅰ.①城… Ⅱ.①索…②许…③李… Ⅲ.①城市文化－研究 Ⅳ.①C912.81

中国版本图书馆 CIP 数据核字(2020)第 145615 号

北京市版权局著作权合同登记号：图字 01-2019-1601

CHENGSHI GONGMIN YU JISHU：DUSHI SHENGHUO YU HOUXIANDAIXING

[美] 索菲·沃丹恩 著 许思明 李雅娟 译

策划编辑：周明强　责任编辑：林山水
美术编辑：王齐云　装帧设计：王齐云
责任校对：段立超　责任印制：赵龙

出版发行：北京师范大学出版社
地址：新街口外大街 19 号
邮编：100875
网址：http://www.bnup.com

印刷：涿州市京南印刷厂
经销：全国新华书店

开本：730mm × 980mm　1/16
印张：24.75
字数：300 千字

版次：2022 年 1 月第 1 版
印次：2022 年 1 月第 1 次印刷
定价：86.00 元

策划编辑　电话 010-58802317
责任编辑　电话 010-58805385

营销中心电话　010-58802181
北京读者服务部电话　010-58808104
外埠邮购电话　010-58808083

本书如有印装质量问题，请与印刷厂联系调换。
印制管理部电话：010-58808284

版权所有·侵权必究

Cities, Citizens, and Technologies: Urban Life and Postmodernity, 1st Edition/by Geyh, Paula/

ISBN: 9780415991728

Copyright © 2009 by Taylor & Francis

Authorized translation from English language edition published by Routledge, part of Taylor & Francis Group
LLC; All Rights Reserved.

本书原版由 Taylor & Francis 出版集团旗下, Routledge 出版公司出版, 并经其授权翻译出版。版权所有, 侵权必究。